Édition
Décembre 2001.
4€
c2
F3
10/18

CW01661696

LES DIX COMMANDEMENTS AUJOURD'HUI

DU MÊME AUTEUR

Poésie

Cantique pour Nathanaël, Corti, 1960 ; Albin Michel, 1991.
Mers et Terres, Euroéditeur, 1988.
Aigles et Palombes au survol de la mer, Éditions De l'Eau, 1989.

Théâtre

Procès à Jérusalem (Jésus devant ses juges), Le Cerf, 1980.

Essais

La Création de l'État d'Israël, thèse de doctorat en droit, université de Paris, novembre 1948.
La Condition juridique de l'Israélite marocain, préface de René Cassin, Paris, 1950.
Theodor Herzl, inventeur de l'État d'Israël, Le Seuil, 1960 ; Robert Laffont, 1991.
L'Alliance israélite universelle et la Renaissance juive contemporaine, 1860-1960, PUF, 1965.
Les Juifs, dialogue avec le cardinal Daniélou, Beauchesne, 1966.
Lettre à un ami arabe, prix Sévigné, 5e édition, Mame, 1969 ; réédition J.-C. Lattès, 1994.
Lettre à un ami chrétien, Fayard, 1971.
Vivre pour Jérusalem, Desclée de Brouwer, 1973.
Ce que je crois, Grasset, 1979 ; 1985.
Retour aux racines, entretiens avec Jacques Deschanel, Le Centurion, 1981.
Histoire du judaïsme, Que sais-je ? 11e édition, PUF, 1995.
L'État d'Israël, Que sais-je ? 11e édition, PUF, 1998.
La Pensée juive, Que sais-je ? 7e édition, PUF, 1997.
Histoire des Juifs en Afrique du Nord, Hachette, 1985 ; Éditions du Rocher 1998 (2 tomes).
La Vie quotidienne des hommes de la Bible, 6e édition, Hachette, 1986.
Jésus et Paul, fils d'Israël, Éditions du Moulin (Suisse), 1988.
La Reconnaissance : le Saint-Siège, les Juifs et Israël, Robert Laffont, 1992.
Moïse, prix Méditerranée, Éditions du Rocher, 1995.
Jérusalem revisitée, Éditions du Rocher, 1995.
Jérusalem, ville sanctuaire, essai, prix Renaudot, Éditions du Rocher, 1997.

Récits

Ton Étoile et ta Croix, Éditions du Rocher, 1998.
L'Amour fort comme la mort, Robert Laffont 1990 ; Éditions du Rocher, 1998.

Traductions

Les Devoirs du cœur de Bahya ibn Paqûda, Desclée de Brouwer, 1950-1972.
Le Cantique des cantiques, Desclée de Brouwer, 1950.
Les Psaumes, PUF, 1956.
Les Psaumes et le Cantique des cantiques, avec des préfaces de Jacques Éllul, André Néher et René Voillaume, PUF, 1970 ; 1974.
La Bible hébraïque et le Nouveau Testament, 26 volumes, Desclée de Brouwer, 1974-1977.
L'Univers de la Bible, 10 tomes, Brepols-Lidis, 1982-1989.
Un pacte neuf, Brépols, 1984.
La Bible, 1 volume de 2 432 pages, Desclée de Brouwer, 1985-1989.
Le Coran, traduction et commentaires, Robert Laffont, 1990.
Le Pentateuque et les Quatre Évangiles, traduits et commentés, J.-C. Lattès, 1993.
La Couronne du royaume de *Salomon ibn Gabirol*, Fata Morgana, 1997.
80 Lettres d'Abraham Meyer, traduites du judéo-arabe, Jérusalem, 1998.
CD-Rom : Bible et Coran traduits par André Chouraqui accompagnés des versions de Segond, King James (anglais), Luther (allemand), Reina Valera (espagnol) et Kassmursbi, Références, Genève, 1999.

ANDRÉ CHOURAQUI

LES DIX COMMANDEMENTS AUJOURD'HUI

Dix Paroles pour réconcilier
l'Homme avec l'humain

ROBERT LAFFONT

Ouvrage publié sous la direction
de Charles Ronsac

© Éditions Robert Laffont, S.A., Paris, 2000
ISBN 2-221-09017-9

Ce livre est dédié à la mémoire
du Président René Cassin,
rédacteur principal
de la Déclaration universelle
des droits de l'homme,

au Maître, à l'Ami,
en filial et reconnaissant hommage.

Pour mémoire

Ce livre a bénéficié, dans sa conception et sa réalisation, du concours de mon ami Charles Ronsac, éditeur, qui en eut l'initiative avec Bernard Fixot. Le projet de publier *Les Dix Commandements aujourd'hui* réveilla en moi un désir que je nourrissais depuis longtemps : conclure mon œuvre consacrée à traduire la Bible, le Nouveau Testament et le Coran, par un ouvrage de synthèse. Le 3 octobre 1996, ayant survécu à un accident vasculaire cérébral, je pensais devoir y renoncer. L'invitation de mes amis me remit au travail. La correspondance avec Charles Ronsac, née des maturations de ce projet, est exemplaire de ce que peut être — et qu'est rarement — la relation entre un éditeur et son auteur.

Disons-le : sur les traces d'Abraham et de Moshè, les ancêtres du Décalogue, à nous deux nous totalisions quelque cent soixante-quinze ans d'âge, d'expérience et de vie....

Mon épouse Annette, à mes côtés depuis près d'un demi-siècle, a mis au monde non seulement nos cinq enfants, mais chacun des livres nés de notre mariage. Pas une seule phrase n'a échappé à sa vigilance ni, pour ce volume, à celle de ma collaboratrice, Nicole Benoît.

Cyril Aslanov, maître de conférences à l'Université hébraïque de Jérusalem, et Nathalie Théry m'ont également aidé à préciser, à illustrer et à actualiser le sens de ce livre.

Toute ma gratitude leur est acquise dans la joie de notre espérance.

Voici trois millénaires, les Dix Commandements[1]
ou
Déclaration universelle des devoirs de l'homme

1. *Élohîms dit toutes ces paroles, pour dire : « Moi-même,* $\overset{\text{adonaï}}{\text{IHVH}}$, *ton Élohîms*
   qui t'ai fait sortir de la terre de Misraïm[2]*, de la maison des serfs,*
2. *il ne sera pas pour toi d'autres Élohîms [...]*
   Tu ne feras pour toi ni sculpture ni toute image [...]
3. *Tu ne porteras pas le Nom de* $\overset{\text{adonaï}}{\text{IHVH}}$, *ton Élohîms, en vain [...]*
4. *Souviens-toi du jour du Shabbat [...]*
   Tu travailleras six jours [...]
   Le septième jour, [...] tu ne feras aucun ouvrage [...]
5. *Glorifie ton père et ta mère [...]*
6. *Tu n'assassineras pas [...]*
7. *Tu n'adultéreras pas [...]*
8. *Tu ne voleras pas [...]*
9. *Tu ne répondras pas contre ton compagnon en témoin de mensonge.*
10. *Tu ne convoiteras pas la maison de ton compagnon, tu ne convoiteras pas la femme de ton compagnon [...] »*

1. Ex. 20, 2-17. L'hébreu et le grec disent : *Les Dix Paroles ou Décalogue.*
2. *Misraïm* : l'Égypte en son nom hébraïque.

De nos jours, voici quelques extraits de la Déclaration universelle des droits de l'homme proclamée par l'assemblée générale des Nations unies au palais de Chaillot à Paris, le vendredi 10 décembre 1948.

Tous les êtres humains naissent libres et égaux en dignité et en droits.

Chacun peut se prévaloir de tous les droits et de toutes les libertés proclamés dans la présente Déclaration [...].

Nul ne sera tenu en esclavage ni en servitude [...].

Nul ne sera soumis à la torture [...].

Tous sont égaux devant la loi et ont droit sans distinction à une égale protection de la loi.

Nul ne peut être arbitrairement arrêté, détenu ni exilé.

Toute personne accusée d'un acte délictueux est présumée innocente [...].

Toute personne a le droit de circuler librement [...].

Devant la persécution, toute personne a le droit de chercher asile et de bénéficier de l'asile en d'autres pays.

[...] l'homme et la femme [...] ont le droit de se marier et de fonder une famille.

Toute personne [...] a droit à la propriété.

Toute personne a droit à la liberté de pensée, de conscience et de religion [...].

Toute personne a droit au travail [...].

Toute personne a droit au repos et aux loisirs [...].

Toute personne a droit à un niveau de vie suffisant [...].

L'individu a des devoirs envers la communauté [...].

PREMIÈRE PARTIE

Des devoirs de l'homme aux droits de l'homme

LIMINAIRES

Dans l'humble synagogue de ma ville natale d'Aïn Témouchent, en Algérie, les Dix Commandements étaient écrits en lettres d'or sur deux planches de chêne, suspendues au-dessus de l'armoire où reposaient les rouleaux de la Tora[1]. Comme tous les autres enfants juifs, j'apprenais par cœur les Dix Paroles centrales dont les 620 lettres hébraïques, sur deux colonnes alignées, dansaient devant mes yeux et me fascinaient. J'étais en admiration devant ces Dix Paroles résumant tout ce que l'homme peut comprendre et souhaiter pour l'univers. Elles décrivent la réalité du Créateur révélé en tant qu'Être suprême, Celui dont nul ne peut mettre en doute l'existence puisqu'il n'avait pas de Nom prononçable, adonaï IHVH, l'*Être qui était, est, sera et fait être* : l'Être créateur sans qui rien n'existerait, Innommé, Innommable, sans histoire autre que celle des créatures, nées de sa Parole.

Depuis mon enfance, l'énigme se posait à moi de savoir comment résoudre la contradiction entre la nature de l'homme, idolâtre, violent, assassin, adultère, voleur, menteur, et la Loi dont j'admirais l'évidence et la lumineuse concision. Sur le pas de ma porte, jeune enfant, je voyais déambuler des juifs, dont j'étais, des chrétiens et des musulmans. Ma surprise était grande d'entendre les cris de leurs disputes. Nous, les juifs, étions enfermés dans notre ghetto

1. Le mot Tora désigne en hébreu les Écritures révélées à Moshè par adonaï IHVH.

religieux avant que la colonisation française n'ait fait de nous d'hypothétiques descendants de Vercingétorix. Dans nos familles, nous nous considérions comme les enfants des Patriarches, Abraham, Isaac et Jacob. Dans les écoles de la colonie, puis dans ses universités, nous devenions les héritiers de la Révolution française, les fils des Encyclopédistes. Français et Arabes étaient alors plus que jamais imperméables les uns aux autres. Ils avaient entre eux des relations de conquérants à conquis, voire de maîtres à esclaves, cependant unis par une même ignorance et un même mépris des juifs que nous étions. Juifs, chrétiens et musulmans, voisins les uns des autres, s'affrontaient en un conflit d'autant plus paradoxal qu'ils professaient avoir le même Dieu et les mêmes Patriarches pour ancêtres communs. Leurs Écritures, Bible hébraïque, Nouveau Testament grec et Coran arabe, visaient à établir sur terre le royaume de Dieu. Chacun sait comment l'Algérie française finit dans le chaos et la mort d'innombrables victimes, au mépris du sens commun.

Comment en étions-nous arrivés là ?

En Judée, les Hébreux avaient été les archivistes de la Parole révélée à leurs prophètes, dans les divers livres réunis dans la Bible hébraïque. La destruction de la Judée et du Temple de Jérusalem par les Romains en l'an 70 de notre ère allait confronter les survivants de cette guerre — la plus meurtrière de l'Antiquité selon Tacite — à un problème qui paraissait insoluble : comment maintenir la Parole ? Mais les communautés juives de la diaspora s'organisèrent dans leurs exils, et la Bible allait survivre sous la direction spirituelle des rabbins. Le judaïsme est né pour conserver sous leur égide la foi, l'espérance, la langue et la culture du peuple de l'exil. La Bible, le souvenir de ses prophètes et de ses rois assurèrent la permanence d'Israël jusqu'à son retour au berceau de son histoire.

Parallèlement à la Bible hébraïque s'ajoutait le Nouveau Testament d'une religion nouvelle, le christianisme, fondée par saint Paul et les apôtres de Jésus. Le Décalogue constituait le cœur de ce nouveau prophétisme que le christianisme diffusait dans le monde. Au VIIe siècle, un nouveau prophète, Muhammad[1], annonça une troisième religion, l'islam, elle aussi née des fécondités des Dix Paroles. Le message du Coran visait à accomplir les alliances précédentes, celles de Moshè[2] et de Jésus, à donner vie aux alliances de l'humanité entière avec l'Être créateur des ciels et de la terre, et ainsi à sauver le monde. Moshè avait annoncé son Alliance en hébreu, dans la Bible. La Nouvelle Alliance de Jésus la confirmait dans le Nouveau Testament en grec. Le Coran en arabe, écrit confirmatif de la Tora et des Évangiles, devait authentifier par la voix de Muhammad les deux alliances antérieures.

Mais au lieu de se reconnaître comme des sœurs au service d'une même mission, les trois religions abrahamiques[3] devinrent ennemies et entrèrent, aussitôt nées, dans des conflits et des guerres interminables qui se poursuivent encore de nos jours. Expulsé de son royaume de Judée par l'Empire romain, Israël, dans ses exils, se refermait sur lui-même dans l'espoir de son retour en Terre sainte où il assistera à la réalisation de tous les miracles de la Promesse. Les chrétiens, forts de l'Évangile du Christ, espéraient convertir le monde entier à leur foi et réaliser ainsi la Promesse sous le signe de la Croix. Les musulmans, de leur côté, aspiraient à convertir les juifs et les chrétiens à la loi de l'islam qui devait régir l'humanité entière sous le signe du Croissant.

L'enseignement du mépris de l'Autre dans son identité propre se faisait partout au détriment de la vérité et de la paix. Aux yeux du chrétien, le juif n'avait rien fait d'autre dans sa regrettable existence que de crucifier Jésus-Christ, le musulman était l'ennemi de la Croix. Au lieu de l'Alliance des alliances, l'histoire devint le théâtre d'une guerre perpétuelle. Partout, la cohabitation des descendants d'Abraham fut ensanglantée par les pires tragédies de l'histoire, guerres,

1. Le nom de *Muhammad* se prononce différemment dans les diverses langues où la Bible est traduite. Nous avons choisi de revenir à sa transcription à partir de l'arabe : Muhammad.

2. Le nom de *Moshè* se prononce différemment dans les diverses langues où la Bible est traduite. Nous avons choisi de revenir à sa transcription à partir de l'hébreu : Moshè.

3. Voir le tableau page suivante.

persécutions et expulsions ; les croisades et l'Inquisition en furent de lamentables exemples. Les Dix Paroles, honorées par tous, étaient ainsi universellement violées et trahies par la haine génératrice des souffrances dramatiques que les Psaumes et les prophètes ne cessaient de dénoncer.

Abraham et les trois religions abrahamiques[1]

Ancêtre des trois religions
nées des fécondités de la Bible :
le judaïsme, le christianisme et l'islam

Père d'Isaac, dont le fils Jacob prendra le nom d'Israël et conclura son alliance avec $\overset{\text{adonaï}}{\text{IHVH}}$. À ce titre, il est l'ancêtre du peuple des Hébreux et de tout Israël.	Père spirituel de tous les croyants : les promesses qui lui ont été faites se sont accomplies dans le Christ. C'est à ce titre qu'il est l'ancêtre des juifs et des chrétiens.	Père d'Ismaël, avec qui il construisit la Kaaba à La Mecque, sanctuaire central du Dieu unique. C'est à ce titre qu'il est l'ancêtre des Arabes et spirituellement des musulmans.
Modèle exemplaire de la fidélité à la Tora de Moshè accomplie dans la foi.	Modèle exemplaire d'une fidélité inébranlable dans la foi : il annonce le Christ. Justifié par la foi qui précède les œuvres.	Modèle exemplaire de la pacification inconditionnelle (= islam) : le premier musulman ; il obtient la justice par sa foi en Allah, le culte divin sous le regard d'Allah.
Le sacrifice d'Isaac, prototype de l'épreuve la plus exigeante de la foi.	Le sacrifice d'Isaac, prototype du don que Dieu nous fait du fils de Dieu.	En quittant Harân, il est le prototype du Prophète qui quitte La Mecque (*hedjra*, hégire — « fuite »).
Bénéficiaire des promesses faites à Israël : Peuple et Terre.	Bénéficiaire des promesses faites à tous les peuples : Jésus-Christ, héritier d'Abraham.	Bénéficiaire de la Révélation originelle, consignée sans erreur dans le Coran.

1. D'après Hans Küng : *Le Judaïsme*, Le Seuil, 1995, p. 40.

La haine était partout présente en Europe — il suffit de rappeler ici les pogroms de Russie, de Pologne et d'autres pays d'Europe centrale. Elle se répandait en France, dans les journaux et par des écrits antisémites, tel *Le Protocole des Sages de Sion* qui de nos jours encore pollue les arcanes d'Internet et maintes librairies arabes, inspirateurs d'attentats, de pillages et d'assassinats. Après la montée du racisme, dont l'Allemagne de Hitler devint la principale pourvoyeuse, vint la guerre de 1939-1945, la plus sanglante de toute l'histoire européenne avec ses quelque soixante-dix millions de victimes dont six millions de juifs, hommes, femmes et enfants, assassinés dans les camps nazis. Les limites de l'horreur furent dépassées dans les combats de la Seconde Guerre mondiale et plus encore dans les carnages des camps d'extermination. La haine fut importée en Algérie par les campagnes de Drumont[1]. Celles-ci étaient d'autant plus dangereuses qu'elles s'exprimaient dans un pays musulman où le juif avait un statut de dhimmi, c'est-à-dire de protégé. Cette protection avait tendance, en période de crise, à faire place à des massacres, mini-pogroms accompagnés de pillages des ghettos où les juifs étaient encore parqués.

Devant ces conflits meurtriers et les questions qu'ils posaient, le seul recours à mes yeux était le retour à nos sources et le respect des Dix Paroles universellement présentes à notre espérance.

Au lendemain de la guerre, je fus introduit par mes amis auprès du comité central de l'Alliance israélite universelle et de son président, le professeur René Cassin. Il avait une foi viscérale dans la vertu du droit et croyait aux pouvoirs de la justice. Pour lui, la loi était l'antidote de la violence. Grand mutilé de la guerre 14-18, il consacra sa vie entière à la réalisation de cet idéal qu'il nous enseigna. Pendant les trente années où je fus son proche collaborateur, j'appris qu'il était nécessaire de sortir de l'abstraction les Dix Commandements

1. Édouard Drumont : journaliste et homme politique (1844-1917). Violemment antisémite, auteur de *La France juive*.

et de les réaliser concrètement pour la défense de la personne humaine, de chaque être de chair dont le sang coule sur les champs de bataille, dans les prisons et les camps de concentration.

René Cassin venait d'achever la rédaction de la *Déclaration universelle des droits de l'homme*, aux côtés de Mme Éleonore Roosevelt. Tous deux voyaient en elle la seule réponse aux atrocités découvertes après la Seconde Guerre mondiale. Ils écrivaient : « La méconnaissance et le mépris des droits de l'homme ont conduit à des actes de barbarie qui révoltent la conscience de l'humanité. » L'assemblée générale des Nations unies réunie à Paris, au palais de Chaillot, le 10 décembre 1948, entendait affirmer solennellement « que la reconnaissance de la dignité inhérente à tous les membres de la famille humaine et de leurs droits égaux et inaliénables constitue le fondement de la liberté, de la justice et de la paix dans le monde ».

J'étais aux côtés de René Cassin lorsqu'il prononça, en sa qualité de représentant de la France, son grand discours de présentation de la *Déclaration universelle des droits de l'homme* que l'assemblée générale des Nations unies adopta alors, à l'unanimité de ses cinquante-huit membres.

René Cassin se plaisait à comparer cette Déclaration au Décalogue. Ces textes, séparés par plus de trente-trois siècles, apparaissent tous deux dans l'histoire à la fin d'époques particulièrement troublées : qu'ils soient sortis de l'esclavage égyptien ou rescapés des guerres ou des camps de concentration nazis, les hommes ont un irrésistible besoin d'affirmer solennellement leur droit de vivre dans l'unité de la famille humaine. C'est ce besoin qu'explorait la Déclaration universelle des droits de l'homme. Le Décalogue tirait son autorité de l'Être qui, au sommet du Sinaï, le proclamait. La Déclaration universelle émanait directement de la communauté juridiquement organisée de tous les peuples, et exprimait les aspirations communes à tous les hommes. L'assemblée générale des Nations unies présentait ce texte comme « l'idéal commun à atteindre par tous les peuples et toutes les nations afin que tous les individus et tous les organes de la société, ayant cette Déclaration constamment à l'esprit, s'efforcent [...] d'en assurer [...] la reconnaissance et l'application universelles ». La Déclaration professait un acte de foi dans les droits fondamentaux de l'homme, radicalement niés pendant les années de guerre.

Pour René Cassin, la Déclaration universelle des droits de l'homme était un Décalogue laïque et donc recevable par tous les peuples quelle que soit leur foi. Nous lui devons aussi que cette Déclaration, dont il avait une vision prophétique, soit universelle plutôt qu'internationale, l'accent principal étant mis, dans sa rédaction, sur la personne humaine plutôt que sur l'État. Dans son discours devant l'assemblée générale des Nations unies, il annonçait qu'à ses yeux, elle se présentait « comme la plus vigoureuse, la plus nécessaire des protestations de l'humanité contre les atrocités et les oppressions dont tant de millions d'êtres humains avaient été victimes à travers les siècles et plus particulièrement pendant les deux dernières guerres mondiales. La plus récente de ces oppressions venait d'être menée, sous le déguisement d'une "croisade des droits de l'homme", par les tenants du fascisme raciste, aussi ennemis de l'homme qu'ils l'étaient des autres nations et de la communauté internationale. »

En ses trente articles, le mot « droit » revient en cinquante-neuf occurrences alors que le mot « devoir » n'apparaît qu'une seule fois — dans l'article 29 qui souligne les devoirs de l'individu envers la communauté. Pourtant, si l'homme accomplissait ses *devoirs* élémentaires, dont les principaux sont précisément contenus dans les Dix Commandements, une déclaration concernant ses droits ne serait pas nécessaire. Ceux-ci en résulteraient naturellement.

En janvier 1969, à la question que lui posait Marc Agi[1] qui, lui consacrant sa thèse de doctorat[2], eut le privilège d'être l'un de ses premiers biographes : « Pourquoi est-ce qu'il y a une Déclaration des droits de l'homme et pas de

1. *Cf.* Marc Agi, *René Cassin*, Plon, 1979.
2. Marc Agi, *L'Idée d'universalité d'après la vie et l'œuvre de René Cassin*, p. 349-357.

Déclaration des devoirs de l'homme ? », René Cassin répondit : « Quand on vient d'un état de négation des droits, les gens qui arrivent au pouvoir veulent proclamer leurs droits et non leurs devoirs. Mais malgré tout, j'ai réussi à faire en sorte que la Déclaration contienne clairement le principe des devoirs envers la communauté, c'est-à-dire envers la collectivité. Elle contient aussi les devoirs envers les autres hommes : c'est le devoir de respecter leurs droits. » Et à cette autre question : « Êtes-vous d'accord pour dire que le premier devoir consiste à respecter le droit de l'autre ? », René Cassin répond : « Le droit, c'est comme une enveloppe : il y a l'extérieur et l'intérieur. L'extérieur, c'est le droit du créancier, et l'intérieur, c'est l'obligation du débiteur. Seulement, ce n'est pas une obligation individuelle ordinaire, d'un homme envers un homme, c'est une obligation universelle [1]. »

La Déclaration des droits de l'homme survenait au temps où l'humanité accédait vraiment à ses dimensions universelles. Elle venait d'atteindre les abîmes du mal, ayant acquis les moyens de mettre fin à sa propre existence. Le siècle avait vécu le cauchemar des guerres et de l'occupation nazie comme des tragédies provoquées par l'impérialisme et le colonialisme, certes. Mais cette même humanité avait atteint des sommets inespérés grâce à ses savants, ses techniciens, ses poètes et ses saints. Le regard de l'homme était en train de pénétrer d'ultimes secrets de la nature, ceux de l'infiniment petit comme ceux de l'infiniment grand.

Il fallut attendre 1948 pour que les Nations unies adoptent une déclaration universelle qui prenne en compte toutes les dimensions de l'humain : non seulement l'aspect constitutionnel ou politique, mais aussi la dimension économique, sociale et culturelle. En cette journée du 10 décembre, l'humanité entière manifestait son universalité à la fois spatiale, temporelle et spirituelle.

Cette trilogie illustre les trois aspects de l'universalité humaine identique, autour de Moshè, à l'heure où $\overset{\text{adonaï}}{\text{IHVH}}$ se révèle à lui au Sinaï, et au palais de Chaillot, lors de l'adop-

1. *Ibid.*

tion de la Déclaration universelle des droits de l'homme. Nous ressentions profondément, nous, les rescapés de tant de massacres, « qu'aucune revanche ne pouvait être plus noble, ni plus éclatante que la proclamation au bénéfice de l'humanité entière de la primauté de la loi, de la liberté, de l'égalité et du devoir de fraternité entre les hommes[1] ».

Mais l'Organisation des Nations unies, l'O.N.U., est une structure trop vaste pour faire respecter ces principes à l'échelle régionale ou nationale. La *Déclaration universelle des droits de l'homme* reconnaît son universalité, mais a toutes les peines du monde à se frayer un chemin vers les particularismes locaux. La médiation par des institutions spécialisées est en cela nécessaire. Avec le Décalogue, nous assistons au processus inverse. De portée universelle, il a été adressé à un petit peuple mis en demeure de le communiquer à toute l'humanité. Ce cheminement parfois tortueux, du plus particulier au plus universel, nous a conduits de l'hébraïsme biblique d'il y a trois mille ans au judaïsme d'il y a deux mille ans, puis au christianisme et à l'islam, sans oublier d'autres univers culturels comme les civilisations d'Extrême-Orient ou les sociétés laïques du monde moderne. Malgré les écueils qui encombrent cette route, il importe de tirer du passé l'enseignement qui permettra de faire entendre à nouveau les Dix Paroles dans le sens qu'elles prennent aujourd'hui en ce troisième millénaire.

La portée des Dix Commandements ne se limite pas aux trois religions abrahamiques. Le lieu de leur proclamation est un désert. Le désert n'est à personne : un objet trouvé au milieu des rocailles arides appartient à quiconque prend la peine de se baisser pour le ramasser. Les Dix Paroles s'adressent ainsi à l'humanité entière du fait même qu'elles résument en quelques phrases la condition humaine et les conditions de survie de l'humain qui est en l'homme. Nul ancrage géographique précis, nulle cité, comme si le Décalogue, bien loin de provenir d'un pays précis, devait devenir la

1. *Ibid.*, p. 190.

patrie de l'homme. La Bible le dit : son auteur est le Créateur des ciels et de la terre.

Les Dix Paroles s'adressent à l'humanité entière du fait même qu'elles contiennent le substrat de la condition humaine, c'est-à-dire les conditions de maintien et de respect de l'humain. La Bible, les Évangiles et le Coran ont nourri mon existence entière. Nul mieux que l'interprète n'est conscient de ce que ces textes sont les commentaires des vérités contenues dans le Décalogue, véritable colonne vertébrale de toute société humaine. Ces dix préceptes renvoient à une Transcendance, quelle que soit la signification qu'on prête à cette dernière[1] : la divinité plus ou moins personnalisée des hommes de religion, l'Inconnaissable des agnostiques, le Néant des athées, sont présents aux sources de toute connaissance. En vertu de leur précision, de leur abstraction et de leur transcendance, les commandements du Décalogue interpellent chacun de nous, quels que soient son peuple, sa religion, sa tradition culturelle et son âge. Car au-delà des détails de leur formulation et des violations dont ils ont été l'objet tout au long des siècles, ils symbolisent la Loi, c'est-à-dire l'essence même de l'humanité. Ces paroles, en effet, différencient l'homme du primate régi par l'instinct. Pour reprendre une métaphore chère à Albert Cohen, l'homme avant le don de la Tora était un singe velu : il a accédé à son humanité après avoir reçu de Moshè la Révélation des Dix Paroles. Car c'est à l'humanité tout entière que le législateur hébreu s'adresse.

Aujourd'hui, l'humanité arrive à un point où la plupart des principes du Décalogue sont intégrés par les appareils législatifs et judiciaires, au niveau national et international. Mais jamais les hommes n'ont été plus éloignés de leur application. Les progrès de la technologie et la réduction des distances entre les hommes ont décuplé les capacités de nuire que les Dix Paroles s'étaient efforcées de contrôler et de

1. Dans ce livre, nous emploierons souvent, pour désigner cette Transcendance, le terme « Être », traduction de la racine hébraïque *haya* que l'on retrouve dans $\overset{\text{adonaï}}{\text{IHVH}}$, plutôt que « Dieu » qui appartient à d'autres univers culturels. Les lecteurs agnostiques pourront ainsi y accéder plus librement.

canaliser. Le paradoxe entre leur universelle présence au niveau idéal et théorique et leur absence dramatique dans la pratique est un point essentiel que notre époque dénonce de façon flagrante. Tout le problème d'une nouvelle éthique serait de faire coïncider la législation et la pratique, l'intention et l'action.

Ce livre se propose de réévaluer le statut du Décalogue en cette aube du XXIe siècle. Ces Dix Paroles fondamentales seront reçues ici dans le sens qu'elles pouvaient avoir à l'époque de Moshè, ou même avant, puis dans la Bible et dans les trois religions issues de ses fécondités. Elles sont présentées dans l'Exode et le Deutéronome dans leur contexte surnaturel. Elles y définissent l'existence de l'Être transcendant et immanent qui *était, est, sera et fait être*, auteur d'une loi universellement valable. Chemin faisant, nous en retrouverons aussi l'expression en Asie, où plongent les racines de notre univers culturel, notamment dans le taoïsme et le bouddhisme.

Au cours de cette analyse, nous parcourrons les siècles et les continents pour faire le constat d'un échec : de quelque côté que l'on tourne son regard, ces commandements sont violés par les hommes de tous bords — juifs, chrétiens, musulmans, laïcs et autres —, que ce soit par esprit de système ou par manque de logique, par paresse ou par démence... Devant ce constat, force est de nous ressaisir et de préconiser une éthique qui rendrait aux Dix Commandements leur véritable esprit et leur conférerait une portée authentique.

Cette démarche, qui part de l'analyse pour suggérer une réévaluation à travers la description des aberrations et des déviances, nous révèle ce fait : proclamés au Sinaï par l'Élohîms de Moshè voici quelque trente-trois siècles, les Dix Commandements n'ont pas pris une seule ride. Ces Dix Paroles trimillénaires brillent d'une lumière virginale et magique, peut-être simplement parce qu'elles n'ont jamais été pleinement appliquées. Tantôt occultées, tantôt encombrées d'un fatras à prétention philosophique ou théologique qui en altérait la véritable essence, les Dix Paroles, encore inconnues, restent à explorer. Il importe de les révéler à nouveau dans l'éclat et la splendeur de leur surgissement afin d'inspirer à l'humanité le désir de les appliquer. Ainsi tenterons-nous de cerner les principes fondamentaux du Décalogue, aux sources de l'humain et de toute morale religieuse ou laïque.

Puisse cette remise au goût du jour d'une parole ressurgie du fond des âges nous permettre de l'entendre retentir avec une nouvelle force, à l'ère des manipulations génétiques, d'Internet, du disque laser et de la réalité virtuelle. Alors seulement le message sinaïtique, relayé par les trois monothéismes abrahamiques et par les diverses morales laïques, trouvera sa véritable dimension, celle du code de l'humain, et le moyen pour l'homme de réaliser au sein de la Création sa vocation de partenaire de l'Être suprême. C'est alors que les humains pourraient revenir au Paradis d'où Adam et Ève furent chassés.

L'avenir se construit d'abord à partir du choix que fera chacun de nous. L'homme vit aujourd'hui plus que jamais au carrefour de la vie et de la mort, de la bénédiction et de la malédiction, de l'amour et de la haine. Des hauteurs du Sinaï, Moshè s'unit à Jésus, à Muhammad et aux messagers d'autres religions, de tous les âges et de tous les continents, pour nous inviter à choisir l'amour, tout simplement afin de vivre.

Le grec, pour désigner l'amour, disposait de trois termes, *Éros*, *Philia* et *Agapé*, tous inclusifs d'une seule racine hébraïque qui désigne l'amour universel : *ahava*. De l'amour, écoutons la définition que nous en donne, en arabe, Bahya ibn Paqûda dans *Les Devoirs du cœur*[1], le plus beau guide de la vie intérieure que j'aie lu, un livre que j'ai eu l'heur de traduire pendant la guerre. Il m'avait donné la vraie réponse aux blessures dont nous souffrions : « L'amour est un élan de

1. Bahya ibn Paqûda (mystique juif du XIe siècle), *Les Devoirs du cœur*, Desclée de Brouwer, p. 582. Dans son traité, étonnamment actuel, Bahya traite en Dix Portiques de la vie mystique qui conduit l'homme à la connaissance du Créateur, à la contemplation des créatures et à la pacification de l'homme devant le Créateur auquel il s'abandonne.

l'être qui, en son essence, se détache vers l'Aimé pour s'unir à sa très haute lumière. »

J'aime cette définition qui m'a accompagné toute ma vie. En quatre mots-clés — « élan », « détachement », « union » et « lumière » —, elle révèle l'amour universel. L'*élan* sans lequel l'amour n'existe pas ni ne survit : celui du mystique pour l'Être créateur ou de l'homme pour la femme et réciproquement, des parents pour leurs enfants. Mais aussi l'élan de l'animal pour sa progéniture, ou encore de l'arbre qui prépare ses fleurs et ses fruits des années durant. L'élan est nécessaire mais non suffisant. Sans élan, l'homme ou la femme se condamnent à la sécheresse si bien décrite par tous les mystiques. Mais celui-ci ne peut se maintenir s'il ne s'accompagne de *détachement*. L'avion le plus puissant ne peut s'envoler s'il n'est pas libre de toute attache. Il en est de même pour tout amour : si l'amant est attaché, fût-ce par un fil, l'amour se meurt de lui-même. Cette remarque, inspirée de Jean de la Croix, est universelle. L'amour n'a qu'un seul véritable ennemi : l'égoïsme qui rompt l'élan parce qu'il renie l'Être créateur et libérateur. C'est au cœur de cet Être, source de toute vie et de tout amour, que nous nous rejoignons tous en *union* avec Lui, en sa *très haute lumière*.

Cette définition, que ne renieraient pas certains de nos philosophes modernes, correspond parfaitement au sens que Jean l'Évangéliste donne aux mots *Dieu est amour*, incluant en cela toute la création et tous les êtres créés, tous les visages de l'amour humain[1]. Nous en retrouvons l'essence dans la pensée de mystiques juifs comme Salomon ibn Gabirol, de théologiens musulmans tels que Muhasibi Dhou Noun Misri, Raguib al Ispahani ou chez des soufis de l'islam comme Él Hallaj, al Ghazali, Ibn' Arabi en Égypte, ou encore l'immortel Djalâl od Dîn Rûmî en Perse ; chez des chrétiens comme Maître Eckhart, Thérèse d'Avila et Jean de la Croix ou encore l'auteur anonyme de *L'Imitation de Jésus-Christ*. Tous, antérieurs ou postérieurs à Bahya, délivrent un enseignement qu'éclaire une même lumière créatrice. La source

1. Luc Ferry, *L'Homme-Dieu*, Grasset, p. 158.

commune qui les inspire se trouve dans le *Nada* et le *Todo*, le Tout et le Rien, ce *Rien* sans nom, sans visage, sans histoire, à jamais mystérieux, là où se trouve l'Être créateur, chanté par le Cantique des cantiques et les Psaumes. Tous les mystiques nous disent que le Lieu de l'extraordinaire rencontre entre l'Être suprême et le Néant ultime est celui où se réconcilient théistes et agnostiques. Telle est l'utopie que nourrissent la Bible et ses Dix Paroles[1].

1. Comme nous aimons à le rappeler, l'utopie dérive du grec *utopia* qui signifie « ce qui n'a pas de lieu ». Il suffit de donner lieu à l'utopie pour qu'elle cesse d'être utopie.

DEUXIÈME PARTIE

Les Dix Commandements

LES COMMANDEMENTS AVANT LES DIX COMMANDEMENTS

Avant même que le peuple hébreu ne fût invité à entrer dans l'Alliance avec l'Élohîms fulminant du Sinaï, diverses formes d'union entre les hommes et l'Être suprême avaient vu le jour. Le mot hébreu *berit*, « alliance », est apparenté étymologiquement à *bara*, « créer ». L'Alliance entre le Créateur et sa créature se révèle ainsi dans un rapport de filiation. C'est à Israël que revient le privilège d'avoir substitué au rapport de dépendance entre le divin et l'humain un concept en usage dans les relations individuelles, celui d'un amour filial.

Adam et Ève

Avant la promulgation des Dix Commandements, le premier couple reçoit dans la Bible le commandement positif de *fructifier* et de *multiplier*[1] et le commandement négatif, *mais de l'arbre... tu ne mangeras pas*, interdisant la consommation de l'arbre de la connaissance du bien et du mal[2]. Le premier précepte fut suivi mais le second, qui était aussi le premier interdit, fut aussitôt transgressé.

---

1. Gn. 1, 28.
2. *Ibid.* 2, 17.

LE PEUPLE DE L'ALLIANCE

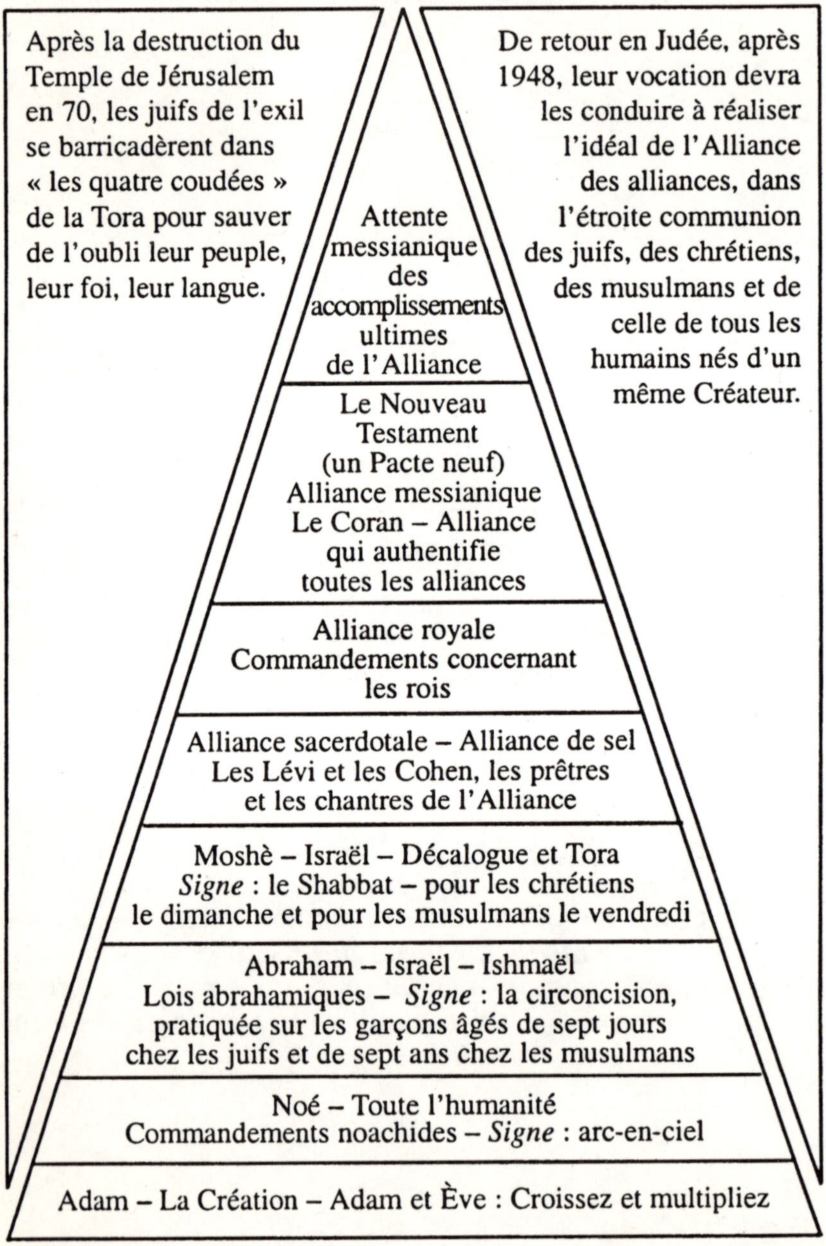

Une incohérence dans le récit de la création de la femme devait devenir source de dysharmonie dans le rapport entre le masculin et le féminin. Dans le premier récit de la création, nous lisons :

Élohîms crée le glébeux[1] *à sa réplique, à la réplique d'Élohîms, il le crée, mâle et femelle, il les crée*[2].

Mais dans le second récit, nous lisons :

adonaï IHVH *Élohîms fait tomber une torpeur sur le glébeux. Il sommeille. Il prend une de ses côtes, et ferme la chair dessous.*

adonaï IHVH *Élohîms bâtit la côte, qu'il avait prise du glébeux, en femme. Il la fait venir vers le glébeux.*

Le glébeux dit : « Celle-ci, cette fois, c'est l'os de mes os, la chair de ma chair, à celle-ci il sera crié femme — Isha — : oui, de l'homme — Ish —, celle-ci est prise[3]*. »*

Cette contradiction est due sans doute à la réunion, au sein d'un même texte, de deux sources d'origines différentes. Dans le premier récit, le texte proclame l'égalité intrinsèque entre les deux sexes : le masculin et le féminin sont les deux modalités de l'humanité créée par adonaï IHVH. En revanche, le second nous présente la femme créée à partir de la côte d'Adam et fait d'elle un dérivé de l'homme.

En introduisant ce ferment de violence qu'est l'inégalité entre l'homme et la femme, la seconde version ouvre la faille par laquelle le serpent tentera de briser l'unité du premier couple. Il n'attaque pas de front Adam et Ève mais prend plutôt cette dernière à partie — peut-être parce qu'elle a été créée en second, pratiquement « par effraction ». Soudain, la femme perd son égalité originelle vis-à-vis de l'homme : elle devient la cause de la première tentation et de la première transgression, celle qui a chassé l'homme hors du jardin d'Éden, le Paradis perdu.

L'interprétation que saint Augustin fit des premiers chapitres de la Genèse a contribué à occulter le lien essentiel

1. Glébeux : Adam, de *adama*, « glèbe, terre ».
2. Gn. 1, 27.
3. *Ibid.* 2, 21-23.

qui unit les deux premiers commandements. Selon l'évêque d'Hippone, la transgression du second a pour corollaire le péché originel. Autrement dit, le commandement positif de procréer est dissocié de l'acte charnel visant à l'accomplir. Une telle lecture du récit de la chute élude la réalité du premier commandement qui est une incitation à la procréation, premier acte créateur de l'humanité. Plus gravement encore, saint Augustin oblitère les significations premières du texte biblique. Alors que le commandement *fructifiez et multipliez* constitue l'essence même de la condition humaine dans son rapport avec le cosmos et l'éternité — l'homme est immortel s'il s'assure une descendance biologique ou une postérité spirituelle —, l'interdiction de manger le fruit de l'arbre de la connaissance du bien et du mal marque la frontière entre l'humanité et Élohîms : *Le serpent dit à la femme : « Non, vous ne mourrez pas, vous ne mourrez pas, car Élohîms sait que du jour où vous en mangerez vos yeux se dessilleront et vous serez comme Élohîms, connaissant le bien et le mal*[1]. *»*

Le serpent aurait-il raison ? Le commandement interdisant la consommation du fruit de l'arbre de la connaissance trace une limite entre l'homme et Élohîms, entre l'immanence du glébeux rivé à sa terre et la transcendance de son Créateur en ses ciels. De sorte que l'incitation à la procréation et l'interdiction de la connaissance seraient les deux visages d'une même éthique ; celle-ci assigne à l'homme la place telle qu'elle est décrite dans le récit de la Création : Adam est associé à Élohîms dans l'acte de la dénomination des créatures du cosmos[2], il assujettit tous les animaux[3] et il doit *servir la glèbe*, c'est-à-dire travailler la terre[4]. Tel est donc l'embryon de la Loi, telle qu'elle s'adressait au premier couple de l'humanité : perpétuer son être ici-bas et ne point viser à supplanter Élohîms dans son au-delà.

1. Gn. 3, 4-5.
2. *Ibid.* 2, 19.
3. *Ibid.* 1, 28.
4. *Ibid.* 2, 5.

Caïn et Abel

Avant même que l'assassinat ne fût prohibé par le sixième commandement, Élohîms avait formulé cette interdiction quand il voulut dissuader Caïn de tuer Abel, son frère[1]. En fait, le mot « assassinat » n'apparaît pas explicitement dans cette injonction, puisque le meurtrier potentiel qu'était Caïn n'avait pas conscience du mal qu'il allait faire. Non seulement aucun sang humain n'avait été encore répandu de mémoire biblique, mais la mort n'avait frappé personne au sein de la famille originelle, réduite à quatre membres : Adam, Ève et leurs deux fils ennemis.

À nouveau, il y a transgression : Caïn ne domine pas *la faute tapie à sa porte*, à la façon d'un serpent aux aguets. Il se laisse entraîner par sa pulsion meurtrière. Mais Élohîms lui fait la grâce de ne pas être tué par représailles[2]. Ainsi la loi de la vie — sa transmission et sa préservation — est-elle au fondement biblique de toute loi.

Aux origines de l'idolâtrie

Avant qu'Élohîms n'interdise l'idolâtrie au deuxième commandement, l'humanité eut conscience de cette faute. C'est ce que suggère le verset où il est dit qu'*alors, le Nom de* $\overset{\text{adonaï}}{\text{IHVH}}$ *commençait à être crié*[3].

Dès que l'homme atteignit un niveau de conscience suffisant, il se fabriqua des êtres imaginaires qu'il appela « dieux ». Certains commentateurs ont vu là déjà une allusion à l'idolâtrie : la pratique d'appeler Dieu ce qui n'est pas Dieu révèle la tendance qu'a la créature à vouloir supplanter son Créateur. Curieusement, les recherches menées par les anthropologues et les archéologues sur le néolithique,

1. Gn. 4, 7 : « à l'ouverture la faute est tapie ; à toi sa passion. Toi, gouverne-la. »
2. *Ibid.* 4, 15. « Ainsi tout tueur de Caïn subira sept fois vengeance. »
3. *Ibid.* 4, 26.

période charnière du développement de l'humanité, révèlent qu'à l'origine, l'homme n'était probablement pas polythéiste.

Le déluge : l'homme en concurrence avec le divin ?

Le déluge est la réponse du Créateur à l'inconduite de l'humanité. Les fils d'Élohîms ont osé se marier à de mystérieuses créatures angéliques, comparables aux demi-dieux des panthéons païens[1]. Une fois de plus, les hommes transgressent les limites de leur condition et tentent de prendre la place de la divinité[2]. Le fruit de l'arbre de la connaissance était censé apporter à ses consommateurs l'immortalité et l'omniscience d'Élohîms. La violation des frontières entre l'humanité des belles mortelles et l'immortalité des fils d'Élohîms relativise dangereusement la transcendance de l'Être suprême. Aussi, la punition divine fut au moins aussi grave que l'expulsion d'Adam et d'Ève du jardin paradisiaque : l'éradication de toute vie sur terre, à l'exception du juste Noé, de sa famille et des animaux de l'arche.

Ce mythe signifie que l'homme, roi de la Création et serviteur de la Transcendance, se trouve confronté à deux options : celle de cultiver en soi la mégalomanie de s'égaler à l'Être suprême, ou celle de rester solidaire des animaux et de la nature placés sous sa dépendance, afin d'assurer le salut de la planète. Les victimes du déluge avaient opté pour la première, tandis que le juste Noé, nouvel Adam et nouveau point de départ de l'humanité, avait choisi l'immanence dans le monde créé.

Ce *juste* de la Création, celui dont le nom, *Noah*, signifie « quiétude », reçut sept lois fondamentales, les lois noachides, véritable embryon du Décalogue à l'usage des nations descendant de Noé : six lois interdisant le blasphème, l'idolâtrie, les perversions sexuelles, l'assassinat, le brigandage, la vivi-

1. Gn. 6, 2. « Les fils des Élohîms voient les filles du glébeux [...]. Ils se prennent des femmes parmi toutes celles qu'ils ont choisies. »

2. *Ibid.* 9, 6. « Qui répand le sang du glébeux, par le glébeux son sang sera répandu. »

section, et une septième exigeant, pour l'humanité entière, l'institution de tribunaux de justice. Parmi ces lois, figurent expressément les deux commandements déjà formulés au stade antérieur du développement de l'humanité, le devoir de procréation[1] et l'interdiction du meurtre[2]. Cette fois, les assassins ne sont plus dans l'ignorance de la loi, de sorte que le crime est puni de la peine capitale :

Qui répand le sang du glébeux, par le glébeux son sang sera répandu. Oui, à la réplique d'Élohîms, il a fait le glébeux.

Quand Caïn commit le fratricide, nul sinon les bêtes des champs n'aurait pu le châtier. Mais, dès lors que la société humaine fut plus étendue, la sanction put être proportionnée au crime du fait même de la réciprocité possible entre des êtres égaux.

Cette deuxième alliance conclue entre adonaï IHVH et l'homme, symbolisée par l'arc-en-ciel, se termine par la première beuverie de l'histoire humaine, celle de Noé[3]. L'excès auquel se livra le premier vigneron de l'histoire est lourd de conséquences. Tout se passe comme si l'équilibre difficilement atteint entre la Transcendance de adonaï IHVH et l'immanence de l'homme devait être brisé pour mettre en branle le cours de l'histoire : c'est parce qu'il se vautra nu dans sa tente que son fils Cham eut l'occasion de lui manquer de respect. Or, ce manquement à un devoir naturel introduisit un germe d'inégalité entre les trois fils de Noé : Sem et Japhet furent bénis alors que Cham devint maudit. La voie est ouverte aux conflits qui ensanglantent l'humanité.

Babel et la confusion des langues

À Babel, la dispersion des langues punit l'orgueilleux projet de bâtir une tour jusqu'au ciel[4]. Elle exprime une ten-

1. Gn. 9, 1 ; 7.
2. *Ibid.* 9, 6.
3. *Ibid.* 9, 20-21. « Noah [...] plante une vigne, boit du vin, s'enivre et se découvre au milieu de sa tente. »
4. *Ibid.* 11, 1-9.

dance similaire à celle qui provoqua le déluge : la confusion entre le divin et l'humain. À partir de cet épisode fondamental de l'histoire, le legs originel de l'Alliance entre Noé et son Créateur se complique par la division des idiomes et la diversité des ambitions. Les hommes éparpillés sur la face de la terre ne peuvent plus communiquer entre eux : le lien qui unit le Créateur à ses créatures est lui-même rompu. La confusion des langues s'aggrave d'une confusion pire encore, celle des idoles et des hommes promus à la transcendance du Créateur.

Dans le chaos, la nécessité d'une autre alliance se fait sentir. $\overset{\text{adonaï}}{\text{IHVH}}$ choisit dans une famille un homme nouveau, Abraham, et son épouse, Sarah. Ils sont chargés de la mission de redonner vie à l'Alliance universelle du Créateur avec sa création, occultée par la multiplication des idoles.

Abram alias Abraham

Choisi parmi une tribu issue d'Ur en Chaldée, Abram reçoit l'ordre de quitter Harân (sur l'Euphrate supérieur) à la mort de son père Tèrah[1]. Celui-ci y avait entraîné tous les siens en son exode au long de l'Euphrate, partant d'Ur en Chaldée (à 1 000 kilomètres au sud de Harân) pour aller vers Canaan[2]. Sur l'ordre de $\overset{\text{adonaï}}{\text{IHVH}}$, Abram reprend avec les siens, sans rien laisser derrière lui, le chemin de l'émigration paternelle qui abandonnait les sanctuaires d'Ur et de Harân dédiés au dieu Lune, pour aller vers Canaan. Un acte symbolique consacre cette alliance avec un premier homme : la circoncision.

Abram, devenu Abraham, transmet le flambeau de l'Alliance à ses fils, Ismaël et Isaac, et à tous ceux de son

1. Gn. 12, 1. « Va pour toi, de ta terre, de ton enfantement, de la maison de ton père, vers la terre que je te ferai voir. »

2. *Ibid.* 11, 31-32. « Tèrah prend Abram son fils, Lot le fils d'Arân, le fils de son fils, et Saraï sa bru, la femme d'Abram son fils. Ils sortent avec eux d'Our-Kasdîms pour aller vers la terre de Kena'ân. Ils viennent jusqu'à Harân et habitent là. [...] Tèrah meurt à Harân. »

clan. Abraham, qui applique instinctivement une éthique annonçant déjà celle du Décalogue, nous frappe par son immense solitude. À bien des égards, la vie exemplaire du Patriarche manifeste l'urgence d'une Loi pour interdire l'idolâtrie, le meurtre, l'inceste, l'adultère, le vol et la convoitise. Mais il faudra pour cela que la dimension individuelle et familiale soit dépassée, et que la tribu devienne peu à peu un clan puissant et riche de soixante-dix hommes[1], puis une nation de soixante myriades d'hommes fuyant l'Égypte. L'Alliance entre Élohîms et Abraham s'est conclue après son départ vers la terre de Canaan. Les Dix Commandements seront révélés après la sortie d'Égypte d'un peuple en marche vers une Terre toujours promise.

Le premier commandement adressé au peuple d'Israël

Avant même la sortie d'Égypte et la Révélation au Sinaï, le peuple hébreu reçoit un commandement fondamental qui marque le début d'une ère nouvelle[2] : *Cette lunaison est pour vous, tête des lunaisons, la première pour vous des lunaisons de l'année.*

Les Hébreux entrent ainsi dans un nouveau calendrier qui n'est plus déterminé par le soleil, mais aussi par la lune. L'accroissement et le décroissement de la lune servent de critère au calendrier et non plus, comme en Égypte, la crue ou la décrue du Nil. Dès lors — selon la tradition hébraïque — Israël libéré de son esclavage est en mesure de compléter sa formation par l'acceptation de la Tora dans sa plénitude.

1. Ex. 1, 1-5.
2. *Ibid.* 12, 2.

CARTE DE L'EXODE DE TÈRAH ET D'ABRAHAM

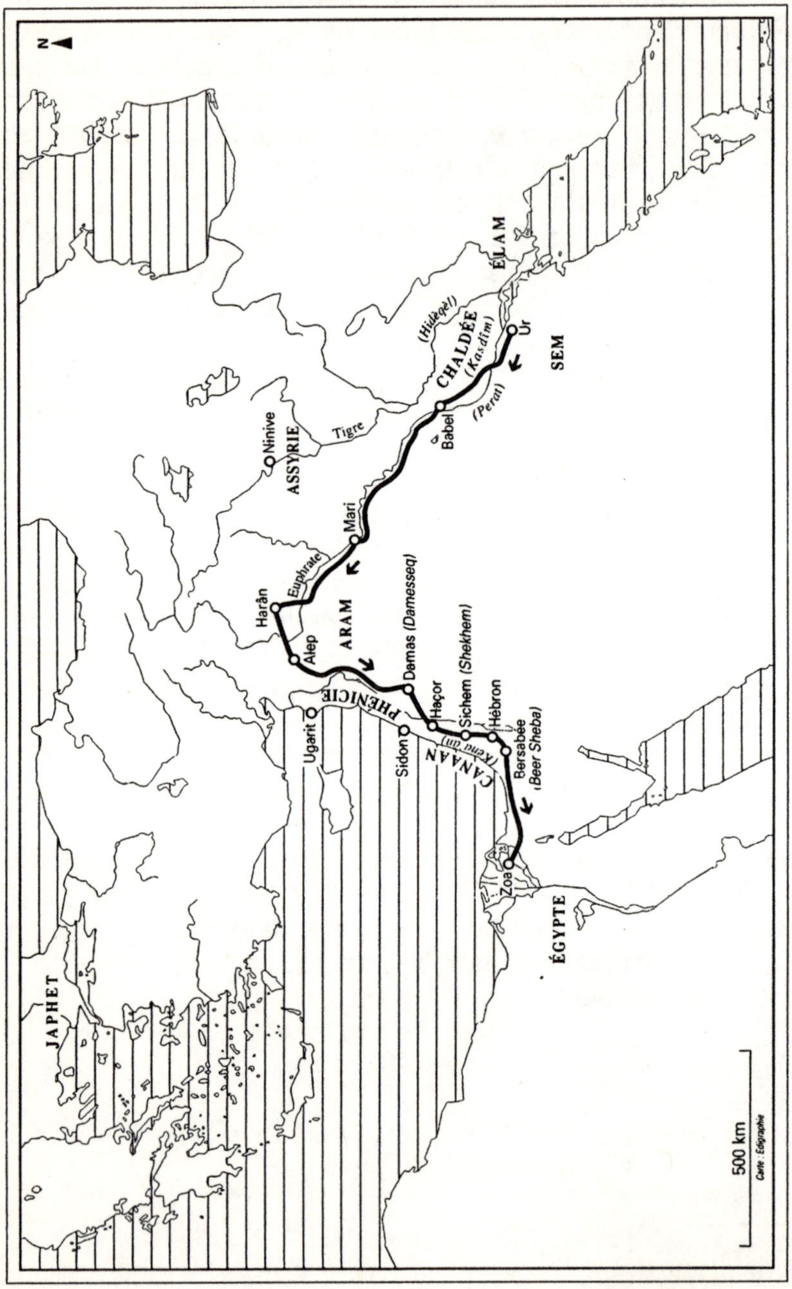

L'ampleur de cette révolution dans le rapport de l'homme au temps n'a pas échappé aux maîtres de la tradition hébraïque. Ils y voient le véritable début de la Révélation. Les cinquante chapitres de la Genèse et les onze chapitres du début de l'Exode ne sont en somme qu'un préambule à l'histoire proprement dite, celle de la constitution d'une nation régie par la Tora de $\overset{\text{adonaï}}{\text{IHVH}}$.

Dix paroles d'initiation à la vie et au savoir

Les Dix Paroles ont été proclamées par $\overset{\text{adonaï}}{\text{IHVH}}$ dans un massif de la péninsule sinaïtique, et gravées dans un rocher par Moshè. En tout, le discours n'a pas duré plus de deux minutes. Le lieu où $\overset{\text{adonaï}}{\text{IHVH}}$ se révèle à Moshè est marqué par toutes sortes de prodiges : coups de tonnerre, éclairs d'un éclat surnaturel, trompettes tonitruantes ; la terre tremble, les montagnes fument, les abîmes bouillonnent, les cieux s'entrouvrent, les astres se rassemblent ; dans ce décor apocalyptique, les anges eux-mêmes accourent pour être présents à l'événement du don inouï de la Tora salué par la voix perçante du shofar. *Et le mont Sinaï fume tout entier, face à* $\overset{\text{adonaï}}{\text{IHVH}}$ *qui y est descendu dans le feu*[1]. Nous assistons au face-à-face de $\overset{\text{adonaï}}{\text{IHVH}}$ et de Moshè, sans que nous sachions ce qu'ils se disent : *Moshè parle et l'Élohîms lui répond dans la voix*[2]. Ainsi leur dialogue confidentiel se poursuit à une voix, celle du silence. Nous sommes ici devant l'un des sommets de la Bible.

$\overset{\text{adonaï}}{\text{IHVH}}$ descend au Sinaï tandis que Moshè y monte[3]. Où la rencontre a-t-elle eu lieu, où se situe le mont Sinaï ? Ce nom « Sinaï » ne désigne pas seulement une montagne, mais toute une péninsule qui sépare l'Afrique de l'Asie et la Méditerranée de la mer Rouge, entre le grenier à blé de l'Égypte et le pays de Canaan, *terre où coulent le lait et le miel*. C'est

1. Ex. 19, 18.
2. *Ibid.* 19, 19.
3. Voir en annexe *Les Noms divins dans la Bible.*

dans ce *no man's land*, entre le monde chamitique et le monde sémitique, que le récit biblique situe la Révélation. Il faut avoir voyagé dans ce désert, ses défilés rocailleux, et gravi ses massifs granitiques dans l'admiration de ses crépuscules et de ses aubes pour en connaître les ineffables splendeurs. Tel est le lieu où, après la sortie d'Égypte, adonaï IHVH se révèle à Moshè et donne la Tora avec ses Dix Paroles [1].

Le contraste est entier entre l'univers égyptien, dominé par les Ramessides de la XIXe dynastie, où les Hébreux étaient un peuple asservi, et le monde dont ils rêvent, en marche vers la Terre promise. Pour bien saisir l'ampleur de la révolution provoquée par ces paroles fondamentales, il importe de percevoir attentivement la portée qu'elles pouvaient avoir dans le contexte où elles ont surgi. Un petit peuple sémite, sans doute issu d'une fusion entre des tribus cananéennes sédentaires et des tribus nomades d'origine araméenne, se vit contraint de quitter l'Asie pour aller travailler dans les grands chantiers de l'Égypte. Ils étaient peut-être arrivés dans le sillage des Hyksos, ces envahisseurs sémites qui introduisirent l'usage du cheval en Égypte. Mais on peut également penser qu'ils avaient été faits prisonniers de guerre par les pharaons de la dynastie ramesside ou même qu'ils étaient venus spontanément, poussés par la faim, comme nous le raconte le texte biblique. Selon les époques, les Hébreux devaient être plus ou moins bien traités. Il est probable que la haine des Égyptiens à leur égard était due à l'hostilité traditionnelle que les habitants de la vallée du Nil témoignaient à l'encontre des nouveaux venus de l'Est et, d'une manière générale, de tous les étrangers.

Pour les Égyptiens, l'énergie divine circulait entre un centre et une périphérie, entre l'un et le multiple. Les dieux païens spiritualisent la multiplicité du réel davantage qu'ils

1. C'est là également qu'on a trouvé les premières traces épigraphiques d'un alphabet, l'écriture protosinaïtique dont les plus anciens spécimens remontent au XIXe siècle avant l'ère courante. Cet alphabet, qui est le prototype des alphabets hébreu et phénicien, représente un progrès substantiel par rapport aux hiéroglyphes égyptiens ou aux cunéiformes mésopotamiens.

Correspondances entre les commandements

Le premier commandement *Moi-même, adonaï IHVH, ton Élohîms qui t'ai fait sortir de la terre de Misraïm, de la maison des serfs, il ne sera pas pour toi d'autres Élohîms contre mes faces.*	Tout meurtre est négateur.	Le sixième commandement *Tu n'assassineras pas.*
Le deuxième commandement *Tu ne feras pour toi sculpture ni toute image de ce qui est dans les ciels en haut, sur la terre en bas, et dans les eaux sous terre. Tu ne te prosterneras pas devant elles et ne les serviras pas. Oui, Moi-même, adonaï IHVH, ton Élohîms, Él ardent, je sanctionne le tort des pères sur les fils, jusqu'au troisième et au quatrième cycle pour mes haineux, mais je fais chérissement jusqu'au millième à mes amants, aux gardiens de mes ordres.*	L'idolâtrie est une adultération.	Le septième commandement *Tu n'adultéreras pas.*
Le troisième commandement *Tu ne porteras pas le Nom de adonaï IHVH, ton Élohîms, en vain car adonaï IHVH, ton Élohîms, n'innocente pas qui porte son nom en vain.*	Tout blasphème est un vol.	Le huitième commandement *Tu ne voleras pas.*
Le quatrième commandement *Souviens-toi du jour du Shabbat pour le consacrer. Tu travailleras six jours : fais tout ton ouvrage. Le septième jour, Shabbat pour adonaï IHVH, ton Élohîms, tu ne feras aucun ouvrage, toi, ton fils, ta fille, ton serviteur, ta servante, ta bête, l'étranger qui est en tes portes.*	Tout mensonge compromet l'ordre divin.	Le neuvième commandement *Tu ne répondras pas contre ton compagnon en témoin de mensonge.*
Le cinquième commandement *Glorifie ton père et ta mère pour que se prolongent tes jours sur la glèbe que adonaï IHVH, ton Élohîms te donne.*	Les deux commandements sont relatifs à la société protégée dans son ascendance et sa descendance.	Le dixième commandement *Tu ne convoiteras pas la maison de ton compagnon. Tu ne convoiteras pas la femme de ton compagnon, son serviteur, sa servante, son bœuf, son âne, ni tout ce qui est à ton compagnon.*

ne matérialisent l'essence de la divinité, mais la lumière et la connaissance viennent du Ciel : dans le temple d'Amon-Rê à Karnak, on trouve une déclaration de la reine Hatchepsout qui affirme en substance : « Je suis descendue du Ciel instruite de sa puissance et connaissant le réel, car Il m'a initiée à son savoir. » C'est au sein de l'immense panthéon des dieux que le pharaon définit sa politique : la force vive du pays et la source de sa richesse proviennent d'une économie fondée sur l'esclavage.

En se plaçant sous la seule tutelle d'Élohîms, les Hébreux, libérés de la servitude, rompent avec l'univers égyptien fondé sur la multiplicité des dieux et l'inégalité sociale. Certes, ils se privaient aussitôt de l'imagerie merveilleuse et des mythes qui séduisaient les Égyptiens, et se mettaient volontairement en marge des nations qui puisaient leur force dans cette multiplicité, et non dans l'unité de $\overset{\text{adonaï}}{\text{IHVH}}$. C'est en rupture de ban avec les routines polythéistes et esclavagistes que retentissent les Dix Paroles.

Les Dix Commandements sont au fondement de la Bible, inclusifs des réalités terrestres et célestes à la fois. Dans la tradition hébraïque, les dix doigts des mains correspondent aux Dix Commandements gravés sur les deux Tables de la Loi.

Les cinq doigts de la main droite, main des miséricordes, représentent les cinq premiers commandements régissant les rapports de l'homme à l'Être créateur du ciel, de la terre et du couple géniteur de l'humanité.

Les cinq doigts de la main gauche, main des rigueurs, représentent les cinq derniers commandements. Ceux-ci, interdisant le meurtre, l'adultère, le vol, le mensonge et la concupiscence, régissent les rapports des hommes entre eux. Ils désignent l'homme en tant que responsable de l'avenir de l'humanité mise en demeure de choisir entre le Bien et le Mal. Ces lois fondamentales ne sont pas proclamées au nom des droits de l'homme, de l'ordre public, de la justice sociale ou de la morale, mais par $\overset{\text{adonaï}}{\text{IHVH}}$ Lui-même, au nom de l'Être de tout être, source unique et lumineuse du Réel.

Figure 7 : Les mains étendues dans la bénédiction des prêtres de Jérusalem, comme symbole cosmique

(extrait de Shabbetai Sheftel Horowitz, *Shefa Tal*, Hanau, 1612, Bibliothèque de l'Alliance Israélite Universelle de Paris.)

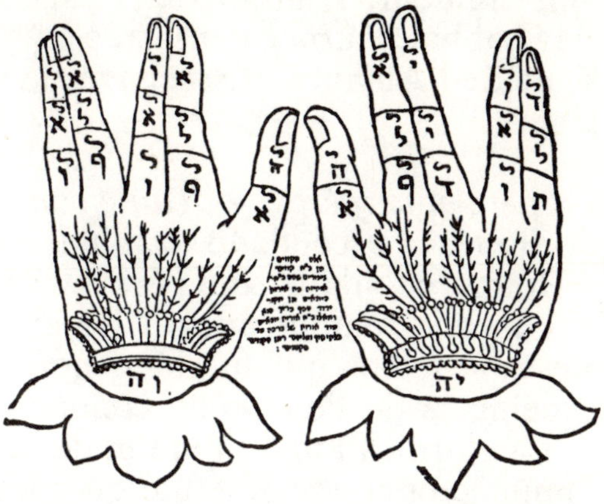

Les deux Tables de la Tora n'en font qu'une et tous les commandements se déduisent en synergie de la proclamation du Nom de $\stackrel{\text{adonaï}}{\text{IHVH}}$ Élohîms. Garder la première Parole, *Moi-même,* $\stackrel{\text{adonaï}}{\text{IHVH}}$, correspond à garder toutes les autres.

Moi-même, $\stackrel{\text{adonaï}}{\text{IHVH}}$*, ton Élohîms... — Tu n'assassineras pas.*

Le sixième commandement est une conséquence directe du premier affirmant l'existence de ce *Moi-même,* $\stackrel{\text{adonaï}}{\text{IHVH}}$*, ton Élohîms*, Créateur et Père de ses créatures. Assassiner l'une d'elles, c'est attenter à Celui qui l'a créée, tout crime étant par essence une atteinte à l'Être créateur.

Tu ne te prosterneras pas... — Tu n'adultéreras pas.

Se prosterner devant d'autres Élohîms, c'est commettre l'adultère vis-à-vis de $\stackrel{\text{adonaï}}{\text{IHVH}}$. Osée développe ce thème : Israël est l'épouse de $\stackrel{\text{adonaï}}{\text{IHVH}}$. Il est adultère quand, Le trahissant, il s'unit aux idoles.

Tu ne porteras pas... Tu ne voleras pas.

Porter le nom d'Élohîms en vain correspond à commettre un vol ; l'homme devient alors un usurpateur.

Souviens-toi du jour... — Tu ne mentiras pas.

Ne pas se souvenir du Shabbat consiste à mentir à adonaï IHVH. Le Shabbat est le jour de vérité de tout homme, celui où chacun est nu devant son Créateur. Transgresser, c'est être un témoin de mensonge, le Shabbat, journée consacrée à adonaï IHVH, étant par excellence le signe de l'Alliance d'Israël avec le Créateur des ciels et de la terre.

Glorifie ton père et ta mère... — Tu ne convoiteras pas...

Ne pas glorifier ses ascendants conduit à convoiter le bien d'autrui. Donner poids à son père et sa mère, c'est reconnaître en eux le Créateur auquel les enfants doivent également la vie. Sans le lien qui unit les générations les unes aux autres, la mémoire de l'humanité comme celle d'Israël serait anéantie. La glorification du père et de la mère consacre la cellule familiale et concerne toute question relative au mariage et à la filiation.

Les Dix Paroles parachèvent l'œuvre de la Création. Elles concernent les six jours de la semaine couronnés par le Shabbat, le septième jour. Ensemble, elles forment un archétype de l'histoire du monde. Cette histoire constitue elle-même une grande semaine cosmique qui se conclura par notre retour au Paradis où nous jouirons du repos promis aux justes.

LE PREMIER COMMANDEMENT

Moi-même, $\overset{\text{adonaï}}{\text{IHVH}}$*, ton Élohîms*
qui t'ai fait sortir de la terre de Misraîm[1]*,*
de la maison des serfs,
il ne sera pas pour toi d'autres Élohîms contre mes faces.

La première des Dix Paroles provoque une révolution décisive dans l'histoire de l'humanité. Le monde d'alors est rempli de dieux de toute nature et de toute origine, que servent les nations de toute couleur en toute langue. Ces dieux innombrables sont déchus de leur règne par la Voix divine qui proclame à la manière directe, percutante de l'Écriture : *Moi-même,* $\overset{\text{adonaï}}{\text{IHVH}}$*, ton Élohîms*[2].

Un Dieu se connaît d'abord par son nom. Dans deux passages de la Bible, auprès du Buisson ardent puis au sommet du Sinaï, Moshè entend une voix décliner son identité. Le paradoxe s'affirme : Élohîms se révèle par le pronom personnel de la première personne du singulier, *Anokhi*, que nous traduisons « Moi-même », pour le distinguer de *ani*, « moi », dont il est la forme emphatique. Ce « moi-même » est employé dans le langage courant par quiconque veut parler de lui-même. Dès sa première rencontre avec Moshè, Élohîms se présente à lui en tant que Personne. Cette Personne s'identifie, dans la langue de Moshè, pour être l'Élohîms d'Abraham, d'Isaac et de Jacob. Cet Élohîms compatit à l'humiliation de son peuple, esclave en Égypte. Élohîms descendra pour le secourir et le libérer de son esclavage avec le concours de Moshè. Et, à la demande de ce dernier, il précise

1. *Misraïm* : voir note 2 p. 10.
2. Voir en annexe *Les Noms divins dans la Bible.*

son Nom : *Eheié asher Eheié*, « Je suis qui je suis ». Et il révèle son Nom : *Moi-même, l'Élohîms de ton père*[1]. Ce Nom révèle *l'Être qui était, est, sera et fait être* dans l'éternel présent de la création. C'est sous ce Nom qu'Il se révèle à tout Israël dans la théophanie du Sinaï au cours de laquelle Il proclamera Lui-même les Dix Commandements[2].

Moshè l'Hébreu a pour dieu $\overset{\text{adonaï}}{\text{IHVH}}$ Élohîms, le Dieu unique : il voit en lui un Dieu cosmique et « biologique », de toute création et de toute vie, qui le libère de l'esclavage. Le nom *Élohîms* évoque d'abord une idée de force vitale, la racine de ce mot désignant le bélier ou le chêne, la puissance, la volonté suprême. Ce nom désigne aussi les dieux des panthéons païens. En effet, le substantif *Élohîms* est, en hébreu, un pluriel comme la vie en ses faces multiples. L'Hébreu emploie plutôt le nom d'Éloha pour désigner ce Dieu présent à toutes les heures de sa vie. $\overset{\text{adonaï}}{\text{IHVH}}$ est le Tétragramme, le nom propre du Dieu d'Israël, un Dieu sans forme, sans limites et sans histoire, sinon celle de ses créatures créées par Lui à son image. Sa prononciation reste secrète et les Hébreux auront toujours scrupule à écrire ce Nom-sans-nom autrement que sous une forme allusive. Cela fait partie du mystère de cette réalité du « *Moi-même* » qui unit l'Être créateur à l'homme dans un face à face d'Être à être.

Le premier commandement est une proclamation du caractère à la fois personnel et transcendant de l'Être. Transcendant, car Il ne se laisse pas réduire à quelque force de la nature. Personnel puisque *Moi-même*, comme un homme, Il est doué de parole et dit « *je* ». Il ouvre un dialogue avec l'humanité entière, représentée par ses prophètes.

L'emploi du pronom de majesté « *Moi-même* » confirme encore la solennité de cette Révélation à la première personne *Anokhi*. En cela, l'hébraïsme jouit d'un statut particulier au sein des religions orientales. À l'époque où Abraham se met en marche vers la Terre promise[3], à la suite de son

1. Ex. 3, 6 ; 15.
2. *Ibid.* 20, 1-17.
3. Gn. 11, 31-32.

père Tèrah, les Veda règnent en Asie. L'Inde adopte la religion brahmanique avec un dieu créateur, Brahma. Les principales divinités adorées au Proche-Orient sont Anu, Enlil, Ishtar, Inanna dans la civilisation sumérienne, supplantée par l'Empire babylonien où règnent d'autres divinités, Marduk et Tammuz. Plus à l'ouest, l'ancien Empire égyptien rend un culte au Pharaon, fils de Rê, le Dieu Soleil, et d'Osiris, aux côtés du dieu prépondérant Seth. Dans le Nouvel Empire égyptien, le pharaon Akhenaton avait tenté d'imposer la suprématie du culte d'Aton, mais celui-ci ne réussit guère à supplanter Amon-Rê. Ces divers paganismes de l'Orient sémitique proposent un rapport personnel entre la divinité et le fidèle, mais n'essaient pas de rapporter la pluralité des *Be'alîms* [1] à l'unité sous-jacente du divin. Quant aux doctrines religieuses asiatiques, comme la religion védique, le taoïsme ou le bouddhisme, elles conçoivent l'Être essentiel comme une réalité unitaire, mais qui ne saurait dire « je ».

Entre le polythéisme personnel et le monothéisme[2] impersonnel, l'hébraïsme trace une troisième voie : celle d'un monothéisme personnel, empruntant aux païens moyen-orientaux un rapport chaleureux avec l'Être, et s'inspirant, par un biais non encore élucidé, de l'extraordinaire capacité d'abstraction des peuples de l'Asie méridionale et orientale. Un équilibre apparaît entre des pôles incompatibles dans d'autres milieux humains : la transcendance et l'immanence, le monothéisme et le panthéisme, la rigueur de justice et la douceur matricielle, la prophétie et le culte. C'est à Israël que revient le privilège d'avoir substitué au rapport de dépendance entre le divin et l'humain un concept en usage dans les relations individuelles, celui d'un amour filial.

... qui t'ai fait sortir de la terre de Misraïm, de la maison des serfs...

---

1. Dieux assignés à des tâches bien précises dans un territoire circonscrit.
2. Comme le souligne Claude Geffré dans son livre *Profession théologien*, p. 241-256, Albin Michel, 1999, l'unité de Dieu est « polyphonique ».

D'emblée, l'Être suprême se définit comme une entité personnelle et providentielle agissant et intervenant dans le cours de l'histoire : il compatira à l'humiliation de son peuple, esclave en Égypte, et le libérera avec le concours de Moshè. Il le conduira à travers les déserts de la péninsule sinaïtique et ceux, plus terribles encore, de l'histoire. Il faudra découvrir et atteindre la Terre jadis promise à Abraham, sous la conduite de Moshè pour les Hébreux, sous l'inspiration de Jésus pour les chrétiens, celle de Muhammad pour les musulmans, et enfin fonder sur terre le royaume de Dieu.

L'amour de adonaï IHVH, Père de toute vie et de toute créature, inspire l'homme qui aspire à la liberté. L'Exode décrit en quarante chapitres cet événement en principe impossible et qui cependant eut lieu dans l'histoire des peuples. L'impossible sortie d'Égypte est suivie d'une succession de nouvelles utopies réalisées, vécues par le peuple comme autant de miracles : miracle des plaies d'Égypte, sans lesquelles Pharaon n'eût jamais libéré Israël ; miracle de la mer qui se fend devant les fugitifs, mais engloutit leurs persécuteurs ; miracle de la Révélation du Nom sans qui rien eût été possible ; miracle de l'impossible triomphe d'un homme seul dressé contre un empire ; miracle de la nuée et du feu qui dirigent les fuyards et leur Sanctuaire itinérant dans l'inconnu du désert ; miracle des eaux amères qui deviennent douces, et du pain des ciels, et des cailles, et de l'eau jaillissant des rochers, et des tribus ennemies mises en déroute : miracles sans fin qui conduisent à travers les déserts sinaïtiques un peuple révolté vers un lieu inconnu au nom d'un nouvel Élohîms.

Les premiers mots du message divin sont inclusifs de tous leurs développements ultérieurs. adonaï IHVH Élohîms est avant tout le libérateur d'un peuple réduit à l'esclavage. Les Dix Paroles seront la Loi qui conditionnera la vie de ce peuple assumant la liberté constitutive de son être, de son identité, de ses droits et de ses devoirs. Il leur révèle l'essentiel d'une pensée libératrice qui ne sera pleinement comprise que lorsque les humains auront rompu les entraves de leurs servitudes, de leurs idoles et d'abord de leur égoïsme. S'il n'est pas libre, l'homme ne peut être à l'image de l'Être créateur. Son premier devoir est de ne pas succomber à d'autres servitudes. Alors, les divinités de toute sorte, adorées dans les temples et sanctuaires du monde, s'évanouiront devant *Anokhi*. L'homme libéré sera à jamais et tout entier disponible pour suivre la voie que lui trace son Libérateur.

... il ne sera pas pour toi d'autres Élohîms contre mes faces[1].

Il apparaît clairement que cette première parole donne son caractère absolu à la relation entre $\overset{\text{adonaï}}{\text{IHVH}}$ et Israël et abolit potentiellement l'univers mythique de toutes les religions du monde. Les Hébreux ont accueilli comme une Révélation l'identité de leur Élohîms, l'Être créateur du ciel et de la terre et de ce qu'ils contiennent ; la première de ses créatures est la lumière, née de l'Être purement spirituel, qui élimine de tous les autels du monde les dieux immémorablement adorés dans leurs temples riches et puissants.

Élohîms entend effacer parmi son peuple, Israël, toute trace du polythéisme ou de l'animisme qui régnaient alors partout. L'Être suprême n'est pas une force de la nature qui fait seulement pousser le grain ou qui dispense l'eau. Il agit de façon transcendante sur le destin de la nation. Même quand il s'agit de la nourrir ou de lui donner à boire, il n'emprunte pas des voies ordinaires : la manne, que les chercheurs modernes ont identifiée à une sorte de résine comestible, apparaît comme un aliment tombé du ciel. Autrement dit, l'Élohîms d'Israël est avant tout l'Être transcendant infléchissant l'évolution historique et bouleversant au besoin les routines cosmiques ou sociales. C'est en cela qu'il mérite— et Lui seul— d'être adoré. La reconnaissance de sa puissance le situe au rang d'Être suprême, supplantant la cohorte des *Be'alîms*. Le Dieu d'Israël se révèle capable de sortir un peu-

1. Le mot « faces », *panîms*, est toujours employé au pluriel. Il existe une grande variété de traductions : « en dehors de moi », « à mon désavantage », « contre moi ». La préposition hébraïque « contre » est d'un usage tellement fréquent que chacune de ses nombreuses traductions peut trouver appui dans les textes bibliques.

ple du sein d'un autre et de le transplanter de son pays d'exil dans son pays d'origine, à la façon d'un gigantesque obstétricien présidant à la naissance d'une nation[1].

LES COMMANDEMENTS ET LA LIBERTÉ

La notion de liberté est liée de nos jours aux doctrines philosophiques et politiques qui s'imposent à la conscience de l'Occident chrétien après le XVIe siècle. La Réforme, les mouvements de pensée qui accompagnent la Renaissance dans les pays anglo-saxons, l'*Habeas Corpus*, l'application qui en est faite dans la nouvelle république des États-Unis et, en France, la Déclaration des droits de l'homme et du citoyen de 1789, enracinent dans la pensée politique du monde moderne un idéal de liberté — liberté des corps et des esprits — qui nous apparaît indissolublement liée à l'idée que nous nous faisons de la civilisation. La *Déclaration universelle des droits de l'homme* a universalisé l'impératif de la liberté pour tous les hommes de toutes les nations, que proclament les Dix Commandements dans le livre de l'Exode, qui se révèlent immédiatement le prototype des devoirs de l'homme. Le Décalogue propose à l'humanité la charte des libertés d'un peuple libéré de son esclavage.

L'ordre émane ici non d'une autorité humaine constituante ou d'une assemblée générale des Nations unies, mais de l'Être créateur lui-même. C'est à partir d'une source transcendante, intangible, permanente, que s'impose à notre conscience le respect de la vie, de la personne, des biens, des droits et de la liberté des hommes, et leurs devoirs.

Le mouvement de pensée généré par les Dix Paroles se développe dans la vision des prophètes de la Bible qui s'en font les messagers. Pour eux, c'est l'Être créateur lui-même

1. Henri Atlan, *Les Étincelles du hasard, Connaissance spermatique*, t. 1, p. 44-49, Le Seuil, 1999.

qui se révèle et s'exprime par leur bouche. La personne humaine est sacrée en tant que créature. L'exigence suprême est l'abolition de tous les esclavages et la marche de l'humanité vers sa liberté. Mais il est bien évident que la liberté, chez les prophètes, n'est pas une idée politique abstraite comme elle l'est parfois dans la philosophie contemporaine.

Les prophètes vivent dans un contexte géographique historique et spirituel différent de celui qui est devenu le nôtre. Ils inscrivent leur pensée et leur action en Asie — puisque la terre d'Israël se trouve sur la bordure occidentale du continent asiatique. Ils délivrent leur message à l'âge du bronze ou à l'âge du fer, en hébreu, dans une langue aux structures profondément différentes de nos langues occidentales. Aussi, lorsque l'on entend parler de l'idée de liberté chez les prophètes, la première exigence est de situer les pensées, les hommes et les événements dans leur contexte historique. L'univers prophétique est tout entier dominé par la conscience aiguë de la réalité de l'Être suprême d'Israël, Créateur des ciels et de la terre, sauveur et libérateur : les prophètes voient toute réalité en lui, il est l'Être métaphysique, aux racines de toute vie et de toute créature.

Dans cet univers, les Dix Paroles ne sont pas une fin en soi mais le moyen d'arriver à la liberté, facteur d'épanouissement de toute vie, sacrée puisque émanant de l'Être créateur.

Le respect de la liberté humaine est une exigence née des structures mêmes du réel qui émane tout entier de l'Être. La pensée théologique et politique de la Bible se structure à partir de l'intuition centrale de l'unité de l'Être créateur. Cette unité implique une communauté de destin pour la création tout entière, pour les ciels et la terre, pour l'humanité et pour la faune et la flore qui l'entourent. De cette unité émanent également les grandes exigences de la Bible, celles de liberté, de justice, de paix, de fraternité universelle, d'amour enfin.

Ici se noue une immense tragédie : à la vision idéale des prophètes, le réel oppose un flagrant démenti. Il montre un univers divisé, partagé, où l'homme ne cesse d'être un loup pour l'homme. Sans cesse, les empires s'affrontent, déploient leurs chars, leurs armes pour asservir les nations. L'homme déploie partout sa puissance oppressive. Au lieu de la société que la Création lui propose, où tout serait offrande d'amour, il sécrète un monde d'appropriation où l'ultime aspiration est celle de la puissance, de la consommation, de l'asservissement d'autrui aux maléfices de la mort.

Le monde que les prophètes décrivent est ainsi coupé en deux : d'une part, il y a la lumière, le bien, l'amour, la paix, la joie, la vie. De l'autre, les ténèbres, le mal, la haine, la guerre, le tourment, la mort. En face du monde des ténèbres, le prophète élève la contestation la plus absolue qui ait jamais retenti contre l'esclavage sous toutes ses formes, que ce soit l'asservissement des royaumes aux empires qui les écrasent, ou des pauvres aux riches qui les exploitent. Il revendique la fin de toutes les guerres parce que la guerre viole la loi de vie et fait œuvre de mort. Entre la lumière et les ténèbres, la liberté et l'asservissement, il existe dans la Bible une tension permanente, à l'image des tensions de notre monde : l'homme oscille entre la vie qui est liberté, et la mort qui est servitude. Il dépend de son libre arbitre de choisir la vie et la bénédiction et de repousser la mort et la malédiction : *J'ai placé devant toi la vie et la mort. Choisis la vie afin que tu vives*, proclame Moshè[1].

Dans le monde cassé où nous vivons, la pédagogie de toute vie contenue dans les Dix Commandements entend nous aider dans notre choix. Elle nous engage à sortir du monde des ténèbres pour émerger dans la lumière de la liberté.

La liberté est, dans la Bible, une réalité immédiate. Pour les prophètes, elle est concrète, une fonction biologique en quelque sorte intrinsèquement liée au déploiement normal de la vie. L'un des mots signifiant « liberté » en hébreu, *dror*, désigne aussi l'hirondelle avec tout ce qu'il y a de libre et d'imprévu en ses envols. L'homme, souvent comparé à l'oiseau dans la Bible, doit être libre dans sa pensée et ses mouvements, libre surtout de s'envoler en direction du bien, vers

1. Dt. 30, 19.

l'infini de l'Être. La vérité biblique se situe non pas dans l'idéal hédoniste d'un bonheur matériel, mais dans la liberté et la joie de notre incessante quête de l'Être[1].

DANS LE JUDAÏSME

À partir de *Moi-même*, le premier commandement affirme l'unité de l'Être. Il est adopté tel quel par la foi d'Israël. Au cours des siècles, notamment dans la Kabbale, l'affirmation de cette unité s'est enrichie de précisions et de vie.

La Kabbale, en hébreu *qabbala*, signifie littéralement la réception du savoir traditionnel des Hébreux. À partir du Moyen Âge, le terme désigne plus précisément les enseignements ésotériques et mystiques des juifs. La Kabbale a ses racines dans la Bible, notamment dans les livres d'Ézéchiel, de Daniel, dans les apocryphes ainsi que dans la littérature juive apocalyptique. Les sources les plus importantes sont dans le *Sepher Yetsira* (le Livre de la Formation), puis au XIIe siècle, dans le *Sepher Ha Bahir* (le Livre de la Clarté), suivi au XIVe siècle du *Livre du Zohar* (le Livre de la Splendeur), et se développeront notamment parmi les juifs d'Espagne. Après leur expulsion de la péninsule Ibérique en 1392 puis, plus radicalement, en 1492, le centre de rayonnement de la Kabbale se transporte en Palestine, particulièrement à Safed[2].

1. Hans Küng, *Le Judaïsme*, Le Seuil, 1999 — *Problèmes du commencement*, p. 44-64.

2. La Kabbale chrétienne eut d'éminents représentants en la personne de Pic de La Mirandole (1463-1494) en Italie, Reuchlin (1455-1522) en Allemagne et Guillaume Postel (1510-1581) en France. Malgré les oppositions suscitées par cette Kabbale, des papes ne lui furent pas systématiquement hostiles. Ils en développèrent souvent l'étude avec l'espoir de favoriser ainsi l'évangélisation des juifs. Ainsi, Sixte IV, Innocent VIII, Léon X et Clément VII virent en elle un moyen non seulement de se rapprocher des juifs mais de mieux comprendre la vraie parole de Dieu. Pour la première fois, un dialogue authentique naquit ainsi entre chrétiens et juifs autour de l'ésotérisme de la Kabbale et de l'univers des *Sephirots*, émanations de la divinité qui, au nombre de dix, permettaient des rapprochements avec la Trinité. Le rapprochement ainsi tenté entre le judaïsme et le

Pour les kabbalistes, par exemple, l'Être est un et pluriel, comme la vie est une et multiple, avec de nombreux aspects, souvent en conflit les uns avec les autres. Dans cette perspective, il s'agit non seulement d'affirmer l'unité de l'Être, mais aussi d'œuvrer soi-même à son unification. Les commandements font apparaître le devoir pour l'homme d'accomplir l'unité de la divinité au sein de l'humanité par le respect des lois. Les préceptes ordonnent d'unir la présence immanente de l'Être à sa dimension transcendantale. À travers ces spéculations ésotériques, le monothéisme hébreu introduit la notion fondamentale de l'Être, Créateur des ciels et de la terre, couplée à une sorte de panenthéisme : tout n'est pas Dieu mais tout est *en* Dieu. Le philosophe et kabbaliste italien d'origine marocaine Élie Benamozegh (1822-1900) a décrit cette dialectique par une intéressante comparaison entre le génie d'Israël et celui des peuples indo-européens : selon lui, la doctrine ésotérique d'Israël est le monothéisme proclamé au mont Sinaï, mais l'enseignement ésotérique du judaïsme révèle qu'au-delà de ce monothéisme de principe, Dieu est infiniment complexe, comme en témoigne le nom même d'*Élohîms* qui est un pluriel. $\overset{\text{adonaï}}{\text{IHVH}}$ est non seulement le Créateur de la vie mais Lui-même un Dieu vivant, un et multiple comme tout être vivant. Chez les peuples indo-européens, au contraire, la vérité révélée à la masse des fidèles est celle de la multiplicité des dieux. Seuls quelques initiés comme les brahmanes de l'Inde ou les adeptes des mystères d'Éleusis savaient que, derrière la multiplicité de ses manifestations, la divinité est fondamentalement une. Ainsi, l'hébraïsme affirme que toutes les créatures manifestent la vie du Créateur et son Être. Israël ayant reçu la révélation de l'unicité de l'Être, nul n'a besoin de s'initier à des cultes à mystères pour accéder à cette vérité. Le peuple hébreu est placé sous le règne direct du Dieu unique, unité qui s'exprime chez les kabbalistes en leurs dix *Sephirots*.

christianisme fut sans lendemain, arrêté après l'expulsion des juifs de toute la péninsule Ibérique. Mais il réalisait l'une des rares esquisses d'un dialogue serein entre les deux religions nées de la Bible dans l'espérance d'un identique salut.

Figure 8 : Les dix *Sephirots* en synergie

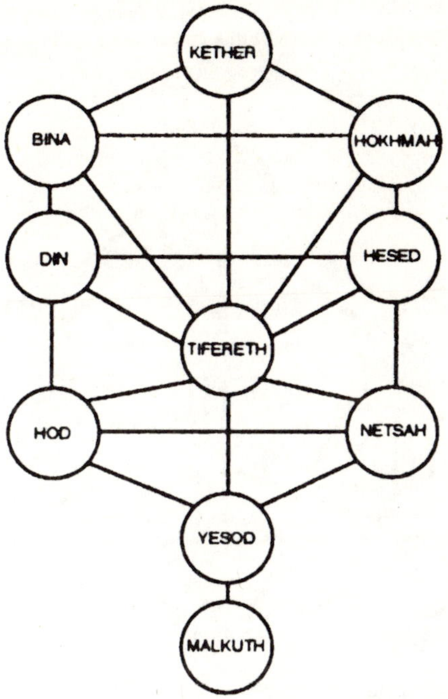

Les *Sephirots* sont les entités qui manifestent la vie intérieure de $\overset{\text{adonaï}}{\text{IHVH}}$ Élohîms. Comme les commandements et comme les doigts des deux mains, l'arbre séphirotique comprend dix *Sephirots* :

Trois à gauche — *Bina*, la Connaissance, *Guevoura*, la Puissance, et *Hod*, la Majesté ;

et trois à droite — *Hokhma*, la Sagesse, *Guedoula*, la Grandeur, et *Netsah*, l'Éternité.

Au centre, se situe la triade *Kéter*, la Couronne, *Tiphéret*, la Splendeur et *Iessod*, le Fondement.

Ces trois triades, composées de neuf *Sephirots*, se réunissent dans la dixième, *Malkhout*, le Royaume.

Figure 9 : Les dix *Sephirots* en synergie (émanations divines)
(Extrait de la Cabbale, Tradition de connaissance cachée, de Z'ev ben Shimon Halevi, Ed. Seuil, Bibliothèque de l'Alliance Israélite Universelle de Paris)

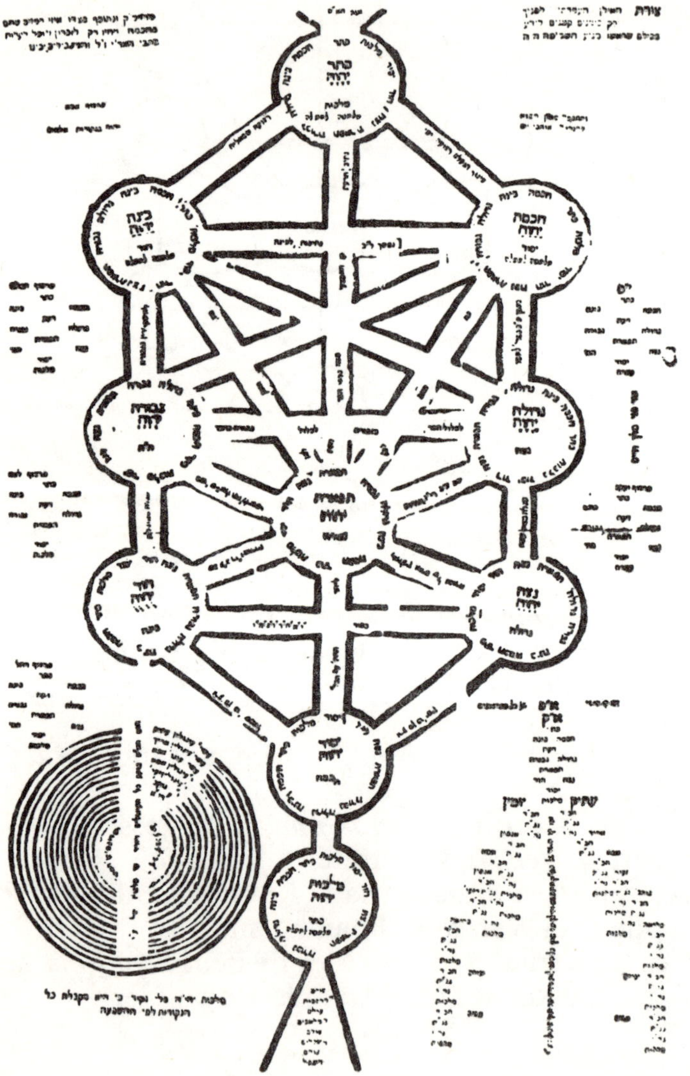

L'illustration précédente est extraite d'un traité de Kabbale : *Le Bourdon et la Grenade*, publié à Amsterdam en 1708. Comme le dessin le souligne, les dix *Sephirots* sont reliées les unes aux autres par des voies de communication qui drainent la vie intérieure de la Divinité, en synergie globale.

Bahya ibn Paqûda [1] présentait la divinité de la Bible comme l'*Un réel*, distinct de l'*Un métaphorique*. Que nous parlions d'un homme ou d'une chaise, nous savons que l'unité dont nous parlons naît de l'union de multiples composantes. Pour Bahya, l'Être suprême de la Bible, en revanche, est l'*Un réel*, en dehors de qui il n'en est point d'autre. Hors de la sienne, toute unité est une par un aspect, mais multiplicité par un autre. Seul le Créateur est absolument Un, unique source d'être et de vie.

L'unité du Créateur peut se décrire par trois attributs : l'existence, l'unité et l'éternité. Ces trois attributs n'ont de signification que négative ou apophatique, écartant de l'Être créateur tout autre qualificatif, et suggérant à notre esprit que le Créateur du monde n'est ni Néant, ni multiple, ni créé.

Tels sont les humains devant l'unité du Créateur : son unité les contient tous, comme le soleil illumine chaque regard.

Écoutons Paul Claudel nous parler de « ce site de l'Exode où le doigt du Tout-Puissant lui-même a écrit en caractères ineffaçables, sur une double page de pierre, ses Dix Commandements pour tous les hommes et tous les siècles ». L'écrivain évoque la comptine que les catéchismes enseignaient et que les enfants catholiques apprenaient par cœur. N'hésitons pas à en sauvegarder la mémoire puisque le catéchisme catholique de 1992 est revenu au texte original de la Bible hébraïque :

Un seul Dieu adoreras
Et aimeras parfaitement...
... le bien d'autrui tu ne prendras
Ni retiendras à ton escient
Biens d'autrui ne convoiteras
Pour les avoir injustement
Luxurieux point ne seras

1. Bahya, *op. cit.*, p. 108.

De corps ni de consentement
L'œuvre de chair ne désireras
Qu'en mariage seulement
Homicide point ne seras
De fait ni volontairement.

EN CHRÉTIENTÉ [1]

1. *Je suis le Seigneur ton Dieu, qui t'ai fait sortir du pays d'Égypte, de la maison de servitude.*
   Tu n'auras pas d'autres dieux devant Moi.
   Tu ne te feras aucune image sculptée...
   Tu ne te prosterneras pas devant ces dieux et tu ne les serviras pas...
2. *Tu ne prononceras pas le nom du Seigneur ton Dieu à faux...*
3. *Tu te souviendras du jour du sabbat pour Le sanctifier...*
   Tu ne feras aucun ouvrage, toi, ni ton fils, ni ta fille, ni ton serviteur, ni ta servante, ni tes bêtes, ni l'étranger...
4. *Honore ton père et ta mère...*
5. *Tu ne tueras pas.*
6. *Tu ne commettras pas d'adultère.*
7. *Tu ne commettras pas de vol.*
8. *Tu ne porteras pas de témoignage mensonger contre ton prochain.*
9. *Tu ne convoiteras pas la maison de ton prochain.*
   Tu ne convoiteras pas la femme de ton prochain, ni son serviteur, ni sa servante, ni son bœuf, ni son âne, ni rien de ce qui est à ton prochain.
10. *Tu ne convoiteras... rien de ce qui est à ton prochain. Tu ne désireras ni sa maison, ni son champ, ni son serviteur ou sa servante, ni son bœuf ou son âne : rien de ce qui est à lui.*

1. *Catéchisme de l'Église catholique*, p. 423-424, Mame/Plon, rédigé à la suite du deuxième concile œcuménique du Vatican, donné le 11 octobre 1992 par le pape Jean-Paul II.

Claudel, comme tous les jeunes catholiques, apprit cette comptine par cœur, regrettant qu'elle s'écarte des textes originaux auxquels l'Église est revenue depuis. Il eût été sans doute surpris d'apprendre que les Dix Commandements, qui n'étaient pas enseignés dans les écoles publiques de la France républicaine, l'étaient dans les écoles juives et islamiques.

À sa naissance, le christianisme se trouve confronté à un grave dilemme : comment accueillir les Gentils au sein de l'Église naissante et comment leur imposer le respect de la Tora ?

Seuls les fils d'Israël devaient obéir aux 613 commandements de la Tora. Les Nations, les fils de Noé, ne devaient obéir qu'à sept de ces commandements. Le Décalogue, qui constitue le code substantiel de la Tora, ne subit pas le sort des autres préceptes, car sa dimension morale en faisait un texte à vocation universelle, susceptible d'être adopté par les juifs et par les Grecs, par les maîtres et les esclaves, par les hommes et par les femmes. Quant aux éléments proprement hébraïques du Décalogue, comme le quatrième commandement qui enjoint l'observance du Shabbat, ils furent réadaptés aux besoins de la nouvelle religion. Le dimanche devint jour consacré.

La foi de l'Église s'est constituée à partir de la Bible enrichie des vingt-sept livres du Nouveau Testament. L'Ancien Testament est généralement interprété de manière allégorique, comme prophétie de la venue de Jésus-Christ. Les conciles définirent la dogmatique de l'Église. Le premier concile œcuménique convoqué en Asie Mineure par l'empereur Constantin à Nicée, en 325, entérina le Credo de Nicée qui proclamait l'unité de Dieu en une Trinité du Père, du Fils et du Saint-Esprit. Parallèlement, nous l'avons vu, la conception kabbalistique conjugue l'unité de Dieu en trois triades, qui se réunissent dans l'unicité de *Malkhout*, le Royaume.

L'article 1er du catéchisme catholique a pour titre *Le premier commandement*[1]. Il souligne que le Dieu unique et vrai

1. *Catéchisme de l'Église catholique*, Plon, 1992, p. 26-28, préfacé par Jean-Paul II.

révèle d'abord sa gloire à Israël. La vocation et la vérité de l'homme sont liées à la révélation de Dieu. L'homme a ainsi vocation de manifester Dieu par son action en conformité avec son identité *à l'image et à la ressemblance de Dieu.* Le premier des préceptes du Décalogue exprime ainsi d'emblée la foi, l'espérance et la charité. L'incrédulité, le doute volontaire, n'ont pas de place en face du Créateur. On peut douter d'un mythe ou d'une idole, mais non de la réalité des ciels et de la terre : la Genèse présente ce fait comme la preuve absolue de l'existence de l'Être créateur. Le premier commandement vise ainsi les fautes contre l'espérance que sont le désespoir et la présomption. L'espérance se vit dans l'amour de Dieu que nous devons aimer *de tout notre cœur, de toute notre âme, de toutes nos forces.*

À l'époque biblique, le culte rendu à adonaï IHVH Élohîms était le culte sacrificiel célébré dans l'unique Sanctuaire d'Israël, le Temple de Jérusalem. Les temps ont changé ainsi que les religions. L'Église catholique précise que les actes de foi, d'espérance et de charité ainsi que le devoir de prier sont inclus dans le premier commandement. Le sacrifice ne consiste plus en offrandes d'animaux abattus sur l'autel d'un temple, mais devient l'expression de l'offrande spirituelle. Le sacrifice que fait le chrétien par sa prière rappelle celui que Jésus a offert sur la Croix pour le Salut de l'humanité. *En nous unissant à son sacrifice, nous pouvons faire de notre vie un sacrifice à Dieu*, précise le catéchisme.

DANS L'ISLAM

Lors de l'ascension de Muhammad au-delà du septième ciel vers le « Lotus de la limite » proche du Trône d'Allah, « Il lui révèle ce qu'Il lui révèle[1] » :

1. Sourate 53, 10-18 — *cf.* H. Boubakeur, *Commentaire du Coran, vol. III, liminaire de la Sourate 17*, p. 73-74, Alger 1994.
Virgil Gheorghine, *La Vie de Mahomet*, Éditions du Rocher, 1970, p. 138-139.

1. *N'adorer qu'Allah seul.*
2. *Aimer son prochain comme soi-même ; protéger les faibles.*
3. *Aimer, vénérer et assister son père, sa mère, ses proches.*
4. *Accueillir les infortunés, les orphelins, les abandonnés, les voyageurs, les étrangers, comme des hôtes d'Allah.*
5. *Ne pas tuer.*
6. *Ne pas commettre l'adultère.*
7. *N'être ni prodigue, ni avare, ni concupiscent.*
8. *Ne pas être orgueilleux ; respecter tous les êtres.*
9. *Respecter la propriété d'autrui, particulièrement les biens des orphelins.*
10. *Pratiquer l'honnêteté, être intègre en toute chose : ne pas falsifier les écrits, ne pas frauder sur les poids et mesures, ne pas porter de faux témoignage, ne pas pratiquer l'usure.*

Mis à part son caractère propre, l'islam continue l'hébraïsme et le christianisme, notamment en ce qui concerne l'éthique prônée par le Décalogue qui se situe au cœur de la Révélation islamique. Révélé par Allah, le Coran *authentifie* la Tora et le Nouveau Testament.

Tout au long des sourates, on retrouve la même structure généalogique qui met en relief des épisodes importants dans le développement de la notion d'Alliance et de Loi, jusqu'au terme ultime constitué par la Révélation faite à Muhammad. La Tora hébraïque et le Nouveau Testament sont jugés à la même aune ; en reconnaissant la Tora de Moshè, le Coran s'intègre à l'alliance d'Adam et d'Ève issue de la Création : l'acte créateur est inclusif de l'alliance de toutes les créatures nées de la parole qui les fait surgir du Néant universel.

Ces livres sont considérés comme révélés, même s'ils sont parfois jugés altérés par les juifs et par les chrétiens, transmetteurs infidèles de la Parole. De droit, le Coran les authentifie sans réserve. Dans la Bible : la première alliance oblige Adam et Ève à fructifier et multiplier ; la deuxième, conclue avec Noé après le déluge, marie l'humanité entière à Allah en la soumettant à la Loi, en ses sept commandements.

L'alliance de Noé est nantie d'un signe, comme chez les Hébreux, l'arc-en-ciel[1], signe de l'Alliance universelle d'Allah avec l'humanité entière. Par cette alliance et par ce signe, Allah aussi s'engage à ne plus provoquer de déluge.

En islam, la Révélation divine ne se limite pas exclusivement au Coran. Par rapport au christianisme, l'islam fait un retour à l'absolue Transcendance de l'Être suprême, Allah, sans autre que Lui seul.

Il faut attendre le soufisme[2], les mystiques de l'islam, pour que l'incantation *la illah illah allah* « il n'est pas d'Allah sinon Allah[3] », soit nuancée par une approche plus diversifiée. Si Allah est unique, il porte dans sa Révélation originale 99 noms différents de même que, dans l'hébraïsme, Élohîms contient l'unité plurielle dans son nom. Ces noms sont tous des qualificatifs qui décrivent la vie intérieure d'Allah par rapport à sa propre création, au contact de l'univers et des hommes dont il est le Créateur. Ils manifestent son unité plurielle et désignent tous une action de l'homme.

Le Prophète tel qu'on le décrit dans les traditions des *Ḥadits* constitue l'exemple que les mystiques musulmans, les soufis, s'efforcent de suivre : l'annonciateur d'Allah est décrit comme un ascète gratifié par Lui des plus hauts états mystiques. Ses compagnons sont loués pour leur ascétisme, leur dévotion, la profondeur de leur adoration d'Allah, leur propension à pleurer de compassion, leur pratique de repentir. Certains se vouent volontairement au célibat, à une vie solitaire de renoncement[4].

1. Gn. 9, 16.

2. Soufisme : ce terme, dérivé d'une racine arabe *sûf*, « laine », désigne le manteau de laine blanche dont se revêtaient les mystiques appartenant à différents courants de l'islam.

3. L'importance de cette affirmation de l'unité se révèle notamment à travers deux des surnoms d'Allah : *Al-Wahid* « l'Un » et *Al-Farid* « l'Unique ».

4. Ce mouvement compte des femmes comme Rabi'a qui ne voulait aimer qu'Allah seul (VIIIe siècle), dépeinte par Joinville en chrétienté sous le nom de Dame Caritée. Au IXe siècle, l'islam est représenté par des écoles de soufis dans lesquelles s'illustrent Junayd (Xe siècle) et Abu Yazidal-Ristami (IXe siècle). En 922, à Bagdad, un mystique soufi mourra crucifié en martyr, pour avoir professé qu'Allah habite en l'homme. Qushayri et Ghazali (XI et XIIe siècles) seront les plus grands théologiens du mouvement mystique, contemporains de Bahya ibn Paqûda et de Salomon ibn Gabirol en Israël. En Espagne, le soufisme sera représenté par

Après le XIIIe siècle, les mystiques musulmans s'organisent en *Confréries religieuses musulmanes*. Je les ai connues dans ma vie en Algérie où les soufis de Mostaganem rayonnaient sur tout le Maghreb. Dans mon adolescence, j'étais fort impressionné par ces ascètes déguenillés qui déambulaient dans nos rues, le regard illuminé et la voix vibrante, annonciatrice des plus beaux poèmes mystiques de l'islam. Plus tard, l'un de ces religieux rencontré à Bou Saada où j'exerçais en 1948 les fonctions de juge de paix m'avait impressionné par la profondeur de sa culture[1].

Tous les commandements ont subi dans l'islam une réinterprétation qui va souvent dans le sens de la plus grande rigueur. Par exemple, le mot hébreu *dîn* qui désigne le jugement correspond au terme arabe *dîn* qui s'applique à l'attribut divin de justice rigoureuse.

Les attributs de justice et de miséricorde caractérisent l'Élohîms de la Bible[2] mais ils sont autrement interprétés selon les temps et les théologiens : la différenciation ne saurait se faire entre les juifs, chrétiens et musulmans mais, plus précisément, entre les théologiens qui, dans les trois lectures de la Bible, projettent leur propre regard. La vertu de justice dans le judaïsme était plus rigoureusement traitée par Hillel l'Ancien, l'un des princes du Sanhédrin à la fin du Ier siècle, que par son contemporain Shammaï, et les deux écoles s'affrontaient sur les points les plus importants de l'interprétation de la Tora.

La rigueur de la justice se trouve dans tous les siècles également représentée chez les uns et les autres, tout comme la dimension matricielle. À première vue, la religion musul-

---

Ibn 'Arabi (XIIIe siècle) et par son disciple al-Jîlî (XVe siècle) : *L'univers est de glace : Allah est l'eau dont il se forme.* Ce soufisme moniste et panenthéiste sera défendu en Égypte par al-Farid (XIIIe siècle) et, en Perse, par Farid-al-Din 'Attar (XIIIe siècle). Le plus célèbre poète mystique qui ait illustré le mouvement soufi est sans doute Djalal-od-Dîn Rûmî, auteur du *Mathnawî, la quête de l'Absolu,* (XIIIe siècle), fondateur éponyme des « derviches tourneurs ».

1. Cf. *L'Amour fort comme la mort*, Éditions du Rocher, p. 264.

2. Voir en annexe *Les Noms divins dans la Bible.*

mane n'a retenu que celle-là, délaissant celle-ci. En fait, il n'en est rien car chaque sourate du Coran et chaque parole prononcée au nom d'Allah doivent être précédées par une formule qui insiste sur la miséricorde d'Allah : *Au nom d'Allah, le matriciant, le matriciel*[1]. En revanche, le christianisme, qui insiste beaucoup sur la notion d'amour, se révèle souvent plus intransigeant et plus rigoureux.

À la vérité, cette contradiction entre la rigueur et la douceur matricielle est lovée au sein même de la divinité, tantôt matricielle, tantôt rigoureuse, comme un père pour ses enfants. Selon les périodes, les situations et les textes, les juifs, les chrétiens et les musulmans ont mis en valeur l'un ou l'autre de ces deux extrêmes.

AILLEURS DANS LE MONDE

Si l'on examine les avatars de l'idée d'un Dieu unique dans les morales extérieures aux religions du Livre, on se rend compte que la plupart des systèmes de pensée de l'humanité, aussi divisés qu'ils soient en leurs univers culturels, expriment le besoin d'un principe suprême d'unité entre transcendance et immanence, qui correspond à l'être de la personne humaine.

On peut affirmer que la Bible, au carrefour de l'Asie et de l'Occident, révèle bien l'existence d'un humanisme originel[2]. Le Dieu de la Bible se révèle dans sa transcendance la plus pure, il est l'Être suprême, *Celui qui était, est, sera et fait être.* La Bible est le livre de l'Alliance qu'Élohîms propose à ses créatures invitées à la sagesse de l'unité de l'Être créateur, source de toute vie et de tout amour en ses puissances libératrices.

1. Sourate 1, 1-6.
2. *Cf.* Jacques Maritain, *L'Humanisme intégral.*

Sans référence à la Bible ni au Tétragramme, André Comte-Sponville exprime, dans son dernier livre *L'Être-temps*, la révolution introduite jadis par la Bible dans l'histoire de la conception du temps[1]. Il ne serait que de relire les grands théologiens juifs ou chrétiens pour retrouver les idées du philosophe moderne sur l'Être-temps. À le lire, le lecteur averti de ses sources s'étonnerait de ne voir aucune citation biblique illustrer son analyse en six thèses, sur le présent, l'éternité, l'être, la matière, la nécessité et l'action, qui semble correspondre à une très lucide analyse biblique : il ne serait que de parler de « pérennité » plutôt que d'« éternité » pour éviter d'introduire dans la Bible une notion anachronique ; il suffirait de parler de « créature » plutôt que de « matière ». Il faudrait enfin savoir que l'hébreu est une langue verbale. Le verbe hébraïque ignore le passé, le présent et le futur des langues classiques. Il se conjugue par rapport à l'action qu'il définit à l'*accompli* ou à l'*inaccompli.* De telle sorte que le temps, c'est l'Être, comme le dit si justement notre auteur. L'*Être-temps* exprime une présence immanente, reçue comme mystère et comme évidence. Elle nous invite à être présent à la présence.

Luc Ferry, quant à lui, commence son livre *L'Homme-Dieu ou le sens de la vie*[2] par une citation du *Livre tibétain de la vie et de la mort.* Il nous révèle que Bouddha pose immédiatement la question du sens de la vie pour l'homme, en termes de transcendance et d'immanence. Cette ambiguïté de la condition humaine concerne chaque être, et plus spécialement les juifs, chrétiens et musulmans partagés entre l'immanence transcendantale et la transcendance immanente[3]. « Le christianisme est-il un humanisme ? » interroge encore Luc Ferry dans la conclusion de son livre. Dans sa réponse, il évoque la tradition de l'humanisme transcendantal de Rousseau

1. *L'Être-temps*, P.U.F.

2. Luc Ferry, *L'Homme-Dieu*, Grasset.

3. Ainsi Heidegger, cité par Levinas, traduit l'*humanitas* de l'homme en termes de transcendance. Ils auraient pu tout aussi bien parler de la transcendance du Dieu de la Bible en termes d'immanence puisque adonaï IHVH parle si bien qu'il donne à l'homme le devoir d'attribuer des noms à toutes ses créatures (Gn. 2, 19).

à Kant et, plus près de nous, de Husserl à Levinas. Luc Ferry souligne dans son « humanisme transcendantal » le croisement « de l'humanisation du divin et de la divinisation de l'humain ». Pour trouver la fécondité de ce croisement nécessaire, il faut sortir des ghettos de notre « moi » et ouvrir nos univers culturels. Le Décalogue nous suggère une réponse en la Personne de adonaï IHVH se révélant au Sinaï et commençant par la proclamation de son identité, *Moi-même,* adonaï IHVH, *ton Élohîms*. Le pronom personnel employé dans le texte exprime avec plus de force l'identité du Dieu-homme qui s'exprime dans un langage humain.

VERS UNE ÉTHIQUE GLOBALE ?

Que nous inspire le commandement proclamant l'unité du Dieu personnel et transcendant sinon la perspective d'une éthique visant à réconcilier l'homme avec l'humain ? L'application la plus urgente de ce commandement concerne le respect de l'Être, non seulement de l'être humain, mais de la notion même d'être et de son pouvoir libérateur. Le fait que le Tétragramme adonaï IHVH soit formé sur une racine signifiant « être » doit nous inciter et nous conduire à une conception unitaire du monde. Si l'on applique à toutes les échelles de l'Être, de la plus infime à la plus sublime, cette morale vivifiante de l'Alliance, à la fois alliance et création, le surcroît d'être jaillissant par émanation de l'infini irriguera à nouveau toutes les strates du cosmos. À l'ère où les moyens techniques les plus sophistiqués permettent de communiquer à la vitesse de la lumière, il importe d'ouvrir les pertuis et les passages qui relient l'essence substantielle aux phénomènes contingents, l'être aux existences et les existences entre elles.

À la vérité, cette morale préconisant le respect de l'Être au travers de ses manifestations existentielles n'est pas neuve. Mais elle est plutôt le fait de philosophes évoluant dans les hautes sphères de la spéculation intellectuelle, celle de penseurs abstraits, coupés de toute vie pratique. L'exemple le plus frappant de cette dichotomie entre une pensée préconisant le respect de l'être et l'incapacité dramatique à l'appliquer dans le champ de l'éthique nous est donné par le philosophe allemand Martin Heidegger. Toute sa philosophie telle qu'elle s'exprime dans *L'Être et le Temps* et dans les *Chemins qui ne mènent nulle part* est une réflexion sur la différence entre l'Être et l'Étant. Malheureusement, ce penseur, considéré comme un des plus profonds philosophes de notre siècle, a évacué la dimension humaine et personnelle de l'Être. Il résulte de sa pensée le primat du monde sur l'homme, plutôt que l'alliance créative entre les deux dimensions. Ce négateur de l'humain était sans doute très à l'aise dans les rangs du parti nazi dont il constitua l'alibi intellectuel et philosophique. Pourtant, sa philosophie du monde a influencé dans une large mesure l'ontologie sartrienne et l'éthique de Levinas. Ce dernier a réussi à donner à ce système inhumain le surcroît d'humanité qui lui manquait.

Le spectacle de la Création en chacun de ses êtres nous invite à un chant d'amour infini, pour chaque fleur, chaque oiseau, chaque homme et chaque femme, entourés de leurs enfants, qui se détachent dans la lumière pourpre d'un coucher de soleil ou dans l'éclat argenté d'un clair de lune. Comme François d'Assise nous y invite dans son *Cantique de frère Soleil*, le chant unanime de tous les peuples et de toutes les créatures retentit en écho au récit de la Création du monde dans le premier chapitre de la Genèse :

... À toi seul, Très-Haut... personne n'est digne de te nommer... Loué sois-tu, mon Seigneur, avec toutes tes créatures, spécialement Messire Soleil.... Loué sois-tu... pour sœur lune et les étoiles... pour l'air et le nuage... pour sœur eau... pour frère feu... pour sœur notre mère la terre qui nous soutient et nous gouverne et produit divers fruits avec les fleurs colorées et l'herbe[1]*...*

1. François d'Assise, *Écrits*, Sources chrétiennes, p. 343.

L'ivresse est de reconnaître la splendeur et le pouvoir libérateur de l'Être créateur en toutes ses créatures, dans l'émerveillement de l'infini de ses ciels et de ses atomes.

La création des ciels et de la terre a demandé six jours au Créateur, mais elle se poursuit de bien des manières dans l'attente du septième jour. L'humanité, vieille de plusieurs centaines de milliers d'années, est à la genèse de son histoire. À vrai dire, l'homme naît seulement à lui-même. Il ne saurait prétendre à sa propre libération qu'en sortant des multiples prisons de son égoïsme congénital. La liberté se trouve dans la synergie et la fécondation de l'Autre. Le monde a changé d'axe de mesure, s'étant projeté dans l'au-delà qu'il portait en lui et qu'il découvre enfin dans l'exercice de ses pouvoirs nouveaux. L'alliance, dans le monde moderne, utilise toutes les forces qui se découvrent et qui cherchent à s'employer en leur point d'équilibre, dans le dynamisme de la création. L'humanité ne cesse de s'enrichir de milliards d'êtres dont les puissances sont démultipliées à l'infini par la magie de ses pouvoirs toujours nouveaux. Dans l'éblouissement de ses lumières, comment échappera-t-elle à l'angoisse de ses pouvoirs, sinon en retrouvant le sens de sa création, c'est-à-dire la transcendance de l'Être qui lui offre, avec la vie, la lumière ? Dans cette lumière, que l'humain découvre donc l'amour qui lui donnera enfin la clé de toutes ses prisons, celle de sa propre libération, la Pâque d'un âge nouveau !

Le premier commandement est aujourd'hui, comme il le fut toujours, le plus important ; il définit l'identité et le Nom : *Moi-même*, adonaï IHVH.

Les traductions de ce Nom, qui devait être gardé dans le secret du silence auquel il appartient, ont induit les docteurs à élaborer des théologies pour prouver ou pour nier l'existence de celui qui par définition *est, était, sera et fait être.* Il faut parvenir au XIe siècle pour qu'Anselme de Canterbury revienne à la preuve ontologique, implicite en hébreu dans le verbe-nom du Créateur : Dieu est l'être le plus parfait qui se puisse concevoir ; cet Être, par définition, doit nécessairement exister.

Au XIIe siècle, saint Thomas d'Aquin assortit la preuve ontologique de l'argument cosmologique : l'univers existe, il prouve l'existence de la Cause première qui l'a créé. De David Hume et Emmanuel Kant à la philosophie moderne toute la pensée semble dépendre d'une question fondamentale : Dieu existe-t-il ou n'existe-t-il pas ? Les philosophes ne sont pas les seuls à se poser la question : elle préoccupe tous et chacun. Tous excepté Moshè, Jésus, Muhammad, leurs adeptes et l'Orient auquel ils appartiennent comme toute la Tora ; la littérature védique et les traités des Upanishad ne se posent pas non plus la question : pour tous, Dieu ou les dieux sont l'unique réalité de l'univers. Si une preuve était nécessaire elle devrait concerner les pouvoirs de perception de l'homme.

Pour le juif, la preuve absolue de l'existence de adonaï IHVH est qu'il a fait sortir d'Égypte Israël pour lui donner sa Tora.

Pour le chrétien, la preuve se trouve dans l'Incarnation du Christ.

Pour le musulman, Allah existe puisqu'il a révélé le Coran à Muhammad.

Le premier commandement a ouvert la voie de toutes les réconciliations entre juifs, chrétiens, musulmans et le reste de l'humanité, comme avec la création entière. *Moi-même,* adonaï IHVH est le premier Nom-Verbe incontournable de l'unité universelle créatrice d'être, de vie et d'amour.

LE DEUXIÈME COMMANDEMENT

Tu ne feras pour toi sculpture ni toute image de ce qui est dans les ciels en haut, sur la terre en bas, et dans les eaux sous terre.

Tu ne te prosterneras pas devant elles et ne les serviras pas.
Oui, moi-même, adonaï IHVH*, ton Élohîms, Él Ardent, je sanctionne*
le tort des pères sur les fils, jusqu'au troisième
et au quatrième cycle pour mes haineux,

Mais je fais chérissement jusqu'au millième à mes amants,
aux gardiens de mes ordres [1].

La révolution proclamée par Moshè éclate dans un monde universellement voué au culte des idoles. L'Égypte reconnaît, dans la multiplicité de ses dieux, une puissance qui les absorbe tous. Cette puissance est désignée par le nom du dieu dominant, Rê, Atoum, Amon, Ptah. Pour situer Ptah, citons, parmi d'autres, cette invocation significative : « Ptah..., le Caché dont personne ne connaît l'être... » Les cultes se célèbrent dans les temples de Memphis, d'Héliopolis, d'Hermopolis. Là, les fidèles offrent des libations de lait ou de vin, des animaux immolés, des céréales ou des fruits, des ex-voto... On y pratique le culte des animaux sacrés — taureaux, boucs, vaches, moutons, béliers, chats, chiens — qui incarnent la puissance divine : sacrifiés sur les autels, ils sont censés répandre sur les fidèles les bienfaits célestes. On y pratique aussi le culte d'arbres et de végétaux sacrés : la laitue à laquelle les anciens prêtaient un pouvoir aphrodisiaque, le sycomore de la déesse Nut, la bruyère d'Osiris. Le culte s'exprime encore par des amulettes, figurines détentrices de pouvoirs magiques, portées en bijoux ou porte-bonheur, dont les prêtres font commerce dans les temples.

Les Hébreux, sortis d'Égypte, se sentent orphelins des dieux que les Égyptiens servaient dans leurs sanctuaires.

1. Voir en annexe *Les Noms divins dans la bible.*

Celui que leur a proposé Moshè leur paraît incompréhensible et inimaginable, et Moshè a disparu dans la montagne... Les Hébreux exigent d'Aharon de pouvoir fabriquer le Veau d'or, une idole qui leur rappellera la protection du Taureau sacré Apis, le plus populaire des dieux qui peuplent le panthéon égyptien, divinité de la fécondité associée à Ptah, créateur du monde selon les théologiens de Memphis. Délivrés de leur solitude abyssale au sein d'un désert effrayant, les Hébreux font une grande fête. C'est alors que Moshè réapparaît avec les Tables du Décalogue. La fureur du prophète éclate au spectacle des rondes endiablées du peuple rendu à son idolâtrie. Il jette à terre la Loi qu'il offrait à son peuple, les Tables se fracassent sous la montagne. Il prend alors le Veau d'or, le brûle, pulvérise ses cendres au plus fin et les déverse dans l'eau dont il abreuve son peuple. Puisqu'ils voulaient une idole, qu'ils s'en abreuvent, hérissés dans leur néant ! Le peuple se repent de sa faute et le prophète revient de sa fureur. Et c'est à nouveau l'ascension au sommet du Sinaï et la descente de adonaï IHVH vers son prophète : la mesure de l'amour, c'est l'amour sans mesure... Et c'est à nouveau quarante jours et quarante nuits de face-à-face avec adonaï IHVH, sans boire ni manger. Et c'est à nouveau les Dix Paroles, détruites par Moshè et réécrites par adonaï IHVH, identiques aux premières. Si Moshè revenait aujourd'hui, au spectacle donné par l'humanité, serait-il tenté de briser à jamais les Tables de la Loi, que adonaï IHVH les réécrirait, à jamais identiques.

Tout au long de leur vie quotidienne, les Hébreux côtoient les dieux païens cananéens habitant les temples ou des stèles commémoratives qui symbolisent le sexe viril. Le nom commun de ces divinités est, comme en hébreu, *Él* ou *Ilu*, et évoque l'idée de puissance. Partageant son règne avec Dagan, dieu des moissons, Él, lointain « parent » de l'Élohîms des Hébreux, est le père des hommes, des dieux et de la nature. Astarté est son épouse. Avec leur fils Ba'al, ils sont les dieux des ciels et de la vie. Ba'al, chevaucheur des nuées, maître des fécondités, des récoltes, en conflit avec Mot, dieu de la mort, était adoré par les Cananéens et par les Hébreux en de hauts lieux où les prêtres, à la fois devins et voyants, recevaient des fidèles leurs offrandes de vin, d'huile, de prémices, de sacrifices d'animaux. Le culte s'accompagnait de repas rituels qui se terminaient par des danses extatiques et des orgies.

Moloch, dieu terrible dans le panthéon oriental, exigeait de ses adorateurs le sacrifice de leurs enfants. Dans les lieux où il était adoré, on a retrouvé d'épais tas de cendres contenant des squelettes d'enfants. Ce culte était pratiqué de tous temps par les Cananéens et il dut aussi trouver des adeptes chez les Hébreux. Des prophètes comme Jérémie et Ézéchiel s'indignent devant ces horribles pratiques : l'enfant était préalablement égorgé ou attaché vif sur l'autel où ses parents le livraient aux flammes en holocauste. L'un des lieux les plus célèbres de ce culte se trouvait aux environs immédiats de la Jérusalem biblique, dans le val de la Géhenne — où les Romains devaient plus tard crucifier leurs condamnés —, dont le nom est devenu synonyme d'enfer.

Astarté-Ashéra, l'épouse d'Él, déesse de la mer, principale divinité de l'Asie antérieure, était représentée sous la forme d'une femme enceinte quoique vierge. Elle était aussi la déesse de la vie sexuelle et de la guerre, et ses temples étaient des centres officiels de débauche. Des filles d'Israël n'hésitaient pas à se mêler à leurs sœurs cananéennes pour se livrer à la prostitution sacrée. Cette Vénus orientale était représentée dans son agressive nudité, seins déployés, fesses charnues, regard accusé, ventre rebondi, par des statuettes dont les marchés regorgeaient.

On conçoit que les Hébreux aient été tentés de délaisser l'austère Dieu du Sinaï pour se livrer aux ébats prônés dans les cultes de Ba'al et d'Astarté, provoquant la censure de leurs prophètes.

Le commandement vise à éradiquer toute tendance à l'idolâtrie qui consiste ainsi à ériger la partie d'un tout en lui conférant la dignité de la totalité : au Sinaï, le peuple livré à lui-même se fabriquait le Veau d'or et se livrait à l'orgie. Réuni au pied de la montagne, il contemplait sa gloire et y discernait un ange à l'aspect de taureau. Au lieu d'y voir un ange subalterne, il conférait à ce Veau rang de divinité à part entière, le confondant avec l'Être suprême. Dans une interprétation plus actuelle, la prohibition de l'idolâtrie vise à bannir toute tentation pour la personne d'enfermer l'Être suprême en son égocentrisme, en le représentant par une image ou une statue à laquelle elle s'identifie. Le culte rendu à l'idole devient un culte rendu à soi-même.

DANS LE JUDAÏSME

Le deuxième commandement concernait les cultes païens de toute l'Antiquité, rendus aux images et aux sculptures considérées comme substituts du divin. Il vise toutes les représentations — sous quelque forme que ce soit, être humain ou animal — que l'homme se fabrique et qu'il adore en lieu et place de la divinité transcendante, la réduisant du même coup à une dimension finie. L'Être transcendant est, par définition, incorporel et infini et se distingue des trois niveaux d'immanence déjà présents dans les conceptions que l'Antiquité se faisait du cosmos — *dans les ciels en haut, sur la terre en bas, et dans les eaux sous terre* : aucune image ni sculpture ne saurait le représenter.

Le Temple de Jérusalem en était rigoureusement dépourvu, à l'exception du serpent d'airain[1] et des deux chérubins, gardiens des portes du Paradis, qui protégeaient l'Arche d'Alliance. Le deuxième commandement a été respecté pendant les vingt siècles de l'exil d'Israël. Les synagogues de l'exil étaient très dépouillées, dans la diaspora comme en Israël : l'armoire contenant les rouleaux de la Tora, fermée par d'humbles rideaux de velours, était leur seul décor. Il faudra attendre l'âge de l'émancipation pour que, fort heureusement, des artistes juifs tels Modigliani, Soutine, Pascin, Pissarro ou Chagall et bien d'autres se révèlent. À vrai dire,

1. Nb. 21, 4-9.

ils continuaient l'exemple de la synagogue de Doura-Europos, en Syrie, sur les bords de l'Euphrate, décorée par des artistes juifs : leurs illustrations mariaient avec art des caractères orientaux et hellénistiques, dans cette colonie fondée au IIIe siècle avant l'ère chrétienne.

EN CHRÉTIENTÉ

Le christianisme, à ses débuts, s'adapta à la culture des païens et renonça très vite à l'interdiction de la représentation. Les chrétiens distinguèrent l'idolâtrie de la vénération des images qui nourrissent la piété et favorisent la contemplation des réalités invisibles. L'art chrétien apparaît au IIIe siècle et se développe à partir du IVe siècle. Comme dans l'hindouisme, les églises s'ornaient de tableaux et de sculptures destinés à éduquer le peuple et à servir de support à la contemplation des saints. Certes il fut longtemps interdit de représenter Dieu le Père. Mais dans l'art de la Renaissance, et sa tendance à l'anthropomorphisme, la divinité du Sinaï se mit à être représentée par le visage de Zeus, sous la forme d'un vieillard, comme évoqué dans les visions de Daniel qui parlent de l'Ancien des jours[1], en réminiscence sans doute des représentations gréco-latines de Jupiter. Dieu est figuré sous les traits humains de Jésus et le Saint-Esprit sous la forme d'une colombe[2], comme dans les célèbres fresques de Michel-Ange dans la chapelle Sixtine, au Vatican.

Avant ce pas décisif qui donne figure humaine à l'Être transcendant de la Bible, la personne de Jésus avait déjà été représentée par d'innombrables images et statues. Chez les chrétiens orthodoxes, les icônes remplissent les églises et les chapelles pour inviter les fidèles à la prière. Elles les accompagnent de leur naissance à leur mort, par la présence imagée

1. Dn. 7, 22.
2. D'après Mt. 3, 16 ; Mc 1, 10 ; Lc 3, 22 ; Jn 1, 32.

du Christ et des saints. L'icône transgresse le commandement mais incite à découvrir toute la spiritualité de la théologie des orthodoxes.

L'Icône des icônes est le visage du Christ, véritable *visible de l'Invisible.* L'incarnation du Christ, deuxième personne de la Trinité, permet le culte des images. Celles-ci illustrent sa vie qu'elles rendent accessible à l'adoration des fidèles. « Si l'art ne pouvait représenter le Christ, cela signifierait que le Verbe ne s'est pas incarné », déclarait Théodore Studite[1]. La représentation iconographique obéit à des règles très strictes de la tradition ascétique et mystique de l'Église orthodoxe. Pour elle, l'icône n'est pas un symbole mais la réalité elle-même. Par son caractère *transfiguratif*, l'icône permet à l'immanence du visage de conduire le regard contemplatif vers la transcendance qu'elle illustre. Les chrétiens orientaux confèrent de nos jours encore un statut sacré à leurs images saintes.

Ces procédés n'ont pas manqué de susciter de vives réactions au sein même de la chrétienté. Au VIIIe siècle par exemple, l'Empire byzantin fut secoué par l'une des plus graves crises de son histoire. Une grande fraction de cette chrétienté décida d'appliquer à la lettre le deuxième commandement. Les tenants de ce parti détruisirent donc les icônes, d'où leur nom d'iconoclastes. Mais le siècle suivant vit le retour en force des adorateurs d'images. Le septième concile œcuménique de Nicée, en 787, justifia, contre les iconoclastes, le culte des icônes représentant Jésus, mais aussi Marie, les anges et tous les saints. Cependant, il interdit de représenter Dieu le Père, source du divin.

Le concile de Vatican II, dans la Déclaration *Nostra Aetate*, aborde le problème des images de culte dans le souci de les distinguer des idoles. Cette déclaration rapproche le catholicisme du protestantisme, de l'islam et du judaïsme, plus stricts dans le respect du deuxième commandement.

---

1. Théodore Studite (759-826) : fondateur de l'ordre des moines studites à Constantinople.

Aujourd'hui, l'Église catholique respecte le texte hébraïque de la Bible et l'ordre qui fut donné aux Hébreux de ne faire aucune image sculptée de la divinité absolument transcendante. Elle justifie le culte chrétien des images en affirmant que « l'honneur rendu à une image remonte au modèle original ». Ainsi, le culte des saintes images est une vénération respectueuse, non une adoration qui ne convient qu'à Dieu seul. L'Église a néanmoins proscrit la confusion entre le symbole et ce qu'il représente. L'interprétation de ce commandement concerne moins la représentation du Dieu transcendant que l'attribution du caractère divin à des réalités immanentes. *Tu n'auras pas d'autre Dieu devant moi* lui permet de condamner la superstition, l'idolâtrie, la divination et la magie, le sacrilège et la simonie définie comme l'achat ou la vente des réalités spirituelles.

DANS L'ISLAM

De toutes les religions abrahamiques, l'islam a poussé le plus loin l'interdit de la représentation, n'hésitant pas à prohiber toute image humaine, fût-elle anodine et sans aucun rapport avec le culte idolâtre. La luxuriance de la calligraphie et de l'arabesque inculque l'irrémédiable caducité des créatures face à la sainteté du Coran et à la sublimité d'Allah.

Avant l'apparition de l'islam, les tribus bédouines de la péninsule arabique vénéraient dans leurs cultes païens une transcendance relative. Les spécialistes de l'histoire des religions définissent le paganisme arabe par l'adoration d'un autel, la bomolâtrie. La pierre de l'autel était non seulement le support du sacrifice, mais aussi l'objet même de la vénération des fidèles. La fameuse pierre noire de La Mecque est un vestige de cette ancienne religion, promue à une tout autre fonction dans le cadre de l'islam, une scission entre le culte païen et la représentation des sculptures et des images. Curieusement cependant, lors de la prise de La Mecque par

Muhammad et son armée en 630 (an VIII de l'Hégire), le Prophète expurgea du temple de la Ka'bat des centaines d'idoles, excepté les icônes de Jésus et de Marie. Celles-ci avaient jusqu'alors sereinement côtoyé les divinités de l'Arabie préislamique en ce sanctuaire désormais consacré à Allah. Avant l'islam, les Arabes étaient païens, mais non idolâtres.

Malgré la rigoureuse condamnation de l'idolâtrie dans l'islam, on trouve des réminiscences d'anciens cultes, mais ils sont sévèrement réprimés par l'orthodoxie musulmane. Ainsi le monde des *djinns* est considéré comme le lieu potentiel d'une certaine forme d'idolâtrie. Puisque l'Arabie d'avant l'islam conférait à ces êtres un statut de génies influençant les prophètes et les poètes, toute poésie d'inspiration profane et toute prédiction ont été considérées comme idolâtres parce que soufflées par ces créatures mi-angéliques, mi-démoniaques.

Quant à l'Afrique noire musulmane, elle pratique souvent une synthèse entre l'animisme atavique et l'islam, pourtant implanté depuis des siècles dans un grand nombre de régions de l'Afrique tropicale. C'est là que l'islam est le plus mêlé de coutumes parareligieuses comme la fréquentation superstitieuse des gris-gris, des porte-bonheur ou comme les offrandes et les sacrifices d'animaux qui sont faits aux génies du lieu avant d'inaugurer une demeure ou une entreprise.

Les sacrifices d'animaux sont une réminiscence des rites magiques d'origine chaldéenne ou égyptienne. La veille de l'aïd el-kébir, la grande fête de l'islam, tout musulman a le devoir d'offrir le sacrifice d'un mouton. Certains juifs d'Afrique du Nord ont aussi tendance à pratiquer ces rites que la conversion des Berbères à l'islam n'a pas réussi à éradiquer. La veille du grand pardon, le *Yom Kippour*, avant leur jeûne, ils sacrifient une volaille en mémoire des sacrifices qui étaient offerts quotidiennement sur l'autel du Temple de Jérusalem. Ces pratiques sont scrupuleusement gardées par les juifs traditionnels. Elles appartiennent à d'antiques rituels magiques où le croyant, par son sacrifice, entend se concilier les bonnes grâces de la divinité et contrecarrer les influences néfastes des forces naturelles ou démoniaques. L'offrande d'un animal vivant est censée permettre à l'homme de vaincre le « mauvais œil » et de se concilier la bienveillance du Créateur.

Dans tous ses rites, l'islam partage avec le judaïsme la croyance que tout accomplissement d'un commandement vaut au croyant un mérite aux yeux d'Allah, que toute transgression amoindrit ou annule. Dans le Ciel, un livre est ouvert, comptabilisant pour chaque homme mérites et transgressions. Selon cette croyance, chacun a intérêt à accumuler les mérites et à réduire les transgressions, pour accéder au Paradis après sa mort. D'où la survivance des sacrifices d'animaux dans de nombreux pays destinés à rendre propice la divinité. Au Népal, j'ai vu de longues queues de fidèles à la porte des temples où ils offraient maints animaux vivants, du taureau à la colombe, que les prêtres égorgeaient pour concilier les bonnes grâces des dieux. Le sacrifice était *un nectar vermeil pour Dieu, une nourriture salvatrice pour les pauvres* qui partagent avec les prêtres les offrandes. Ce rite s'accompagne d'une joie débordante et extatique. Le sacrifice exprime le rapport qui existe au regard de Dieu entre le don, l'aumône et la justice divine, et permet une communion avec le sacré.

ART ET RELIGION

La religion concerne l'être et l'action de l'homme dans sa relation avec l'invisible ou le transcendantal que l'art tente de suggérer à partir du visible et de l'immanent. Ainsi, dans tous les univers culturels, de la préhistoire à nos jours, il nous est loisible de déceler le mariage entre ces deux mondes. Leurs frontières aujourd'hui sont plus mouvantes que les Anciens ne l'auraient cru. Les œuvres d'art, des plus humbles aux plus monumentales, sont médiatrices entre le dicible et l'indicible.

L'art figuratif participe à l'éducation du peuple. En milieu chrétien, l'artiste illustre les sciences de l'Ancien et du

Nouveau Testament. Les figures qui enluminent les Écritures vivent dans les esprits de tous, de l'Antiquité au Moyen Âge, de la Renaissance au monde moderne.

Reconnaître les insuffisances du monde conduit l'homme à rechercher un au-delà, une transcendance, affirme Maurice Blondel, qui s'efforce de distinguer méthode et doctrine d'immanence. Il est légitime de représenter le divin mais Byzance, autant que Rome, admet que la vénération des images s'adresse, non à l'icône, mais à celui ou celle qui est représenté.

Le roi Salomon bâtit le Temple de Jérusalem sur ordre de son Élohîms, désireux d'avoir une demeure sur terre. Le roi d'Israël s'adresse à ses voisins libanais où les artistes s'associeront avec les Hébreux pour bâtir le Sanctuaire, l'unique demeure d'Élohîms sur notre planète. Ainsi est-il par essence médiateur entre Dieu et l'humanité. Il est également médiateur entre deux peuples voisins, les Hébreux et les Libanais. Cette fonction médiatrice de l'art est essentielle au rôle qu'il jouera universellement dans le développement de l'humanité.

Au Moyen Âge, l'Église romaine, en organisant des lieux de prière, assigne à ses artistes une fonction didactique ayant pour mission d'illustrer les scènes et les textes de la Bible. Dans l'univers tout entier, les architectes, les sculpteurs, les peintres s'associent aux poètes et aux théologiens pour exprimer l'inexprimable. À leur manière, la littérature et les arts ont une grande influence sur les développements de l'humanité. Écrivains et artistes s'efforcent d'exprimer la nature propre de l'homme-problème, ses tentatives pour se connaître et ajouter ses créations à celle qui l'entoure. Ce faisant, il découvre aussi sa place dans l'histoire et dans l'univers, mettant en lumière les misères et les joies de l'humanité.

La destruction de la Judée, l'incendie de Jérusalem dont il ne restait plus pierres sur pierres contraignaient les Hébreux au silence. Mais les chrétiens prenaient la relève pour perpétuer l'héritage biblique et créer l'univers émouvant des cathédrales et des monastères dont les liturgies ont suscité les plus grands chefs-d'œuvre de la musique.

La religion musulmane a créé également une civilisation où les arts ont fleuri. Leur centre se situait dans les mosquées. De la mosquée bâtie à Jérusalem au VIIIe siècle à la grande mosquée de Casablanca construite de nos jours sur l'initiative du roi Hassan II, l'islam a édifié une civilisation et un art distincts de ce qu'avaient créé tous les artistes d'Orient et d'Occident en ce qu'ils respectaient strictement le deuxième commandement. Cette interdiction respectée par l'islam a été parfois enfreinte dans les miniatures et les fresques des châteaux omeyades, en la mosaïque de Samarkand représentant des lions (Madassa Shir-dor, 1636), et son observation générale a donné naissance à l'art grandiose de l'arabesque et de la calligraphie. L'écriture arabe a donné lieu à des usages esthétiques les plus raffinés et les plus divers. C'est elle qui donne leur âme aux plus belles mosquées édifiées au Proche-Orient ou en Afrique du Nord.

En parfaite harmonie avec la Oumma[1], les artistes arabes ont donné corps à l'immense poème transmis par Muhammad de l'an 610 à l'an 622, le Coran. Il illustre la transcendance d'Allah dans la décoration de l'architecture musulmane. Sa luxuriance souligne, par son refus du relief et du vivant, la fragile futilité de l'homme en l'univers. L'arabesque végétale ou géométrique, les entrelacs de polygones étoilés, écritures monumentales qui décorent les murs et les sites des multiples chefs-d'œuvre de l'art musulman, en font l'un des plus riches de l'histoire de l'humanité, l'un des plus originaux.

L'art africain cherche traditionnellement à exprimer la puissance divine dans la création. Loin des exemples donnés par l'univers culturel des Grecs, les Africains n'ont jamais eu la tentation de représenter Dieu lui-même, leurs sociétés et leurs artistes recherchent les manifestations de la puissance divine dans la création. Ancêtres, génies, divinités préposées aux fonctions cosmiques, animaux mythiques qui ont joué leur rôle dans la création et dans l'histoire de l'homme, multi-

1. La matrie.

ples objets en usage dans les fêtes, pour la divination, coupes, coffres, plateaux, sièges, jeux marient leurs symboles, expressions de leur propre religion.

Cet art se situe parmi les arts de transfiguration : il est souvent symbolique. La tête, les yeux, les organes sexuels, sièges de forces évidentes, sont proéminents : ils illustrent leur signification symbolique.

J'ai assisté au début des années 50, au Congo, à la naissance d'une école d'Africains qui aidait à découvrir les signes de la nature qu'ils entendaient illustrer : le blanc symbolisait le surnaturel danger de la mort, le noir tenait à la terre, le vert aux forces vivantes et joyeuses représentées aussi par le lézard, symbole de vie.

L'art magique de Sardaigne archaïque et grec, l'art des steppes d'Asie ou l'art précolombien utilisaient des procédés identiques à ceux que j'ai vus se développer dans les ateliers que Maurice Alhadef entretenait dans les forêts du Congo. Les symboles représentés liaient l'art africain à un passé très ancien qui remontait à la préhistoire. L'art africain porteur de rythmes, de cadences aux signes, de sensibilités diverses ; le sens religieux porteur d'une créativité rayonnante.

Au Japon également, le zen, fidèle à la loi du Bouddha, entend situer sa création et son art pour les besoins de la vie de tous les jours, des activités les plus humbles de l'homme et sur les objets les plus ordinaires de la nature, pour les élever jusqu'au niveau d'un grand art. Nous rejoignons au-delà du temps et de l'espace l'exigence du dépouillement absolu dont le Décalogue en ses Dix Paroles fait la règle de vie ou même de survie de l'humanité. « Les conceptions spirituelles nécessaires du zen sont celles qui manquent en Occident », affirmait Carl Gustav Jung[1] qui prétendait déchiffrer les énigmes de la psychologie des profondeurs pour atteindre le fond commun qui constitue l'unité de la personne, de l'espèce et du cosmos.

1. 1875-1961, auteur de *Psychologie et Alchimie*, 1944.

AILLEURS DANS LE MONDE

L'esprit humain a tendance à réduire la multiplicité des dieux à l'unité. Même la religion védique, pourtant si riche en divinités, tend vers un dieu unique dont les Vishnou, les Krishna et autres divinités plus ou moins attrayantes sont en fait les avatars[1]. Cette diversité peut être interprétée en termes monistes ou pluralistes. De la même façon, les démons grimaçants de l'art tibétain ne doivent pas dissimuler qu'en son essence le bouddhisme est une philosophie fort éloignée de l'idolâtrie. Non seulement le bouddhisme n'est pas idolâtre, mais, en plus, le monde des apparences sensibles est mis en doute par l'enseignement du Bouddha. Les grands monothéismes abrahamiques interdisent de s'aliéner à des idoles qui sont une illusion. Le bouddhisme pousse le raisonnement encore plus loin en affirmant que le cycle des réincarnations au sein du réel est lui-même entaché d'un soupçon de néant.

Si l'on considère maintenant les formes évoluées et philosophiques du paganisme telles qu'elles se développèrent à la fin de l'Antiquité, on constate que tout paganisme n'est pas forcément idolâtre et qu'inversement certains monothéismes sont de grands producteurs d'icônes ou de statues. Le platonisme lui-même est fondé sur un refus fondamental de l'image. Et il pousse si loin cette tendance que même la réalité sensible est considérée comme un reflet suspect, une idole en somme, du monde des idées. L'aspiration à réduire la multiplicité des apparences à l'unité de l'Être structure toute la pensée occidentale de Platon à Plotin, et du néoplatonisme à saint Augustin.

Ce que les Hébreux reçurent par la Révélation au mont Sinaï, les Grecs le conçurent par le biais de la philosophie. Les penseurs présocratiques réduisirent la diversité du réel à l'unité. Le platonisme ouvre la voie de la transcendance en

1. Terme utilisé ici en son sens premier, emprunté au sanskrit *avatara*, « descente », d'où en religion « incarnation, descente (d'un dieu) sur terre ».

inventant le concept d'*être en soi* et *pour soi*, l'équivalent grec et philosophique du Tétragramme, *l'Être qui était, est, sera et fait être.*

L'Occident chrétien, puisant aux sources du platonisme et de l'hébraïsme, aurait dû être doublement immunisé contre toute tentation d'idolâtrie. Le monde s'adonne cependant à toutes sortes d'aventures, qui ne sont pas sans rappeler celle de l'apprenti sorcier. Nous prenons souvent la créature pour le tout et nous nous asservissons à elle plutôt qu'à la transcendance, tandis que nous sommes entraînés en aveugles vers un avenir prodigieux que nul ne saurait prévoir, l'accélération de l'histoire interdisant aux plus imaginatifs d'entre nous de se risquer à le décrire. Un exemple en est le succès des images produites par les journalistes et les photographes chargés de « couvrir » les mariages princiers, les matchs de football ou encore les massacres les plus horribles et les catastrophes naturelles les plus apocalyptiques. Des millions de dollars se brassent ainsi autour de l'humain selon ce slogan d'un magazine célèbre : « Le poids des mots, le choc des photos » !

Le cas le plus flagrant de culte idolâtre est l'adoration de Mammôn[1]. Depuis l'invention de la monnaie au VIIe siècle avant l'ère chrétienne, les hommes ont eu souvent tendance à oublier que les espèces pécuniaires n'étaient que des symboles conventionnels de richesses beaucoup plus tangibles comme les têtes de bétail, les muids de blé ou les corbeilles de fruits. Avec l'avènement de la monnaie en papier, des chèques et des écritures électroniques, le support matériel de l'argent est devenu de plus en plus abstrait. Le pouvoir d'achat qu'il recèle ouvre la voie à l'exercice du pouvoir et à toutes les convoitises. L'argent, version moderne de l'antique Mammôn, devient objet d'adoration dans la confusion entre la fin et le moyen.

Les méfaits de la violation du deuxième commandement sont quotidiens à notre époque sursaturée d'images. Le philosophe Michel Serres a fort bien saisi le rapport entre l'idolâtrie et l'audiovisuel lorsqu'il a dénoncé la télévision comme

1. Mammôn : dieu syrien qui dispensait les richesses.

étant la plus grande fabrique d'idoles que les hommes aient inventée au cours de leur histoire.

Actuellement, Internet complète la télévision en lui ajoutant l'interactivité qui bouleverse le ciel et la terre auxquels nous nous étions habitués depuis Adam et Ève, abolissant les frontières et réalisant le « village planétaire » des visions prophétiques. Il nous propose un monde, véritable ersatz de la transcendance. L'idolâtre peut maintenant dialoguer avec l'objet de sa vénération.

Les théologiens ont imaginé les trois états de l'univers : le Paradis, le Purgatoire et l'Enfer. Internet rend accessibles — comme Dante en sa *Divine Comédie* — ces trois univers qui expriment bien trois dimensions de l'humanité. En choisissant vos sites, vous pouvez recevoir directement les images, les textes et les paroles du Paradis auquel vous accéderez, dans l'œuvre de Dante ou dans celle d'innombrables mystiques et poètes de toutes religions et de toutes langues. Continuant à surfer, vous découvrirez les mille faces du Purgatoire, dans toutes ses angoisses, ses peurs, ses désespoirs et ses dépravations. L'humanité entière répondra à votre appel et dans la langue que vous désirerez. Vous aurez lieu de vous purger de vos regrets, de vos fautes, de vos carences, voire de vos crimes en interaction avec ceux des autres. Vous aurez enfin lieu de visiter de vos yeux, d'entendre de vos oreilles, de sentir dans votre chair les affres du séjour des damnés où ceux-ci subissent leurs châtiments, dans maintes visions modernes de *La Divine Comédie*. D'accortes servantes ou des guides musclés vous feront visiter les sept cercles de l'enfer comme ceux du Purgatoire et du Paradis.

Où se trouvent les sites du Web ? Au ciel ou sur la terre ? En enfer ou au paradis ? Nulle part et partout, comme Dieu lui-même. Cette monstrueuse ubiquité du néant qui caractérise la « réalité virtuelle » a déjà commencé à agir sur le cerveau de nos semblables. Récemment, un groupe de jeunes nazillons américains a répété sur un site Internet le massacre odieux qu'il se préparait à commettre dans une école du Colorado et qu'il a effectivement commis quelques jours plus tard. Tout se passe comme si Internet contribuait à obscurcir la distance entre le fantasme psychédélique et le passage à l'acte meurtrier. Récemment, en Israël, un paisible chauffeur a assassiné sa femme et ses deux enfants : il était jaloux de la relation qu'elle avait avec un inconnu sur le Web !

VERS UNE ÉTHIQUE GLOBALE ?

Comment l'humanité pourrait-elle se libérer des fétichismes aliénants qui l'asservissent ? Toute réduction de l'être à une image qui l'offusque est préjudiciable à la perception de la vérité dans sa nudité virginale.

L'Être n'est pas seulement une idée abstraite et transcendante. Il revêt aussi la dimension la plus concrète qui soit de la Vie. Toute expérience authentique est un moyen de faire communiquer le substrat sous-jacent à la diversité des personnes avec le *hic et nunc* de la perception sensorielle. Si l'on est en mesure de retrouver cette dimension ontologique primordiale dans le détail de ses manifestations, on réunit la partie avec le tout et le moyen avec la fin. Ce dépassement du cloisonnement qui divise l'être est une condition *sine qua non* du salut de notre humanité malade de ses idolâtries, de ses asservissements, de ses aliénations.

Quand les croyants renonceront à la primauté de leurs dogmes et de leurs rites pour retrouver leur raison d'être profonde, les juifs, les chrétiens, les musulmans, les bouddhistes et les agnostiques pourront communier enfin dans la vénération de l'essence sous-jacente à leurs doctrines et à leurs théologies.

En toute chose, l'homme donne la mesure de sa création, tournée vers la lumière et la vie, ou vers l'horreur et la mort. Notre temps est celui d'une mutation radicale. D'où l'importance de nos choix pour orienter le siècle qui vient vers l'espoir, la beauté, la vie.

Le deuxième commandement donne la mesure de l'audace du Décalogue : l'interdiction des sculptures et des images, la prohibition de se prosterner et de les servir attaquent de front les croyances et les usages de l'humanité entière alors adoratrice de dieux multiples représentés sous forme d'images et de sculptures. L'ordre est donné à un peuple chargé d'une Révélation nouvelle, celle de $\overset{\text{adonaï}}{\text{IHVH}}$ dont l'unité plurielle ne nie pas l'existence des autres divinités : elle la confirmerait plutôt.

L'erreur fondamentale a été d'interpréter l'unité plurielle de $\overset{\text{adonaï}}{\text{IHVH}}$ au mépris des autres dieux : le deuxième commandement ne s'applique qu'au peuple qu'il concerne, Israël. L'univers biblique considère les autres divinités, innombrables, qui peuplent les panthéons des nations comme des créations issues de l'imaginaire humain : sans être et sans voix, elles émanent du néant auquel elles sont vouées. Les Hébreux ne firent jamais de croisades pour imposer leur Dieu à qui que ce fût. Ils acceptaient dans le temple de Jérusalem la présence et les offrandes des païens qui respectaient les sept lois révélées à Noé.

Une mission s'esquissait pour Israël : devenir l'un des centres de l'alliance universelle des peuples qui acceptaient et réalisaient les ordres du Décalogue. De nos jours, les Nations unies tendent à accomplir cette mission en réunissant les peuples du monde entier qui vivent dans le respect des droits de l'homme. Les dieux étrangers seraient alors ceux qui refuseraient d'entrer dans l'alliance universelle du Créateur, et eux seulement, fauteurs de troubles.

Les autres Élohîms existent de tous temps et ils sont innombrables. Henri Bergson l'a dit : « L'homme est un fabricant d'idoles : il les représente dans ses sanctuaires par des images et des sculptures mais plus dangereusement par des idées, des théories ou des inventions qui transforment l'homme en apprenti sorcier. » L'innocent ballon de football allume des passions mystiques d'une puissance comparable sur tous les terrains de sport de l'univers : les joueurs sont achetés comme des objets et payés des millions de dollars.

Leurs partisans les vénèrent comme des idoles, des Élohîms dirait-on en hébreu.

Ces Élohîms prennent dans certains esprits la place que le deuxième commandement ordonne de réserver au Créateur des ciels et de la terre.

LE TROISIÈME COMMANDEMENT

Tu ne porteras pas le Nom de adonaï IHVH*, ton Élohîms,*
en vain car adonaï IHVH*, ton Élohîms,*
n'innocente pas qui porte son nom en vain.

Porter le Nom implique nécessairement de se charger des ordres que ce nom promulgue et authentifie. Les époux se portent l'un l'autre et le mot hébreu *nissouîms*, « mariage », devrait se traduire par « portages ». Ce mot exprime bien l'essence du mariage : un *portage* conjoint des joies et des détresses du couple. *Porter le Nom* implique une alliance, un mariage avec lui, une obéissance à ses ordres, une adhésion à ses volontés, une adhérence à sa présence, une constance. On ne peut pas porter le Nom les jours pairs et s'en décharger les jours impairs. À prendre à la lettre les Écritures, nous sommes tous coupables, non du portage, mais de la déportation du Nom qui, par le biais des traducteurs de la Septante [1], a été déporté du Sinaï dans les brumes de l'Olympe.

La Bible s'est implantée en Occident grâce surtout à ses traductions en grec puis en latin, et dans les nombreuses langues dans lesquelles elle a été transmise dans les églises. Tra-

1. Première véritable traduction de la Bible hébraïque, la Septante a été élaborée dans les milieux juifs hellénisés d'Alexandrie, sur une période de plusieurs siècles (IIIe siècle av. J.-C. : Pentateuque ; IIe siècle av. J.-C. : Prophètes ; Ier siècle av. J.-C. : Hagiographes). Son nom provient de l'histoire — contenant peut-être un fond de vérité historique — relatée dans la *lettre d'Aristée* selon laquelle le roi Ptolémée II aurait fait venir de Jérusalem 72 sages (6 de chaque tribu) et leur aurait demandé de traduire la Loi (Pentateuque) ; selon des versions postérieures de la même histoire, les traducteurs auraient travaillé séparément (ou deux par deux) et, confrontant les traductions obtenues par chacun, les auraient trouvées exactement identiques !

duite, la Bible changeait fatalement d'univers culturel : « Changer de lieu, c'est changer de destin », affirme l'adage hébraïque. De l'Asie sémitique dans laquelle elle plonge ses racines, elle était soudain implantée dans l'univers gréco-latin de l'Empire romain. adonaï IHVH devint *Kurios Theos* en grec, puis en latin *Dominus Deus*. Dans les quelque 2 600 traductions de la Bible, adonaï IHVH prenait le masque de l'idole la mieux connue de l'univers culturel où elle était lue. L'Élohîms unique et solitaire du Sinaï devenait un pensionnaire de l'Olympe et un partenaire des centaines de divinités des panthéons grec et latin. L'Occident oublia son Nom et parfois même son identité.

En notre siècle, la renaissance des études et de l'archéologie orientales, la résurrection de la langue, de la culture et de l'État d'Israël, permettent une lecture renouvelée de la Bible hébraïque et du Nouveau Testament, réinsérés dans les univers culturels de leurs origines.

Le Nom de adonaï IHVH Élohîms, doté d'une puissance transcendantale, est, rappelons-le, imprononçable. Dieu est le Sacré ou le Saint par excellence, tel est d'ailleurs l'un de ses noms[1]. Sa lumière est si intense qu'elle se communique à son Nom, fût-il un surnom ou un nom de substitution, et son usage à des fins profanes est un sacrilège. Ainsi, l'enjeu de ce commandement dépasse de loin l'interdit chrétien de proférer un blasphème ou un juron.

L'interdiction de porter le Nom en vain concerne aussi le serment. Les hommes de l'Antiquité ponctuaient leurs discours d'exclamations aux significations magiques. Dans une société polythéiste, où la notion de divin est diffuse, l'invocation d'un dieu ou d'une déesse n'est pas choquante. Mais, dans un tel usage, le Nom imprononçable peut devenir un instrument qui risque de porter atteinte à la distance vitale

1. Quelle que soit l'étymologie du mot hébreu *qadosh*, « saint » ou « sacré », il a été suggéré récemment que ce mot est d'origine sumérienne et que sa signification se rapporte à l'idée de lumière.

qu'il convient de maintenir entre l'Être suprême et le monde, entre la transcendance et l'immanence.

Seul le grand prêtre du temple de Jérusalem recevait la tradition de ce Nom qu'il prononçait une fois l'an dans le Temple de Jérusalem, le jour de *Kippour*, jour du « Grand Pardon ». Il portait alors sur le front le Nom de $\overset{\text{adonaï}}{\text{IHVH}}$, *en incision de sceau* sur un *scintillant d'or pur*[1] et pénétrait avec crainte et tremblement dans le Saint des Saints[2]. Il prononçait le Nom *grand et redoutable* pour demander, en grâce, le pardon de ses fautes, de celles de son peuple et de toutes les nations. Depuis la destruction du Temple, la prononciation correcte de $\overset{\text{adonaï}}{\text{IHVH}}$ s'est perdue et les Hébreux demeurent dans l'impossibilité de porter le Nom, fût-ce en vain[3].

DANS LA BIBLE

L'Hébreu vit dans un milieu sursaturé de croyances mythiques et de pratiques magiques. Maints textes bibliques attestent combien la divination et la sorcellerie sont usuelles en ces temps, s'inspirant des riches traditions des Égyptiens et des Mésopotamiens. Les livres de la Genèse et de l'Exode reflètent le caractère officiel de la magie et de la divination à la cour de Pharaon. Ailleurs, le prophète Daniel nous introduit dans la cour babylonienne de Nabuchodonosor entouré de la troupe de ses devins auprès desquels il recherche la clé de ses rêves et de son avenir.

Les formules magiques retrouvées en Égypte en apportent la confirmation. La vallée du Nil et le Delta étaient un extraordinaire foyer de syncrétisme religieux : les vestiges de l'ancienne religion égyptienne s'y mêlaient aux traditions assyriennes et babyloniennes. Plus tard, on en retrouvera des

1. Ex. 28, 36-38.
2. Lieu consacré, au cœur du Temple de Jérusalem.
3. *Cf.* notamment l'histoire de Joseph racontée par Thomas Mann dans sa tétralogie, *Joseph et ses frères* (1933-1943).

éléments dans le paganisme grec et plus tard encore, jusque dans le judaïsme, le christianisme et la philosophie néoplatonicienne. De cette singulière fermentation culturelle nous possédons des témoignages tangibles : des formules magiques font apparaître le Tétragramme transcrit en caractères grecs. C'est dire que dans l'Antiquité, le troisième commandement concerne d'abord les abus qu'on en peut faire pour exercer une influence magique sur les faits.

L'art de la magie enseigne comment neutraliser les puissances maléfiques, comment les diriger contre les ennemis ou, au contraire, comment s'approprier leurs forces bénéfiques. Les recettes se transmettaient de père en fils dans les familles de sorciers et elles étaient codifiées dans des traités dont certains sont parvenus jusqu'à nous. Même en milieu païen, le législateur s'efforçait de prendre des mesures efficaces contre la « magie noire », celle qui tue ou qui mutile. L'autre, la « magie blanche », était officiellement admise comme science. On allait chez le sorcier comme, de nos jours, on va chez le médecin ou le prêtre.

Chez les Hébreux, les pratiques païennes tentent d'avoir droit de cité en se parant d'un vernis monothéiste : de nombreux tabous, sans doute hérités d'un immémorial passé, trouvent leur place légitime dans les lois et les traditions mosaïques. Citons l'usage des eaux lustrales qui rendent la pureté aux personnes, aux objets et aux tentes souillés par le contact d'un mort. Elles sont également utilisées pour la guérison de la lèpre et différentes maladies de la peau. L'encens est réputé pour ses vertus bénéfiques : on lui prête le pouvoir de chasser les mauvais esprits. Les prêtres en font un usage quotidien dans les liturgies du Temple. Sa fonction n'est pas seulement de parfumer les autels où se consument les viandes sacrificielles, mais d'attirer les bénédictions de Dieu, d'écarter ou d'absoudre les forces négatives des fautes et des carences de l'homme, ouvrières de mort et de malédiction. Les amulettes que portent les filles de Jérusalem avec leurs bijoux, de même que les clochettes d'or qui ornent la robe du grand prêtre, transforment d'antiques usages pour chasser le mauvais œil en des actes à valeur rituelle. Une tablette découverte en Syrie, à Arslan-Tash, nous donne un bon exemple de ce qu'étaient ces amulettes au VIIe siècle avant J.-C. Le texte écrit en hébreu biblique contient une incantation contre les démons féminins de la nuit. Les ordalies font également appel à la magie pour prouver l'adultère de la femme. La plupart des tabous alimentaires, si nombreux et si importants dans la Bible, sont probablement aussi des actes magiques transformés en rites par la législation biblique. Il faudrait tout connaître des pratiques cultuelles des nations du Proche-Orient pour comprendre l'interdiction faite par la loi mosaïque et reprise par l'islam de la consommation du porc, du *chevreau cuit au lait de sa mère* ou des poissons sans arêtes ni écailles.

Les Hébreux consultent également les devins pour connaître leur avenir. Comme chez leurs voisins païens, ils lisaient dans les entrailles ou le foie d'animaux sacrifiés, dans les nuages ou le vol des oiseaux, ou encore invoquaient l'esprit des morts, malgré l'interdiction qui leur était faite.

En toutes ces matières, la tendance de la législation biblique est de censurer les différentes formes de magie ou de divination. Le sorcier fait donc partie du lot des « abominations » païennes. Les prophètes ne cessent de dénoncer ces pratiques qui nient en fait l'efficacité de la Puissance qu'elles invoquent. L'interdiction se fonde sur la claire conscience de la vanité et de la supercherie de la magie.

LA MAGIE ET LA SCIENCE

Les hommes primitifs, prenant conscience de la puissance de la parole sur les hommes, ont très tôt essayé ses pouvoirs sur les choses. Telle est l'origine de la magie qui s'exerce par la parole ou par l'image, par l'incantation ou par l'envoûtement[1]. Née de la croyance en une force surnaturelle

1. Le plus ancien portrait découvert à ce jour, réalisé il y a quinze mille ans environ sur le parvis de la grotte des Trois Frères dans le Sud de la France, est celui d'un homme connu sous le nom de « sorcier ». Sa posture et son accoutrement nous laissent supposer qu'il se livre à quelque pratique magique.

universellement présente dans l'univers, elle est encore pratiquée de nos jours par des tribus primitives et perdure en ses avatars modernes dans les pays les plus civilisés. Aujourd'hui, nul n'esquive la relation qui existe entre magie et religion. On peut admettre que l'une et l'autre sont l'expression générale de la même irrationalité, celle d'une connaissance capable d'éclairer les ténèbres et les mystères du monde par la puissance divine de l'Esprit.

En marge des religions ou des cultes officiels de toute société, la magie regroupe les croyances et les pratiques qui survivent encore aux enseignements des universités et aux catéchismes des religions. Elle continue d'exister, en Occident aussi, à l'aube du XXIe siècle, et se déploie en utilisant tous les moyens possibles. Sa profonde influence, secrète et souterraine, est encore prépondérante et incontestable. Les médias entretiennent certains de ces procédés par la lecture quotidienne de l'horoscope, par la publicité pour des porte-bonheur ou des médailles miraculeuses qui se réfèrent aux conceptions magiques les plus archaïques. La magie thérapeutique s'adapte aux grands mouvements qui traversent le siècle et se plient aisément aux situations nouvelles.

Certaines guérisons ou améliorations dues à l'intervention de guérisseurs magiciens ont fait l'objet d'études cliniques incontestables. Ainsi la pensée magique ne précède pas seulement la recherche médicale, elle accompagne la naissance même de l'esprit scientifique. Des thérapies comme l'acupuncture, la chiropractie, la cure thermale ou les techniques d'hypnotisme utilisées parfois en psychanalyse, ont leur origine dans des pratiques magiques fort anciennes. Henri Bergson le disait : « Ne parlons pas d'une ère de la magie, à laquelle aurait succédé celle de la science. Disons que science et magie sont également naturelles, qu'elles ont toujours coexisté, que notre science est énormément plus vaste que celle de nos lointains ancêtres, mais que ceux-ci devaient être beaucoup moins magiciens que les non-civilisés d'aujourd'hui. Nous sommes restés, au fond, ce qu'ils étaient. » Et Bergson veut nous mettre en garde contre l'invasion de notre société par des pratiques magiques incontrôlées. Ce faisant, il pose clairement le problème de la distinction entre magie et science, entre irrationnel et rationnel.

Cette coexistence du rationnel et de l'irrationnel est soulignée par Pierre Janet[1] : « La médecine scientifique a perfectionné et rendu un peu plus certains les procédés de la médecine religieuse ou magique. Chacun de nous a d'ailleurs constaté quelques-unes de ces guérisons dites miraculeuses. Même à la Salpêtrière, on a vu des malades guéris par l'imposition du saint sacrement sur leur tête. Nous avons nous-mêmes guéri bien des malades par des procédés analogues à ceux du magnétisme. Les guérisons rapportées par des faiseurs de miracles suivent les mêmes lois que les guérisons opérées devant nous, ce qui les rend très vraisemblables. »

À ce titre, je citerai un cas qui a été porté à ma connaissance par l'une de mes lectrices. Celle-ci, allongée au soleil, lisait mon autobiographie *L'Amour fort comme la mort*. Arrivée à la page où je décris l'attaque de poliomyélite dont je porte encore des séquelles, fortement émue, cette personne, en essayant de se remettre debout, s'est aperçue qu'elle était elle-même paralysée. Elle était professeur de gymnastique, vigoureuse, et n'avait jamais ressenti quelque trouble musculaire que ce soit. Sa lecture avait produit un transfert des symptômes que j'avais moi-même éprouvés à sept ans. Les médecins convoqués auprès de son lit ne purent que constater le fait et ne lui proposèrent aucune explication, aucun diagnostic, aucun traitement. Cette paralysie ne dura fort heureusement que deux semaines. Elle est un exemple de la puissance de la pensée sur le corps. Les miracles de Lourdes et ceux de Fatima en donnent maints exemples.

L'homme moderne s'efforce de distinguer le monde mythique du monde réel et il est encore loin d'y réussir. Nos sociétés s'efforcent de guérir l'humanité de l'emprise inconsciente des croyances collectives aux esprits et aux mythes. Les scientifiques savent qu'ils détiennent la meilleure façon de raisonner, mais ils ne peuvent répondre aux besoins affectifs

1. Neurologue français (1859-1947), spécialiste de pathologie mentale.

de l'humanité. Le grand succès des religions a été de tenter de réunir les deux aspects fondamentaux de l'esprit humain, sa rationalité et son irrationalité.

Il a fallu des siècles d'efforts pour que les nations se libèrent des mythes qui, à certains égards, caractérisaient déjà la civilisation égyptienne dont Moshè voulait libérer les Hébreux. Mais la permanence de pratiques magiques depuis les origines connues de l'humanité nous convainc de ce qu'elles sont un système bien articulé qui fait partie de l'essence même de l'humanité. Edgar Morin le constate : « Ce qu'il y a d'universel, c'est la magie, la croyance aux esprits, aux ombres, aux fantômes, aux spectres, où sont créés les dieux, c'est-à-dire, dans le fond, la croyance au double. » Cela nous révèle combien la structure humaine est forte. « Si la science est entrée dans les mœurs, elle n'est pas entrée dans les âmes et c'est à cause des reliquats de la pensée magique », disait encore Jacques Monod.

Le monde moderne a perdu la conscience de la valeur des mots. On oublie que la parole a un impact sur l'être même et que toute parole peut dénaturer l'être qu'elle est censée désigner. Du point de vue ontologique, les mots deviennent des approximations de la vérité. De plus, les jurons et les blasphèmes, au fil du temps, subissent une extraordinaire déperdition de force. Il en est de même pour d'autres mots, en particulier dans la prière ou la théologie. Pour un laïc, la question de la transcendance ne se pose plus et les blasphèmes qui l'injurient ne sont plus perçus comme tels. Le troisième commandement continue de nous interpeller.

DANS LE JUDAÏSME

À peine sortis d'Égypte, terre de tous les sortilèges et de toutes les magies, les Hébreux avaient grandement besoin d'être initiés à une nouvelle religion qui proscrive les excès utilitaristes de la divinité et qui interdise le culte à des fins personnelles et égoïstes. Le judaïsme reprend dans sa tradition l'interdiction formelle que fait le texte biblique de toute pratique de divination, de magie ou de sorcellerie.

L'interdiction de proférer le Nom en vain a eu pour conséquence de bannir l'usage du Tétragramme. Pour parler de l'Être suprême, on emploie des périphrases comme *le Saint béni soit-il*, le *Créateur*, le *Très-Haut* ou tout simplement *Hachem*, « le Nom », ou même le mot qui sert aussi de salutation, *shalom*, « paix ». Les scrupules vont parfois très loin : ainsi, la formule de salutation ne peut être employée dans certaines circonstances. On ne peut saluer décemment son prochain dans les latrines publiques, lieu impur qui ne sied point à la prononciation d'un nom sacré. Les endeuillés, en contact avec l'impureté de la mort qui est l'impureté par excellence, ne peuvent pas non plus saluer en hébreu ceux qui viennent leur faire une visite de condoléances.

Depuis la destruction du Temple, le secret de ce nom sacré s'est perdu, mais on affirme que certains kabbalistes se transmettent son mystère[1]. Ils considèrent que le monde a été créé au moyen des combinaisons des trois lettres du Tétragramme — la lettre « H » de « $\overset{\text{adonaï}}{\text{IHVH}}$ » y apparaissant deux fois. Ce Nom chargé de force démiurgique et théurgique est pour eux chargé d'énergie redoutable, à manipuler avec précaution. La tradition juive fourmille d'indices qui tendent à souligner les vertus magiques du Tétragramme et l'usage du Nom comme d'un véritable talisman doué de pouvoirs si efficaces que Moshè aurait tué l'Égyptien par sa simple profération.

La sanctification du Nom comporte également un autre visage extrapolé du nom même de la nation hébraïque, « Israël ». La tradition en conclut que le Nom « Él » est gravé dans l'âme collective d'Israël. Ce nom incarne la présence immanente de Dieu sur terre. De la même façon, le prénom Yehuda qui a donné son nom à la tribu de Juda dont est issu le peuple juif, *yehudi*, s'écrit avec les mêmes lettres que celles

1. À en juger par les spéculations d'un mystique comme Abul'afia, il s'agit plutôt du grand Nom kabbalistique de 72 lettres, plutôt que du Tétragramme.

du Tétragramme $\overset{\text{adonaï}}{\text{IHVH}}$. Ce lien entre le peuple et le Nom se traduit par des formules qui assimilent tous faits et gestes à une sanctification ou à une profanation du Nom. Ainsi, les martyrs de la foi juive, qui ont préféré la mort à l'apostasie ou qui sont morts parce qu'ils étaient juifs, le sont *pour la sanctification du Nom.*

Pendant l'occupation nazie en Europe, les juifs, sans se savoir menacés d'extermination, étaient obligés de se signaler dans les Kommandanturs et les commissariats, ce qui en fait les désignait à une mort certaine. Ils l'affrontaient souvent avec des prières aux lèvres : « Entends Israël, $\overset{\text{adonaï}}{\text{IHVH}}$ est notre Élohîms, $\overset{\text{adonaï}}{\text{IHVH}}$ est Un. » Cette profession de foi s'est prononcée des millions de fois dans les chambres à gaz et les camps d'extermination.

EN CHRÉTIENTÉ

Du fait que le Tétragramme a été traduit, plutôt que transcrit, le troisième commandement a perdu de son sens dans le contexte culturel hellénique et romain. L'interdiction de proférer en vain le Nom a été prise pour une prohibition bien-pensante des jurons et autres exclamations blasphématoires qui, moyennant toutes sortes de déformations propitiatoires, font intervenir le Nom pour donner plus de force à la parole. On pense à des jurons comme *pardi* pour *par Dieu, palsambleu* pour *par le sang de Dieu.*

D'une certaine manière, les juifs et les chrétiens appliquent à la lettre le troisième commandement puisque, ignorants qu'ils sont du vrai Nom, ils ne sont plus en mesure de le proférer en vain. À partir du XVIe siècle, certains hébraïsants prirent conscience de ce que *dominus* et *deus* ne pouvaient désigner le Dieu de la Bible. Le Tétragramme ressurgit. On le trouve gravé en toutes lettres sur la tour nord de l'église Saint-Sulpice à Paris et dans plusieurs autres cathédrales et églises de France. Mais ces chrétiens se heurtèrent à une difficulté majeure dès lors qu'ils voulurent prononcer le Nom ineffable. Certains d'entre eux vocalisèrent les quatre consonnes *IHVH* de $\frac{\text{adonaï}}{\text{IHVH}}$ avec les voyelles d'*Éloha*, ce qui donna le nom *Jéhovah*, improprement utilisé pendant des siècles et vulgarisé plus tard par la secte bien connue des Témoins de Jéhovah. Plus tard, on « inventa » *Yahvé* qui n'est guère plus exact. De plus en plus, les chrétiens sont conscients de ce que leur religion plonge ses racines dans l'hébraïsme, mais ils se libèrent difficilement de la médiation du grec et du latin qui ont voilé le génie sémitique et hébraïque des origines de l'Église.

Tout au long de l'histoire, les Églises rappellent leurs fidèles à l'ordre pour qu'ils cessent de blasphémer. Le catéchisme, quant à lui, ramène l'Église catholique aux sources de la Révélation biblique qui se situent dans le Nom trois fois saint de l'Être créateur : *Dieu confie son Nom à ceux qui croient en Lui.* Le mystère du Nom restaure le croyant en la confidence et en l'intimité de sa relation avec l'Être essentiel qu'il mémorise dans le silence adorateur. Le troisième commandement interdit *tout usage inconvenant du nom de Dieu, de Jésus-Christ, de la Vierge Marie et de tous les saints.* On le voit, le catéchisme étend considérablement le champ des noms sacrés que le fidèle ne saurait invoquer *en vain*[1].

En bon Hébreu, Jésus-Iéshoua' est conscient de la magie des noms et de leur pouvoir. Il accepte qu'un de ses disciples exorcise les démons en son nom. Il demande de ne pas l'en empêcher : *Non, nul homme ne fait de prodige en mon nom, qui puisse aussitôt parler de moi en mal*[2]. Il enseigne à ses disciples de faire également les mêmes œuvres qu'il fait lui-même. L'imitation de Dieu, *imitatio Dei*, sera l'un des préceptes directeurs de la théologie. Jésus le dit lui-même, l'imiter conduira le fidèle à dépasser le maître : *ce que vous deman-*

1. *Catéchisme de l'Église catholique*, p. 430, sur Dt. 6, 4 et Mt. 22, 37. Pour les Dix Commandements, p. 431-514, longuement commentés par Jean-Paul II dans sa préface.
2. Mc 9, 39.

derez en mon nom, moi, je le ferai[1]. Le secret de cette efficacité se trouve dans l'union de Jésus avec son Père : Jean exprime avec force l'unité du Père et du Fils : *moi, je suis dans le Père et le Père est en moi... le Père demeure en moi et fait ses œuvres*[2]. Les apôtres sont conscients des pouvoirs, surnaturels à leurs yeux, de Jésus. Ils le constatent et le proclament : *Même les démons se soumettent à nous en ton Nom*, disent les soixante-douze envoyés. Jésus les encourage dans leur action qui vise à faire tomber hors du ciel, comme un éclair, Satan lui-même. Jésus leur a conféré le pouvoir miraculeux auquel l'Église s'efforcera de demeurer fidèle, celui que Jésus lui donne *de marcher sur les serpents et les scorpions, et sur toute la puissance de l'ennemi : rien ne pourra [leur] nuire*[3]. Ainsi, de siècle en siècle, la vie de l'Église s'accompagnera des paroles de l'Évangile de Marc : *Voilà les signes qui accompagneront ceux qui adhèrent : en mon nom, ils jetteront dehors les démons ; ils parleront de nouvelles langues ; ils prendront en leurs mains des serpents... Ils imposeront les mains aux invalides, et ils iront bien*[4].

La sommation faite au démon de quitter une personne, un lieu ou une chose est pratiquée dès l'Église primitive sur les catéchumènes dans le rite du baptême. Actuellement, l'onction d'huile s'accompagne d'une prière visant à libérer l'humain du pouvoir de Satan, afin qu'il resplendisse dans la lumière du Saint-Esprit. Le ministère des exorcismes fut réservé aux diacres et aux prêtres. Réformé par Paul VI le 15 août 1972, il est aujourd'hui réservé à l'évêque ou à un prêtre délégué par lui pour pratiquer l'exorcisme si la possession ou la hantise semblent réelles.

---

1. Jn 14, 13.
2. Jn 14, 10.
3. Lc 10, 19.
4. Mc 16, 17-18.

DANS L'ISLAM

L'islam a toujours témoigné un immense respect du nom d'Allah, sacré aux yeux des musulmans, à l'égal du Nom de $\overset{\text{adonaï}}{\text{IHVH}}$, l'Élohîms des Hébreux. Le nom d'Allah est, dès l'origine, l'objet d'innombrables études [1], d'ouvrages spécifiques ou généraux, en un genre littéraire fort apprécié, qui soulève des débats infinis sur la diversité et l'origine des langues. En islam, la Révélation divine ne se limite pas exclusivement au Coran. Elle se manifeste aussi dans la *sunna*, ainsi que dans la tradition qui révèle les 99 noms d'Allah. Le centième est le Nom suprême, le Nom de l'Innommé Innommable détenteur du mystère d'Allah, comme le Tétragramme l'est de celui d'Élohîms.

Les listes traditionnelles des noms d'Allah varient selon les écoles qui les recueillent des versets mêmes du Coran [2]. Ces noms sont vénérés par les musulmans, si bien que les porteurs de prénoms composés de ces attributs divins les font précéder du mot « serviteur de... » : *Abd al Wahad*, serviteur de l'Unique, la clause *Abd al* exprime le lien entre l'immanence de l'homme et la transcendance de l'Unique. La vénération du Nom se manifeste aussi dans l'invocation *Bismill'ah, haraẖman, haraẖîm*, « au Nom d'Allah, le Matriciant, le Matriciel [3] », par laquelle commence la récitation de toutes les sourates du Coran.

---

1. Lexicographes et théologiens oublient souvent de mentionner qu'Allah appartient au vocabulaire des peuples sémitiques et a la même origine qu'Él, Éloah, Élohîms, Allah, Ilaha (*cf.* Daniel Gimaret, *Les Noms divins dans l'islam*, 1988).

2. Liste p. 1408 du Coran, traduit par A. Chouraqui, Robert Laffont, Paris. *Cf.* M. Glotton, *Le Traité des noms d'Allah*, Paris, 1981.

3. Fidèle à ma méthode de traduction, je tenais à revenir aux racines du langage comme je l'avais fait en traduisant la Bible hébraïque et le Nouveau Testament grec. Il me semblait nécessaire de poursuivre ce travail avec le Coran. La langue arabe, au VIIe siècle, était encore plus proche de l'hébreu. Les mots *haraẖman*, *haraẖîm* étaient traduits par : « le clément », « le miséricordieux ». Cette traduction voilait le fait que les deux vocables dérivaient en arabe d'une même racine, *raẖama*, qui désigne, en arabe comme en hébreu, la matrice, racine de toute vie.

Les 99 noms sont tous qualificatifs des attributs qui décrivent la vie intérieure d'Allah par rapport à sa propre création, au contact de l'univers et des hommes dont il est le Créateur. Ils manifestent l'unité plurielle d'Allah et désignent tous une action de l'homme. Ainsi dans l'islam, l'homme demeure la mesure de toutes choses, même divines.

Comme les Hébreux avec les noms de $\overset{\text{adonaï}}{\text{IHVH}}$ et les chrétiens avec celui du Christ, les musulmans rendent un culte aux 99 noms d'Allah. Le *Ḥadît* promet le Paradis à ceux qui les connaissent tous par cœur. Ce culte s'exprime concrètement par la récitation de ces noms sacrés dont les chapelets aux 99 grains accompagnent les fidèles les plus pieux.

Pour le musulman, le Coran incarne la divinité qui l'a écrit, comme le Fils, pour les chrétiens, incarne le Père. D'où le rôle de ces 99 noms dans la piété musulmane. Ils sont empruntés au texte du Coran qui est la manifestation de la Parole d'Allah, unique et pluriel dans la multiplicité de ses attributs. Il est Lui, le *Matriciant*, le *Matriciel*, le *Roi*, le *Sacré*, la *Paix*, l'*Amen*, l'*Observant*, l'*Intransigeant*, le *Héros*, le *Magnanime*, le *Créateur*, l'*Instigateur*, le *Formateur*, le *Recouvreur*, le *Contraignant*, le *Gratifiant*, le *Pourvoyeur*, l'*Ouvrant*, le *Savant*, le *Rétracteur*. Ces vingt premiers noms décrivent Allah dans toutes les diversités de ce Dieu vivant — comme en l'être humain —, transcendant certes, d'une transcendance intégrale, qui se manifeste jusque dans les subtilités de l'art musulman, la religion qui, aussitôt fondée, a produit de parfaits chefs-d'œuvre, comme le Dôme du Rocher, voisin de la mosquée al-Aqsa, à Jérusalem. Ces 99 noms, le transcendant les incarne dans toutes les postures humaines possibles. *À Lui, les Noms de l'Excellence*, proclame le verset 8 de la vingtième sourate. Pour le Sémite, et pas seulement pour lui, le nom est identique à la personne qu'il désigne[1]. Celui de

1. Au-delà des 99 noms révélés par le Coran, 4 000 autres noms désignent le Premier et l'Ultime, l'Antérieur et le Postérieur, le Numineux et le Lumineux, le Parfait dans la Lumière. L'emploi de ces noms maintes fois répétés dans le Coran caractérise la poésie de cette révélation, l'un des plus inimitables poèmes jamais écrits à la gloire du Guide, le Novateur et l'Intègre.

l'Innommé est inconnu, scellé, il est le Nom du mystère où l'homme est plongé.

LE TAOÏSME

Le taoïsme s'est développé en Chine au terme d'une longue maturation qui remonte à la haute Antiquité : un peuple entier était en quête d'une religion, d'une éthique, d'un système du monde qui réponde aux mystères éternels de la condition humaine. La dénomination du taoïsme dérive de l'idéogramme *Tao* ou *Dao* qui signifie « la Voie ». Vers la même époque Moshè recevait les Dix Commandements et la Tora. Le rapprochement entre les deux univers culturels, celui des Chinois et des Hébreux à l'âge du bronze, paraît inévitable surtout à propos du premier et du troisième commandement qui annoncent un Dieu sans Nom prononçable qui ne doit pas être invoqué en vain.

Pour justifier l'audace de ce rapprochement, difficilement concevable à ceux qui n'ont accès à la Bible que dans ses traductions, voici le premier chapitre du Tao :

Le Tao qu'on saurait exprimer n'est pas le Tao de toujours,
le nom qu'on saurait nommer n'est pas le Nom de toujours.
Le sans-nom : l'origine du ciel et de la terre.
L'ayant-nom : la mère de tous les êtres.
Ainsi, c'est par le néant permanent que nous voulons contempler son secret,
c'est par l'être permanent que nous voulons contempler son accès[1].

Nous pourrions continuer la citation. Tout le texte du Tao-tö-king éclaire toute lecture de la Bible dans sa langue

1. Dans l'édition de la Pléiade, Gallimard, Paris, 1980.

originelle, l'hébreu, et plus encore dans ses commentaires les plus profonds.

Citons encore le chapitre XIV du Tao-tö-king :

Le regardant, on ne le voit pas, on le nomme l'invisible,
l'écoutant, on ne l'entend pas, on le nomme l'inaudible,
le touchant, on ne le sent pas, on le nomme l'impalpable,
ces trois états, dont l'essence est indéchiffrable, se confondent finalement en un.

On demandait au philosophe chinois Lao-tseu, l'auteur du Tao-tö-king, ce qu'il ferait de son pouvoir s'il était le maître absolu, il répondit : « Je rétablirais le sens des mots. »

Rétablir le sens des mots, c'est ce que j'ai tenté pour les lecteurs de la Bible. Lorsque pour la première fois dans l'histoire des traductions de la Bible, j'ai traduit *Kurios Theos* ou *Dominus Deus* ou *Seigneur Dieu* par adonaï IHVH *Élohîms*, un lecteur bouleversé m'accusa dans la *Revue thomiste* de faire de l'exotisme tant l'habitude était prise d'oublier les racines asiatiques de la Bible. Comme nous l'avons vu, la Bible avait changé d'univers culturel. Exotique, adonaï IHVH dans la Bible ? Le penser serait anéantir le sens des mots et des noms, et du plus essentiel de tous, celui de l'*Être qui était, est, sera et fait être*. Le Tao-tö-king le savait : il ne faut pas invoquer en vain le Nom de toujours, Celui qu'on ne saurait nommer.

LE BOUDDHISME

J'étais à Bénarès avec Annette, ma femme : nous visitions, non loin, à Sarnat, le parc des Gazelles où Bouddha prononça, devant cinq de ses anciens compagnons d'austérité, son premier sermon sur les quatre nobles vérités destinées à mettre en route la Roue de la Loi en vue de la libération de toutes les entraves de la nature et du monde. Pour cela, il est nécessaire de se défaire de la souillure du mal et des morsures de l'ignorance.

Nous devions aboutir au sanctuaire qui célèbre le premier discours de Bouddha. Pour y accéder, je me déchaussai et laissai mes chaussures orthopédiques toutes neuves parmi les centaines de souliers d'autres pèlerins. C'est pieds nus que je rendis visite au sanctuaire et... c'est pieds nus que je revins à New Delhi. Un passant, sans doute séduit par mes chaussures neuves, les avait subtilisées. Cet Indien ignorait sans doute le huitième commandement. Mais si sa religion était le bouddhisme, la sagesse de Bouddha le prémunissait du moins contre toute violation du troisième commandement : ne pas prononcer en vain le Nom.

Le bouddhisme ignore la personne que nous appelons Dieu. Il concentre sa spiritualité sur l'imitation et la contemplation d'un homme qui nous appelle à l'Éveil, Bahdie, le Bouddha. L'Éveillé historique donne naissance au Bouddha, glorifié dans la doctrine des trois corps qui conduiront le fidèle à la perfection spirituelle incarnée par le Maître.

Durant mes voyages en Orient, je pensais souvent à Moshè. Rien ne prouve qu'il ait connu l'existence des religions orientales, mais rien non plus ne permettrait d'affirmer le contraire. En ce qui me concerne, je retrouve en Asie, dans ses temples et ses pagodes comme auprès de ses masses humaines ou de ses bonzes, un milieu qui me rappelle celui de mon enfance algérienne ou de mes recherches bibliques. À mesure que je découvrais mieux les splendeurs de l'Orient, il me semblait me rapprocher davantage des héros de la Bible et du plus incomparable d'entre eux, Moshè. Ma biographie de Moshè est née dans les sanctuaires bouddhistes du mont Hiei où je faisais retraite non loin de Kyoto, au Japon. Je venais de franchir pour la première fois le seuil du Jodoin, le « Paradis » habité par Bouddha et par ce Bouddha vivant que fut Saichö[1], le fondateur d'Emyaleu Ji. Ce centre bouddhiste de la communauté tendaï, de tendance ésotérique, était proche du palais impérial.

1. Dengyo Daishi, 767-822.

J'étais pénétré par la beauté de ce lieu mystique, au milieu d'une forêt d'érables où les cerisiers en fleur éclataient de la joie du printemps. Le silence du mont Hiei était poignant de tant de splendeurs quand s'élevait le chant des bonzes, dominé par la lancinante mélopée des *Namu Amida Butsu* répétée à l'infini par le chœur d'un monastère voisin. Les portes du *Jodoin* ne s'ouvraient que devant son desservant, le révérend Kitazawa Kotaï, le seul homme admis à l'intérieur de ce temple interdit à âme qui vive depuis la mort de Dengyo Daishi en 822. Ce révérend venait de terminer douze années de vie recluse au Jodoin, et de s'engager pour une nouvelle période de douze ans. Lorsqu'il m'accueillit en août 1992, il m'apparut comme un Bouddha vivant, rayonnant de lumière, incarnant les vertus de joyeuse compassion ordonnées par Bouddha. Il m'apprit que j'étais la seule personne, hormis le prêtre de service, à avoir été admise dans ce « sanctuaire des sanctuaires » depuis sa fondation par Saichö, à la fin du VIIIe siècle. « Pourquoi cela et pourquoi moi ? » demandai-je à mon hôte. Par deux fois il me répondit d'un sourire énigmatique dont le Japon garde le secret. Comme j'insistais, il finit par me répondre : « Considérez, monsieur le messager de Jérusalem, que c'est l'un des multiples bienfaits dont votre Élohîms vous a comblé. » De fait, les jours passés parmi les bonzes du mont Hiei, aux confins du silence, m'ouvrirent un nouvel accès sur l'impénétrable mystère de Moshè et des Dix Commandements qui se révélaient être aussi proches de lui que de la veine jugulaire de Kitazawa Kotaï, bonze d'un autre temps et d'un autre univers culturel.

SUR LE FANATISME

L'histoire des croisades est un exemple du mariage du meilleur et du pire dans un mouvement qui a ébranlé le monde plusieurs siècles durant. L'extraordinaire succès de l'appel du pape Urbain II à la chrétienté, en 1095, pour libérer les lieux saints « aux mains des infidèles musulmans » était inspiré par un véritable élan de foi, identique à celui des bâtisseurs de cathédrales. Pour les croisés, le pèlerinage à Jérusalem et la libération du Saint Sépulcre devinrent le but essentiel de toute vie chrétienne. Ceux qui sont morts en combattant les Sarrasins sont déclarés martyrs de la foi et sont assurés du salut. Les ordres de religieux soldats animent la ferveur des foules lancées à la conquête de la Terre promise et à la conquête de la Jérusalem terrestre, anticipation de la Jérusalem céleste dont le Christ est le Roi. Les pauvres pèlerins qui suivent d'enthousiasme Pierre l'Ermite (première croisade) ou répondent à l'appel de Bernard de Clairvaux (deuxième croisade) ont conscience d'être les héroïques chevaliers d'une guerre juste, soigneusement préparée stratégiquement et logistiquement. La croisade se renouvelle chaque printemps avec le départ de navires et de caravanes en marche vers la Terre sainte. Les mouvements, aussi différents que ceux menés par saint Louis ou Jeanne d'Arc, soulèvent la chrétienté entière. L'éphémère triomphe des royaumes latins de Jérusalem (1098-1289) conduit l'idéal de croisade à s'intérioriser dans les rangs d'une nouvelle *militia christi*, définie aux Ier et IIe conciles de Lyon (1245-1274). La « robe cramoisie » du « martyr » laisse chez les musulmans et chez les juifs victimes des croisés l'horrible souvenir de crimes inexpiables commis au nom d'un Dieu d'amour.

Le Nom est souvent utilisé de façon scandaleuse. Sur la boucle du ceinturon des soldats du Kaiser était gravée la formule *Gott mit uns*, réinterprétation teutonne et pangermaniste de la formule *Immanu-el*, « Dieu avec nous ». *Dieu est-il français ?* s'interrogeait Friedrich Sieburg. De là à proclamer que Dieu est allemand, comme le firent certains pasteurs luthériens inféodés au IIIe Reich, il n'y avait qu'un pas que ne franchit jamais le pasteur Niemöller[1] tué par les nazis. Dans cette logique, les atrocités perpétrées par les nazis étaient des actes de piété. À travers ce cas limite, on mesure

1. Martin Niemöller (1892-1984), pasteur à Berlin, célèbre pour son opposition à l'hitlérisme.

les effroyables conséquences que peut avoir l'invocation en vain du Nom.

Non seulement le troisième commandement est oublié, mais de plus il est foulé aux pieds sans que personne s'en avise. Les hommes se permettent la folie de s'approprier les noms de Dieu, dont ils font des armes pour leurs guerres. Où se trouve la vérité, dans l'univers chaotique des noms et des mots qui nourrissent nos vies et nos conflits ? L'Être suprême, comme nous l'avons dit au deuxième commandement, n'a rien de commun avec les idoles camouflées sous son nom.

Quand un peuple inscrit sur ses étendards le Nom, il agit comme certains dirigeants dictateurs qui « divinisent » leurs ambitions. Utiliser le Nom mêlé à l'amertume de nos haines et de nos ambitions comme arme de combat dans quelque guerre que ce soit ressort de l'idolâtrie et est une trahison de l'Être créateur de vie et de paix.

Le recteur de la Mosquée de Paris, le docteur Dalil Boubakeur, comme tant d'autres, de toutes religions et de tous horizons culturels, dénonce le fanatisme, l'intolérance et l'ignorance. Ils appellent à démythifier les conflits et les violences surtout quand ils utilisent la religion comme instrument de haine et d'intolérance[1].

Certains intégristes n'ont pas hésité à mobiliser leur Dieu, juif, chrétien, musulman ou autre, à la rescousse de leurs intérêts et de leurs haines. Ils n'hésitent pas à invoquer Allah comme le font les talibans en Afghanistan, au mépris du Coran, pour attaquer leurs ennemis, ou ailleurs planter un couteau dans le dos d'une personne en criant *Allah hou Akbar*. Au nom d'Allah, ils réduisent leurs femmes à une condition humiliante. Ils leur interdisent de faire des études, de se faire soigner dans les hôpitaux et d'exercer une profession. Leurs homologues israéliens, par bonheur moins nombreux, fomentent des crimes impensables, comme l'assassin juif qui a déchargé sa mitrailleuse sur d'innocents musulmans

1. Revue *As Salam*, n° 9, juin 1999.

en prière dans la mosquée de Hébron, ou cet autre, assassin du président du Conseil Yitzhak Rabin.

Il est remarquable de noter que les extrémistes juifs, chrétiens, musulmans, de quelque secte ou parti qu'ils soient, se ressemblent tous mentalement. Ils sont le plus souvent ignorants de tout ce qui n'est pas relié à leurs obsessions, et dans leur propre religion ne retiennent que ce qui peut alimenter leur haine.

VERS UNE ÉTHIQUE GLOBALE ?

Toute utilisation du Nom créateur à des fins égoïstes ou faussement idéologiques est vaine et donc condamnable. Aujourd'hui, il est essentiel de se rappeler que ce Nom, dans la Bible, est $\overset{\text{adonaï}}{\text{IHVH}}$, l'*Être qui était, est, sera et fait être*, un Être vivant, suprême, réel, et non l'image que tant de croyants se font de Lui. Cet Être, qui est la source de tous les existants, entretient des rapports complexes avec la création. Présent en son sein, il la vivifie de ses émanations, donnant vie à ses créatures, il en est le Père. Il nous propose de faire avec lui une alliance, clé de voûte de toutes les alliances conclues entre les humains : alliances entre les religions, les États, les classes sociales, les entreprises, les familles et les personnes. Tous ces liens sociaux s'inspirent du pacte fondamental entre le créateur personnel et ses créatures, à l'exemple des alliances conclues par Noé, par Abraham, par Moshè et par Jésus.

L'avenir religieux de l'humanité passe par une relation harmonique entre les théologies impersonnelles de l'Orient et le personnalisme des juifs, des chrétiens et des musulmans. Tel est le paradoxe de l'Être. Au sein de l'immanence, il fait corps avec elles, impersonnel puisque la source du flux divin est l'Infini du Non-Être, le *aïn*. En tant que démiurge transcendant des existences, il est personnel, puisqu'il existe un rapport de filiation entre le Créateur et la créature. Les kabbalistes ont bien montré l'imbrication de la dimension nihiliste et impersonnelle de l'Être avec sa dimension personnelle et créatrice. Ils ont signalé que le « moi », *ani*, dont la variante solennelle *anokhi*, « moi-même », ouvre les Dix Paroles, est l'anagramme de *aïn* « néant » ou non-Être. Par ce jeu de mots apparemment facile, ils ont réussi à réconcilier les sagesses d'Extrême-Orient avec le message sinaïtique, à la source des religions abrahamiques.

Les peuples de l'Asie orientale pourraient s'allier avec les religions abrahamiques annonciatrices de l'Être essentiel en tant qu'Être matriciel et créateur. De leur côté, les fils d'Abraham, au contact de leurs frères indiens, tibétains ou chinois, pourraient accéder à une vision plus transcendantale et plus pure de l'Être.

Le patrimoine religieux de l'humanité ne se réduit pas aux deux pôles Orient et Occident. Chaque tradition religieuse peut apporter sa contribution à l'émergence de l'éthique globale : l'animisme africain peut enseigner le respect de la vie et des existences ; le chamanisme sibérien ou amérindien est susceptible de révéler les possibilités insoupçonnées de notre psyché ; le totémisme peut concrétiser l'alliance avec le monde animal dont les fondements ont été donnés dans la Bible, mais dont l'application pratique est assez négligée par les peuples du Livre.

Quant à l'humanisme[1] de la laïcité, il nous rappelle, comme Pascal le proclame, que « l'homme passe infiniment l'homme ». Il a son origine et son terme au-delà de lui. Les Hébreux, les Pères de la Synagogue, les Docteurs de l'Église enseignent d'un même cœur cette *vérité totale*. La Renaissance reprend cette conception de l'Homme. L'Italie notamment donne naissance à une culture de l'universel que chantent Dante, Pic de La Mirandole et tant d'autres de tous pays. Jacques Maritain parle d'*humanisme intégral* en se référant à Érasme dont l'œuvre entière, même en sa partie la plus profane, était religieuse en son essence.

1. Le mot « humanisme », absent du dictionnaire Littré, est en usage depuis 1870. Il avait été précédé dans les dictionnaires par le mot « humaniste » qui désigne la personne cultivée à qui rien de ce qui concerne l'homme n'est étranger.

L'humanisme est par excellence d'origine biblique dans sa version hébraïque, chrétienne ou musulmane. Le Dieu de la Bible est un Être doué de parole. Il dialogue avec les hommes de toutes langues et de toutes origines. Mieux, il proclame hautement qu'Il ne se situe pas dans le ciel ni au-delà des mers, Il habite uniquement sur la bouche et dans le cœur de l'homme. *Oui, elle est fort proche de toi, la parole, sur ta bouche et dans ton cœur pour la faire*[1].

Les cinq continents ont donc tous à décider de l'élaboration d'une attitude plus accueillante et respectueuse de l'Être et de la vie.

L'idolâtrie consiste justement à rendre à une réalité immanente considérée comme un substitut du divin le culte dû à la totalité de l'Être Créateur. Une idole peut être une image ou une invention ou un concept façonnés par l'homme, pierre, arbre, un astre, lune, étoile, ou un être humain homme ou femme élevés à la transcendance du divin. Rappelons ici un midrash antique qui explique la raison du bégaiement de Moshè, Moshè qui était le plus éloquent des Hébreux : d'ailleurs peut-on imaginer un Élohîms qui puisse choisir pour avocat un bègue ? Le bégaiement de Moshè est accidentel. Un jour Moshè rencontre un Égyptien en prière devant son idole, une statue d'animal comme l'Égypte en possédait d'innombrables. Il l'admoneste : l'homme n'a pas le droit d'adorer une statue. Au comble de son zèle apostolique, Moshè est interrompu par une voix céleste : « Moshè, Moshè, tu n'as rien compris à mes enseignements. Tu ne vois pas que cet Égyptien au cœur pur, au-delà de sa statue, m'adore Moi-Même adonaï IHVH. Pour te l'apprendre, tu seras désormais affligé d'un bégaiement chronique, toi, vaillant avocat des Hébreux. » Et c'est ainsi que Moshè devint bègue.

Inversement il n'est pas rare de voir un bon Hébreu, au travers de adonaï IHVH et de son Nom, rendre un culte à son idole préférée...

S'il est de culture latine il pourra invoquer en vain les milliers d'idoles répertoriées dans l'un des guides mythologi-

1. Dt. 30, 14.

ques de la Grèce et de Rome. L'idole choisie sera fort honorée d'être prise pour l'austère Élohîms qui hante les pentes désertiques du Sinaï dans un tout autre univers culturel[1]. Il faudrait dire que certains de ces dieux ne manquent ni de charmes, ni de séductions, par exemple Vénus, Bacchus, Zeus « qui est l'éther, qui est la terre, qui est le ciel, qui est toutes choses, et ce qu'il y a au-dessus de toutes choses ». Y a-t-il une meilleure définition du divin que celle que lui donnait Eschyle ? Ou celle d'autres encore : « Zeus qui remplit toutes les rues, toutes les places publiques, qui remplit la mer et les ports » ?

Vénus, Bacchus, Zeus sont sans doute plus séduisants que $\overset{\text{adonaï}}{\text{IHVH}}$ qui n'a même pas de nom pour être appelé ou de forme pour répondre à nos appels. Cependant, il est Lui-même le Créateur des ciels et de la terre, dans ses monts austères, l'Élohîms tout-puissant que nul ne devait invoquer en vain...

Le monde moderne, fier de ses progrès, de ses inventions, de ses espérances les plus enivrantes et souvent les plus folles ne peut se déclarer libre de toute idole ni de toute idolâtrie dans la mesure où ces idéologies ou ces grands hommes sont encore pour lui des substituts du divin dont il doit encore se libérer pour atteindre enfin à sa vraie liberté.

---

1. Georges Hacquard, *Guide mythologique de la Grèce et de Rome*, Hachette, 1977.

LE QUATRIÈME COMMANDEMENT

Souviens-toi du jour du Shabbat pour le consacrer.
Tu travailleras six jours : fais tout ton ouvrage.
Le septième jour, Shabbat pour adonaï IHVH*, ton Élohîms,*
tu ne feras aucun ouvrage, toi, ton fils, ta fille,
ton serviteur, ta servante, ta bête,
l'étranger qui est en tes portes.

Porter le nom de adonaï IHVH, c'est aussi se souvenir du jour du Shabbat[1] pour le consacrer : *Oui, six jours,* adonaï IHVH *a fait les ciels et la terre, la mer et tout ce qui y est, puis Il s'est reposé le septième jour, sur quoi* adonaï IHVH *a béni le jour du Shabbat et Il le consacre*[2]. Repris dans le Deutéronome, ce commandement ajoute le souvenir de la libération d'Israël de sa servitude en terre d'Égypte[3]. L'essentiel se trouve dans la consécration du Nom, source de tout être et de toute vie.

Le repos du septième jour introduit, avec la notion de repos hebdomadaire, une innovation révolutionnaire dans l'histoire de l'humanité : pour la première fois, l'ouvrier, y compris l'esclave et l'étranger résidant dans le pays, mais aussi les bêtes de somme doivent se reposer au moins une fois par semaine, le septième jour, d'un coucher de soleil à l'autre. Ce repos obligatoire est promulgué par la législation

1. Les traductions grecque et latine de la Bible ont choisi de transcrire le mot *Shabbat*, comme le fera la Septante, par le grec *imera ton sabaton*, « jour des Shabbats », tandis que la Vulgate adopte l'expression *dies sabbati*. Dans les deux cas, le mot *Shabbat* a été translittéré plutôt que véritablement traduit. C'est dire à quel point cette notion de la Tora était intraduisible dans le contexte païen. Un poète romain, Horace ou Juvénal, ironisait sur les juifs qui refusaient de travailler le jour de Saturne. C'est en effet à cet astre que les traditions syncrétistes de l'astrologie chaldéenne, en grande vogue dans la Rome antique, avaient identifié le jour du Shabbat.

2. Ex. 20, 11.

3. Dt. 5, 15.

mosaïque voici plus de trois millénaires. Il est aujourd'hui loin d'être observé toujours et partout. Le Shabbat efface les barrières discriminatoires entre les hommes et les femmes, les jeunes et les vieux, les serviteurs et leurs maîtres, les parents et les enfants, les étrangers résidents et les autochtones, les hommes et les bêtes : tous et toutes doivent obligatoirement cesser tout travail avant le coucher du soleil du sixième jour et ne reprendre leurs activités que le lendemain soir, le septième jour.

Cette obligation permet l'alliance dans un même repos de tout ce qui a haleine de vie. Or, cette alliance des créatures se complète par une consécration métaphysique qui lui donne sa véritable dimension. Le repos de nature sociale est consacré par la Tora sur l'ordre de $\overset{\text{adonaï}}{\text{IHVH}}$ Élohîms. Six jours sont voués aux travaux matériels, le Shabbat, lui, est consacré à l'Être suprême. Ainsi, l'alliance horizontale se parfait par une dimension verticale. Cette fête religieuse et sociale a ainsi une signification cosmique qui n'est à peu près jamais mise en relief. Le jour du repos hebdomadaire célèbre la fête du monde fini, celle des ciels et de la terre, en chaque créature qui y vit, celle de l'humanité entière en quête de son unité et de sa paix. À ce titre, c'est la fête la plus universelle qui se puisse concevoir.

DANS LA BIBLE

Le rite de consacrer un jour de la semaine au repos de toute activité profane n'est pas sans équivalent dans d'autres civilisations antiques. La religion romaine parlait de jours *fastes* et *néfastes*, mais elle n'en fixait pas la répétition à des rythmes réguliers. Plus près de l'hébraïsme, la civilisation babylonienne, dont on connaît l'extraordinaire avance dans les domaines de l'astronomie et de l'astrologie, avait assigné un statut de jour « tabou » à certaines phases de la lunaison, à la pleine lune ou à la néoménie ou nouvelle lune. Ces jours étaient appelés « fastes », mais en fait il s'agissait d'un euphémisme, car ces jours, les Babyloniens osaient à peine franchir le seuil de leur maison. Par les nuits de pleine lune, les démons étaient censés planer entre ciel et terre, frappant de mort ceux qu'ils trouvaient sur leur chemin.

L'institution du Shabbat apparaît comme une sublimation salutaire de la succession des jours. Comme tant d'autres aspects du monothéisme hébraïque, le Shabbat n'est pas une création *ex nihilo*, mais la réinterprétation rationalisante d'un tabou commun à plusieurs peuples sémitiques. En Israël, le jour qui interdit l'activité profane sert à restructurer le temps et à mettre l'existence humaine à l'unisson avec l'Être créateur, fortifiant la relation de l'homme à Élohîms et des hommes entre eux au sein de leur communauté. Comme la sanctification de la nouvelle lune, imposée à Israël bien avant la sortie d'Égypte, le commandement du Shabbat est lié au temps. La structure septénaire sous-tendue par cette chronologie se retrouve de façon récurrente à tous les niveaux de l'existence hébraïque, notamment dans le cycle agricole, où chaque septième année est chômée afin de laisser reposer la terre ; de même dans le monde du travail, le contrat d'embauche du serf est de sept ans, après quoi il est libre de quitter son maître.

Enfin vient l'année jubilaire[1], la cinquantième année, après sept cycles de sept années — ce qui fait quarante-neuf ans. C'est la pentecôte des années, comme la Pentecôte est, au terme de sept semaines de sept jours, l'ultime unité célébrée dans le calendrier agricole primitif des anciens peuples sémitiques. Le jubilé sonne également la libération de l'Hébreu tombé en esclavage pour dettes ou pour tout autre motif, et le retour des terres à leurs anciens propriétaires.

Le Shabbat à l'époque de la Monarchie se célébrait comme un jour de joie chômé par le peuple tout entier, y compris par les étrangers, les esclaves, les bêtes. Sa célébration publique donnait lieu dans le Temple de Jérusalem à des

1. Le mot « jubilé » vient de la corne de bélier, *yobel*, qui sert à proclamer l'événement. Ex. 19, 13 ; Lv. 25 ; Nb. 36, 4.

prières et des sacrifices de fidèles venus de tout le pays et de toutes les communautés de la diaspora. Ce jour était sanctifié par l'arrêt de tous les travaux. En cela, le peuple avait conscience d'imiter le repos d'Élohîms, et de garder sa bénédiction et sa sacralité. Ce commandement est le seul à s'adresser exclusivement à Israël. Tous les autres ont une portée universelle. D'où la place particulière qui est la sienne. Son rôle s'accrut après l'exil. Le Shabbat devint la matrice qui maintint en vie les juifs dispersés à travers le monde, privés de leurs rois et de leur terre. Il était le jour privilégié où la Tora était récitée, ses lois observées, sa langue préservée de l'oubli, chantée et parlée par le peuple de l'Exil.

La législation hébraïque ordonne pour le Shabbat l'arrêt de « trente-neuf sortes » de travaux se référant à la construction du Temple de Jérusalem. Il était notamment interdit de transporter le moindre outil, le moindre poids ou même une pièce de monnaie. À l'époque des Maccabées, des Hébreux choisirent d'être tués plutôt que de violer le Shabbat, devenu déjà le dernier refuge de leur existence. Le livre des Jubilés condamnait à la peine de mort tout Hébreu qui violait le Shabbat[1].

DANS LE JUDAÏSME

Le respect du Shabbat est resté l'un des fondements du judaïsme. Il a accentué la dimension d'imitation de l'Être créateur dont la Bible avait implicitement revêtu le repos du Shabbat. L'Hébreu devait à la fois imiter le repos du Créateur et témoigner de son action démiurgique et providentielle.

Après la destruction du Temple de Jérusalem en 70 et la dispersion, le Shabbat devint le lieu et le temps de l'espérance des juifs. La législation organisant ce jour de repos devint

1. Jub. 2, 17-32 ; 50, 6-13.

plus rigoureuse. Le lien était ainsi maintenu entre la terre d'origine et le peuple dans l'espoir jamais oublié du Retour. Ainsi, l'annulation des dettes et le repos de la terre chaque septième année et l'année jubilaire survécurent à l'exil d'Israël. La tradition juive a maintenu ces obligations qui ont perduré dans les ghettos des dispersions juives. Par la suite, le comput[1] des années devint incertain et ces cycles furent délaissés. Ils sont à nouveau pratiqués en Israël en tant que loi religieuse par une partie de la population attachée aux pratiques des commandements bibliques. La mise en jachère des terres est notamment observée par les kibboutz religieux ainsi que par les propriétaires terriens de stricte observance.

Mais l'application de cette clause était devenue difficile depuis le temps où Israël, ayant perdu sa souveraineté politique, se vit contraint de coexister avec des peuples étrangers au Shabbat, symbole de l'éternité, avant-goût du monde à venir. Derrière les murailles du ghetto de tous les siècles, la dimension universaliste et cosmique du Shabbat céda la place à une conception communautaire du repos hebdomadaire et de la sanctification du temps. Tout dans le ghetto maintenait des fidélités passées dans l'attente d'une renaissance. L'observance du Shabbat était aux yeux des rabbins la principale garantie de la survie d'Israël. La liste des travaux interdits en ce jour saint s'enrichit de toutes sortes de règles strictes à mesure que le mode de vie se compliquait et s'éloignait du contexte pastoral des Hébreux. « Si Israël observait vraiment un seul Shabbat, le Messie arriverait... » « L'observance du Shabbat a plus de valeur que tous les autres préceptes de la Tora », disaient les rabbins.

La Kabbale procède, dès le XVIe siècle, à une véritable personnification du Shabbat. Comme le mot *Shabbat* est un féminin en hébreu, des mystiques, comme le célèbre Isaac Louria (1534-1572), comparèrent ce jour à la reine ou à la fiancée du peuple juif. C'est au disciple de ce mystique, Rabbi Salomon Alkabet[2], qu'on doit l'hymne

1. Ensemble des calculs fixant le calendrier.
2. Kabbaliste et poète mystique (1505-1576), commentateur de la Bible.

Lekha Dodi « Viens, fiancé à la rencontre de la fiancée », qui est chanté chaque vendredi soir dans les synagogues. Personnifiée, la compagne d'Israël est accueillie dans toutes les demeures juives comme la Fiancée divine qui préside aux destinées d'Israël.

Dans les communautés, les juifs se préparaient à l'accueil du Shabbat par un bain rituel au *mikveh*, le hammam local. Ce rite remplissait de bonheur jeunes et vieux, hommes et femmes. Les ablutions faites dans les vapeurs du *mikveh*, couronnées par l'immersion dans la piscine rituelle, purifiait de toutes les fautes et des carences, quelles que soient leur gravité : elles faisaient de tous des êtres neufs. C'était pour chacun la fin d'un temps et l'aube d'une vie nouvelle.

Après le marché fait par les hommes, les femmes préparaient la cuisine rituelle et transformaient ce jour de repos en une fête gastronomique où des mets rituels, du pain et des pâtisseries pétries par les mains des mères remplissaient de délices la fête religieuse. Celle-ci culminait le vendredi soir et le samedi dans les prières synagogales où chacun se sentait fils de adonaï IHVH Élohîms. Il gardait le peuple de l'exil dans l'attente patiente du retour en Judée et à Jérusalem avec l'espoir d'y accueillir le Messie.

Les règles qui interdisent tout travail le jour du Shabbat, les voyages, l'usage de l'automobile et de l'électricité, sont tombées en désuétude pour environ 85 % de la population israélienne. Le repos obligatoire, promulgué par la législation mosaïque voici plus de trois millénaires, est loin d'être observé aujourd'hui toujours et partout. À vrai dire, le pays, qui a retrouvé son identité nationale, est en quête de son identité religieuse. Il la rencontrera dans la mesure où il redeviendra le peuple d'une Alliance des alliances de toute l'humanité.

Cette exigence est la même pour les chrétiens et les musulmans afin qu'ils s'ouvrent enfin à l'humanité entière. Il serait utile d'universaliser cette célébration en la rendant à sa vocation première, celle d'exprimer l'alliance entre tous les hommes, au-delà de leur diversité, unis en leurs nations, à la terre et aux ciels, dans l'unité de la Création.

EN CHRÉTIENTÉ

Les chrétiens adoptèrent le rite du repos hebdomadaire fixé un jour distinct du Shabbat, le dimanche, qu'ils déclarèrent « jour du Seigneur », mais ils n'y interdirent pas systématiquement les activités profanes.

De fait, la dimension proprement rituelle du Décalogue pouvait difficilement convenir à une autre culture. L'interdiction de suspendre toute activité tous les sept jours était difficilement concevable pour des hommes habitués à une autre division du temps. À Rome, c'est le mois solaire et non la semaine du mois lunaire qui servait de base au calcul des trois périodes : les Nones, du 1er au 9 du mois, les Ides du 10 au 15, et les Calendes du 15 au 30 ou 31, selon les mois. Or, ces divisions sont de longueurs inégales. L'Empire romain se convertissant au christianisme introduisit dans la vie quotidienne la division du mois en quatre semaines de même longueur.

L'attitude de Jésus opérant des miracles le Shabbat et affirmant que le *Shabbat était fait pour l'homme et non l'homme pour le Shabbat* a dû inspirer les premiers chrétiens. Les juifs développaient une structure juridique de plus en plus précise pour déterminer ce qu'il était permis ou interdit de faire le septième jour. Les judéo-chrétiens et les chrétiens d'origine païenne se détachèrent graduellement de la pratique du quatrième commandement et remplacèrent ce jour par le dimanche, le jour du Seigneur, comme les musulmans, dans un même souci de se distinguer, choisirent le vendredi.

Le remplacement du samedi par le dimanche est riche d'implications symboliques. Alors que pour les juifs le Shabbat est le jour où l'on commémore l'activité démiurgique de l'Être créateur qui se reposa le septième jour, les chrétiens prennent comme référence le troisième jour à partir du vendredi, veille du Shabbat ou « parascève ». Les récits évangéliques précisent que Jésus fut crucifié un vendredi et qu'il ressuscita le troisième jour, un dimanche. Cela est révélateur d'une différence essentielle entre juifs et chrétiens : les premiers prennent comme point de référence initial la création du monde, les seconds commencent le comput de leur calendrier à partir de la naissance de Jésus. La Révélation du Sinaï ne constitue pas le point de départ du calendrier hébraïque ; celui-ci compte les jours à partir de la création symbolique du monde, plutôt que de toute autre date de l'histoire.

Le dimanche des chrétiens est fort différent du Shabbat des Hébreux. Cependant certaines prohibitions, notamment celles qui concernent le travail lucratif, ont été adoptées par la conscience chrétienne. Longtemps, les chrétiens pratiquants, notamment en pays protestant, regardèrent d'un mauvais œil ceux qui travaillaient ce jour-là. Un vestige en subsiste dans la loi qui oblige les magasins à fermer le dimanche. Voici quelques années, la chaîne de grandes surfaces Virgin Megastore en France avait dû payer des amendes exorbitantes pour n'avoir pas respecté le repos hebdomadaire.

Les chrétiens, comme les juifs et les musulmans, se rencontrent dans leur jour de repos dans une même prière au même Élohîms d'Abraham. Ce jour, les chrétiens se réunissent dans les églises pour célébrer la messe. Le culte dominical permet aux croyants, orthodoxes, catholiques et protestants de communier dans la chair et dans le sang du Christ. Chants et musiques donnent un relief particulier aux liturgies chrétiennes. Assis auprès de Léonce de Saint-Martin, l'organiste de Notre-Dame de Paris, les dimanches matin, j'eus le privilège, jeune étudiant, de découvrir la liturgie et la musique constitutives de la religion chrétienne.

DANS L'ISLAM

La religion musulmane a conféré à son jour de repos hebdomadaire une dimension collective très marquée, puisqu'elle a appelé le vendredi du nom de *juma'ah*, « réunion ». Ce jour-là, les hommes musulmans sont tenus de se rendre à la prière publique dans la mosquée. Le caractère éminemment social et politique de cet acte de piété s'exprime notamment à travers la *khutbah*, prédication dans laquelle le prêcheur mentionne l'autorité temporelle à laquelle il rend allégeance. Le contenu même de ces prêches révèle souvent à quel point l'islam, religion fondée par des guerriers en voie de conquérir la moitié du monde, est engagé dans le siècle. La vie de la cité ne lui est pas indifférente.

Le rapport entre la célébration du temps et la prise de conscience collective de la communauté s'intensifie durant le jeûne de ramadan et à chaque fête du calendrier. Certes, les autres religions abrahamiques confèrent un statut social et national à leurs fêtes, mais dans l'islam, la notion d'*ummah*, « matrie », s'impose véritablement en tant que lien de reconnaissance nationale autant, sinon plus, que d'alliance religieuse.

Pour célébrer Allah, les mosquées, comme les synagogues, n'admettent que la voix humaine, en principe celle de l'homme. Statues et tableaux imagés sont également bannis. L'homme seul chante la gloire d'Allah dans les mosquées comme d'Élohîms dans les synagogues, par des chants hérités des plus belles musiques de l'Orient.

Au chant, les uns ajoutent le balancement significatif des corps, les autres les génuflexions et les prosternations qui signifient le néant de l'homme en face de l'infinie grandeur d'Allah.

AILLEURS DANS LE MONDE

La plupart des civilisations instituent des jours de repos mais, comme nous l'avons signalé à propos de la civilisation romaine, ces périodes de suspension de l'activité ne sont pas renouvelées à intervalles réguliers. De plus, l'arrêt du travail n'est pas forcément lié à un interdit religieux, comme c'est le cas dans les religions abrahamiques. Dans nombre de sociétés rurales, l'hiver est une période de repos, voire d'hibernation.

Malgré son caractère spécifiquement hébraïque, le quatrième commandement s'adresse aussi à d'autres peuples qui y voient une manière de sanctifier le temps. Toutes les nations ont des fêtes et des loisirs, et tous les peuples ont besoin de conférer un statut privilégié à certaines périodes de l'année, du mois ou de la semaine.

Mais les changements vertigineux qui nous entraînent vers l'inconnu d'un monde nouveau font surgir le loisir comme le plus inattendu des problèmes. Jadis il faisait partie intégrante de la vie. Nul n'avait besoin de « congés payés ». Les repos étaient intégrés dans la trame de la vie quotidienne. Le juif avait le Shabbat comme le chrétien le dimanche et le musulman le vendredi, mais le travail quotidien comprenait aussi des heures de détente normales.

Les rythmes de la vie moderne ont bouleversé ces équilibres. En Occident les nécessités de la vie ont modifié les rapports entre les campagnes et les villes, les unes se dépeuplant au bénéfice des autres, véritables amoncellements de ciment et de macadam où des hommes s'efforcent de garder leur santé morale sinon physique, parfois compromise par les pollutions et les tensions de la vie citadine. Les congés payés instaurés en France par le gouvernement du Front populaire en 1936, comme dans maints pays industrialisés, n'étaient pas un luxe, mais une nécessité en quelque sorte physiologique.

Mais aujourd'hui, les vacances et les loisirs si nécessaires au repos et à la détente sont parfois dénaturés par maintes exigences de notre civilisation. La finalité du repos et de la suspension festive du temps est souvent oubliée. Le loisir a changé de nature et est devenu un produit de consommation. Certains aspects d'un tourisme mal compris apportent d'autres contraintes : la visite des châteaux de la Loire en douze heures, du Louvre en une heure ou du Parthénon en un quart d'heure... L'essentiel est d'immortaliser ces instants inoubliables par des photos ou des films montrant à tous une visite accomplie en bonne et due forme. Tandis que je gravissais avec un ami l'Acropole, submergés par la foule, nous entendîmes soudain une voix découragée s'écrier : « Ma chérie, retournons à Paris. Moi, l'Acropole, j'ai compris ! » Le vacancier change de lieu, mais il retrouve à la plage ou à la montagne le stress et les pollutions qu'il fuyait.

L'institution du Shabbat, il y a plus de trois millénaires, était un luxe dans un monde où tout le travail était fait par des esclaves. De nos jours, le repos hebdomadaire est devenu une nécessité reconnue par les lois dans de nombreux pays. Mais le loisir exige, pour être fécond, une rupture de rythme. C'est ce que le Shabbat nous suggère.

La semaine de travail a été, non sans problèmes, progressivement réduite à trente-cinq heures. Elle le sera probablement encore, à mesure que la mécanisation des moyens de production libère de plus en plus la main-d'œuvre. L'organisation du travail se devra de gérer davantage des loisirs qui occupent une place plus importante dans la vie des sociétés.

Le quatrième commandement nous rappelle que rien ne nous appartient en ce monde, il nous suggère de laisser cycliquement l'*avoir* pour l'*être*, de renoncer à notre instinct d'appropriation pour faire alliance avec l'Être essentiel. Tel est le but du Shabbat, de l'année shabbatique et de l'année jubilaire, connues de tous, mais à peu près inappliquées.

Il convient de se rappeler que le loisir est une *libération* du travail. Il permet un regard plus lucide sur soi-même, sur le monde et sur l'Être créateur. Dans le monde qui vient, il prendra une place grandissante. Il faudra compter sur l'extension du chômage, résultat du nombre accru de machines, de robots, d'engins électroniques et bioniques qui libèrent les hommes des travaux les plus pénibles. Que cette suspension de l'activité soit motivée par un cycle agricole, une pratique religieuse, une exigence professionnelle ou même par l'hédonisme des hippies, elle ne doit pas être une échappatoire pour s'oublier soi-même dans un tourbillon aveugle. Sur ce point, la plupart des cultures de l'humanité peuvent s'accorder. Le message éthique des grandes civilisations de l'humanité est l'accession à la paix intérieure, fruit du recueillement, de la méditation et d'un retour en soi-même, dans la lumière de l'amour.

L'ESCLAVAGE AUJOURD'HUI

Souviens-toi de ce que tu as été serf en terre de Misraïm[1].

Les conventions internationales définissent l'esclavage comme l'obligation faite à une personne, homme, femme, enfant, de travailler contre son gré, sans rémunération ou presque, et sans possibilité d'échapper à sa sujétion, étant la propriété de son maître. Telle était hier la situation des Hébreux en Égypte pharaonique et telle est celle de plus de deux cents millions d'âmes, hommes, femmes et enfants, réduites en esclavage de nos jours à travers le monde. Encore faut-il dire que cette statistique ne tient pas compte du semi-esclavage des hommes, libres en principe, mais qui n'ont d'autre choix que d'accepter les conditions d'emploi qui, dans certains pays, sont parfois fixées unilatéralement par leurs employeurs. Sous des formes diverses, le nombre des esclaves est en croissance constante dans le monde. Cette violence s'exerce à l'encontre d'enfants des deux sexes, obligés à des travaux forcés, ignorant Shabbat et congés hebdomadaires. Ils sont condamnés à travailler dans les bordels ou les usines qui les emploient de dix-huit à vingt heures par jour, sept jours sur sept : tous les pays en voie de développement utilisent cette main-d'œuvre servile qui ne coûte à peu près rien. Et le monde occidental ne refuse pas de faire commerce et

1. Dt. 5, 15.

de bénéficier de cette exploitation. C'est l'occasion de souligner ici le parallèle entre la relation maître-esclave, de l'homme qui exploite l'homme, et celle, tout aussi maître-esclave, de l'État qui exploite l'État, et de rappeler la mise en semi-esclavage des pays en voie de développement par les États occidentaux dans un contexte de dettes internationales, heureusement en voie d'annulation.

L'esclavage sexuel ignore toutes les frontières. Les enfants, garçons et filles à partir de l'âge de trois à quatre ans, sont vendus par milliers dans les bordels du monde, ou sont utilisés pour la réalisation de vidéos *hard* qui consistent en des documents authentiques à caractère pédophile ou sadique.

L'esclavage pour dette existe encore de nos jours ; c'est l'un des visages qui sévit sous des formes multiples, économiques, intellectuelles et spirituelles. En Asie, au Pakistan, au Bangladesh et ailleurs, des hommes et des enfants se comptent par millions, esclaves parfois à vie, pour non-paiement de sommes dérisoires. Les guerres entre ethnies différentes conduisent encore à l'asservissement des vaincus, comme au Soudan ou sur les frontières du Mozambique.

Cette situation est d'autant plus dramatique qu'elle s'étale au grand jour, parfois à grand renfort médiatique, même dans des pays policés, signataires de conventions internationales qui demeurent lettre morte... dans l'indifférence universelle[1].

L'HOMME ET SON ENVIRONNEMENT

« Environnement », quel mot barbare et réducteur ! Il est impuissant à désigner les ciels, la terre et les mers, la totalité de l'espace et du temps auxquels notre être est lié indisso-

1. Une association moderne, fondée à Paris et présidée par Mme Dominique Torrès, se donne pour but de combattre l'esclavage sous toutes ses formes.

lublement de sa naissance à sa mort ! Car l'« environnement » ne saurait se réduire à ce que nos sens — nos yeux, nos oreilles, notre odorat, notre toucher ou notre goût — nous en disent. Notre vie tout entière dépend de l'univers où nous vivons, non seulement de ce que nous en connaissons aujourd'hui mais de ce qu'il est réellement, dans ce qu'il a d'évident comme dans son plus insondable et plus inviolable mystère.

La terre, tout comme l'homme, a droit au loisir, au retour en elle-même pour un ressourcement intérieur. Aujourd'hui, cette terre exténuée par une vertigineuse surpopulation et par les méthodes de l'agriculture moderne crie grâce. Saurons-nous l'entendre ? Souhaitons que l'an 2000 salue le nouveau siècle par des mesures équivalentes aux pratiques anciennes de remise de dettes, de libération des esclaves et de repos donné par les hommes en hommage de gratitude envers la nature.

L'année shabbatique nous rappelle la nécessité du repos de la terre, alors que la règle de rentabilité est de continuer d'exploiter tout ce qui peut l'être, hommes et biens... jusqu'à épuisement total. Il reste à prendre des mesures concrètes pour mettre un frein aux excès de l'accaparement des terres, des déboisements et de l'exploitation abusive des sols. Elles s'imposent de nos jours comme une exigence irréfutable. Les écologistes y trouveraient la confirmation scripturaire de leur défense des droits de la nature. Celle-ci est aussi une création d'Élohîms. Les commandements défendent ses droits au même titre que ceux de l'humanité. L'homme, de droit divin, est le défenseur et le garant des droits de la nature, de l'ensemble de la création et des créatures. *Bal Tashhit*, « ne détruis rien », enseigne la sagesse hébraïque. Telle devrait être la loi fondamentale de l'homme en face de la nature. Il est de son devoir d'interdire la destruction des centaines de milliers d'hectares de forêts, des milliers d'espèces végétales et animales, assassinées par le fait de l'homme.

Les grandes métropoles du monde, privées de ciels, aveugles ou presque aux étoiles et souvent au soleil, respirant un mélange asphyxiant et toujours malodorant de mazout et d'essence, sont enfermées dans leurs prisons de béton. Tel est le rapport du citadin, sécrété par notre civilisation industrielle et technique, avec l'environnement dont il est captif et victime. Non que nous sous-estimions les acquisitions des techniques et des sciences qui ouvrent à l'homme les plus prodigieuses perspectives d'avenir, à vrai dire inimaginables et impensables avant qu'elles ne soient devenues de triomphantes réalités. Mais l'homme peut les orienter vers le bien ou vers le mal. Et le mal de la civilisation technique est souvent plus terrifiant que le bien qu'elle nous promet. Le mal ? Toutes les pollutions, toutes les aliénations bien connues de tous. Mais plus gravement encore les quelque cent mille têtes nucléaires entreposées dans les arsenaux du monde entier qui, si elles éclataient, pourraient anéantir l'adorable liturgie de la vie et répandre l'hiver nucléaire sur notre planète qui redeviendrait anarête, privée de vie.

Si nous parvenons à surmonter ces mortels dangers nous inaugurerons, au XXIe siècle, un âge nouveau de l'humanité. De quoi sera-t-il fait ? Nul ne saurait le dire aujourd'hui, pas plus qu'hier nul ne pouvait prévoir les vertigineuses perspectives ouvertes à l'humanité par la civilisation industrielle, par les sciences et les techniques, de communication en particulier.

Une loi de la Bible interdit les alliages d'espèces ou de matières : chacun doit garder sa nature propre. Le monde où nous vivons vit et meurt de trop d'alliages qui détruisent trop d'êtres. L'homme nouveau est encore à naître. Les révolutions qui s'emparent de la planète ont déjà sonné le glas d'une humanité mise en demeure de renaître dans la fidélité à ses sources ou de disparaître.

Les commandements sont révélés par le Créateur des ciels et de la terre. Leur objet est d'essence universelle. Le Shabbat est, en revanche, réservé à un peuple particulier, Israël, qui l'a gardé et, sans doute, n'a survécu à ses exils que par lui. Aujourd'hui, le quatrième commandement pose clairement une question : qui est Israël et quel sens donner au repos shabbatique ?

Israël désigne de nos jours un État qui comprend des immigrants venus de la terre entière. Les juifs de l'exil ont porté l'espoir de leur retour en Judée, associé à leur attente du messie. C'est à partir de ces données qu'il faut élargir la définition d'Israël : il n'est plus le juif qui a réalisé la traversée des deux millénaires de son exil sans oublier sa terre, sa langue ni sa culture. Il a pour vocation de réaliser une plus haute promesse : celle de réunir sur sa terre les juifs, les chrétiens, les musulmans qui sont unis par le lien qu'ils habitent comme par le Dieu auquel ils croient et les Écritures auxquelles ils ont donné leur foi. Ils ont ainsi le même devoir de se réconcilier par fidélité à leurs sources historiques et à leur finalité spirituelle. Par surcroît, leur « ancien-nouveau » pays se situe doublement au carrefour de l'Orient et de l'Occident, du Nord et du Sud, par sa situation géographique et démographique. Politiquement et religieusement, le quatrième commandement n'atteindra la plénitude de sa signification que lorsque tous ceux qui ont partie liée avec Moshè, Jésus, Muhammad et sont tous annonciateurs d'amour et de paix prouveront la vérité de leur foi en l'incarnant dans leur vie.

Le souvenir du Shabbat et sa garde ne seront réels que lorsque le samedi judaïque, le dimanche chrétien et le vendredi musulman ne seront plus seulement des fêtes familiales donnant lieu à des cérémonies religieuses dans les synagogues, les églises ou les mosquées, mais la célébration cosmique des réconciliations universelles.

Utopique, cette version ? Relisez bien votre Tora, vos Évangiles, votre Coran, vous retrouverez à toutes les pages trace de cette utopie et la prière qu'elle prenne lieu dans l'histoire. L'utopie, *u-topia*, n'apparaît chimérique que tant qu'elle n'a pas de lieu, comme l'étymologie de ce mot forgé par Thomas More en 1516 l'annonce.

Notre xxe siècle, ensanglanté par tant de massacres, de conflits, a été illuminé par la réalisation de plus d'utopies que l'humanité entière n'avait pu en concevoir depuis qu'Adam et Ève furent chassés du Paradis. Nous avons pris pied sur la Lune, nous chevauchons dans les ciels des cieux comme nous pénétrons les secrets les plus impénétrables de l'atome et des gènes : utopies que tout cela, cependant réalisées par le génie de l'homme. Utopies qui s'évanouiront demain dans l'éclat d'une bombe trop réelle.

Notre rêve ne sera plus utopique le jour où vous le voudrez. Le voulez-vous ?

LE CINQUIÈME COMMANDEMENT

Glorifie ton père et ta mère pour que se prolongent tes jours sur la glèbe qu'adonaï IHVH, ton Élohîms, te donne.

Dans ma traduction de la Bible[1], le verbe « glorifier » rend l'hébreu *kabed*. Cette racine signifie « donner du poids », ne pas traiter légèrement celui que l'on veut honorer. Au sens littéral, le commandement ordonne de ne pas laisser ses parents dépérir. Cet éclairage concret de la piété filiale injecte une sève nouvelle à cette parole. En est-il meilleure illustration que l'attitude d'Abraham partant à l'aventure sur ordre de son Élohîms pour entraîner les siens sur la voie déjà tracée par son père Tèrah vers la Terre promise[2] ?

Le quatrième commandement était le premier et le seul d'entre les dix à régir le temps. Le cinquième est le seul à évoquer l'humanité par un couple, un père et une mère, représentatif de l'enchaînement des générations : la vie de l'homme dépend de sa fidélité à la terre qu'Élohîms lui donne.

Moshè, sauvé de la mort par sa mère, a-t-il connu son père ? Réfugié en terre de Midiân après avoir été condamné à mort pour le meurtre de l'Égyptien, Moshè est rappelé à la mémoire de son père et de sa filiation spirituelle par l'Élohîms, source de toute filiation : *Moi-même, l'Élohîms de ton père, l'Élohîms d'Abraham, l'Élohîms d'Isaac, l'Élohîms de*

1. Desclée de Brouwer, édition 1995.
2. Gn. 11, 31 ; 12, 4.

Jacob[1]. $\overset{\text{adonaï}}{\text{IHVH}}$ Élohîms, créateur et matrice de toute vie, est l'archétype céleste du père et de la mère. Sur terre, créé *à l'image et à la ressemblance* du Créateur, le couple masculin-féminin a pour vocation première d'être père et mère, ayant reçu le fabuleux pouvoir de donner la vie, d'être procréateur. Glorifier son père et sa mère équivaut à célébrer le don de la vie dont la transmission est le propre de toute créature vivante. La symétrie est donc parfaite entre l'égale glorification du père et de la mère, la louange du Créateur et la célébration de la vie. Cette transmission est conditionnée par la conscience permanente de sa réalité miraculeuse, si fragile dès qu'elle est menacée d'oubli par la légèreté de l'homme. Celui-ci, pour peu qu'il soit conscient de sa source et de ses racines, n'est en harmonie avec son être que dans la mesure où il accueille, avec le don de la vie, le patrimoine génétique de son père et de sa mère. C'est pourquoi Moshè, en terre étrangère, est saisi dans la transcendance de sa vision par cette parole d'élémentaire rappel à lui-même en son être : *Moi-même, l'Élohîms de ton père, l'Élohîms d'Abraham...* $\overset{\text{adonaï}}{\text{IHVH}}$ est l'Élohîms de chaque être né de son père et de sa mère, eux-mêmes issus de leurs père et mère respectifs.

« Pourquoi le texte parle-t-il seulement du père et de la mère et ne dit-il rien du respect dû aux enfants ? » me demandait, non sans une pointe d'agressivité, l'une de mes filles. Je lui expliquai que le silence du texte n'excluait pas cette glorification des enfants par le père et la mère, mais qu'elle la considérait comme naturelle. Cette lecture suggère le véritable enjeu de ce commandement : la réciprocité des devoirs entre les générations[2].

1. Ex. 3, 6.
2. Paul de Tarse reprend ce thème en Col. 3, 21 : « Pères, ne provoquez pas vos enfants, pour qu'ils ne se découragent pas. »

DANS LA BIBLE

À l'époque nomade, le mariage et la vie familiale présentent des caractères communs à tout l'Orient sémitique. C'est le modèle patriarcal où le chef de famille a autorité sur toute la « maison du père », *beit ab*, comprenant les femmes, enfants, petits-enfants, serviteurs et esclaves. Par le mariage, la femme quitte la maison de son père et entre dans celle de son mari. La dot versée par le mari n'est pas le prix d'un achat mais une indemnité payée à la famille qui perd l'un de ses membres. Ce commandement, *donner du poids* au père et à la mère, est foncièrement inscrit dans la vie quotidienne du couple et dans ses traditions. La Bible sacralise la vie, l'amour, le mariage — dont l'institution est cependant dissociée de l'amour passion —, au moyen des rites qui rattachent l'individu, de sa naissance à sa mort, à la tribu et au peuple. La clé du système repose sur le cinquième commandement, articulation vivante des générations qui se succèdent dans l'unité du peuple.

La société hébraïque primitive est composée par une fédération de tribus semi-nomades et d'agriculteurs en quête d'établissement que cimentent les traditions communes et un même culte de $\overset{\text{adonaï}}{\text{IHVH}}$. L'homme se souvient toujours du désert puisqu'il est le lieu privilégié de la présence de $\overset{\text{adonaï}}{\text{IHVH}}$, mais aussi d'une terre criante d'horreur et de désolation, où règnent la soif et la peur. Les douze tribus, issues des douze fils de Jacob, constituent un cadre idéal dont les composantes n'ont cessé de changer au cours des temps. Ces tribus sont organisées avec l'extrême rigueur qui peut seule vaincre la dureté de la vie nomade. Chaque tribu comprend un certain nombre de clans composés de familles, *mishpaha*, qui fournissent les unités militaires chargées de la défense contre les razzias. Les pères gouvernent : outre la bonne marche de leur famille, ils assument les fonctions politiques et judiciaires au sein de la tribu. Ils sont élus selon leur ascendance, leur expérience et l'importance du clan et de la famille qu'ils représentent.

En temps de crise, les anciens pouvaient déléguer tous les pouvoirs à un chef, *naguid* ou *shophète*, un suffète ou *juge sauveur*[1]. Ces chefs charismatiques recrutés en marge du Conseil des anciens avaient pour mission non seulement de gouverner le peuple, mais de le sauver du péril extérieur.

On conçoit que le père et la mère n'avaient pas le même rôle au sein de la famille biblique que de nos jours. Celle-ci subsiste alors en large rassemblement de clans qui se réorganisent, à la mort du patriarche, en autant de « maisons de père » qu'il y avait de fils, perpétuant sa mémoire et son nom d'âge en âge : l'important n'est jamais dans la puissance ou dans le nombre de ses membres, mais dans leur lignée.

La famille hébraïque est résolument patriarcale. Le frère aîné en monopolise les droits : il est privilégié en matière d'héritage par rapport aux puînés ; les fils sont privilégiés par rapport aux filles. La polygamie et le concubinage sont un signe de puissance, de richesse et d'honorabilité. Le père a tous les droits sur les hommes et les femmes de sa maison : en certaines circonstances, il peut même vendre ses enfants en esclavage, voire, à l'époque la plus reculée, les offrir en sacrifice. La loi mosaïque tend à réfréner cet absolutisme : le père doit traiter ses enfants avec justice et ne pas favoriser les uns par rapport aux autres.

Le passage de la vie nomade à l'état sédentaire provoque une profonde mutation dans la vie d'Israël. Les nomades du désert deviennent des sédentaires, fermiers ou artisans. Cette révolution a des conséquences sur l'organisation patriarcale quasi militaire de la société biblique. Mais, fidèle à ses origines, la tribu se réclame d'un ancêtre commun, l'un ou l'autre fils de Jacob. L'urgence n'est plus de se défendre contre les razzias, fréquentes au désert, mais de s'organiser pour prévenir les invasions toujours possibles. Le pouvoir passe des chefs de la tribu au roi, entouré d'une assemblée consultative,

1. Jg. 6, 14-15 ; I Sam. 2, 1-10.

aux trois niveaux de la cité, de la tribu ou de la nation. La Tora régit les relations de la vie familiale, tribale ou nationale. Les lois révélées par Élohîms demeurent les mêmes, appliquées et comprises dans un sens différent, dicté par l'évolution des faits. Les manifestations de la toute-puissance paternelle ne sont plus que des souvenirs héroïques précieusement gardés par la nation. La famille fonde alors sa puissance sur le sol inaliénable. Le commandement est mis en relation avec la terre d'Israël : le respect des parents garantit la longévité chronologique et l'intégrité territoriale de la Terre promise.

L'adoption n'est pas admise par la loi : le lien familial et le droit à l'héritage se définissent exclusivement dans l'ascendance par le sang. Le patriarche, chef et maître absolu de la famille à l'époque nomade, de nos jours n'en est plus que le symbole respecté. Il a pour fonction de transmettre son savoir et son expérience aux jeunes et de veiller au respect des lois et des traditions : il est le protecteur naturel de la veuve, de l'orphelin et du résident étranger. Il est l'arbitre de tous les conflits qui peuvent naître entre les membres de son clan en cas de meurtre, de vengeance, de transfert de propriété, de bornage, de mariage, de lévirat[1]. C'est lui qui décide s'il y a lieu de déférer l'un de ses descendants en justice pour rébellion, crime puni de mort. En plus des fonctions sociales, il remplit d'importants devoirs religieux : c'est lui qui offre au Temple le sacrifice solennel de la famille et qui veille au respect des lois religieuses.

1. Mot dérivé du latin *levir*, « beau-frère », qui traduit l'hébreu *yabam*. Ce terme désigne une institution de l'antique droit israélite selon laquelle la veuve sans enfant mâle était épousée par son beau-frère (Dt. 24, 5-6). Le premier fils était imputé au défunt (voir Gn. 38) et recevait sa part d'héritage (voir Rt. 4). L'institution, qui existait aussi chez les Assyriens et les Hittites, avait pour fin de perpétuer la descendance, d'assurer la stabilité du bien patrimonial et de maintenir la veuve au sein de la famille du défunt. Si les frères de ce dernier ne vivaient plus ensemble, la famille était disloquée et l'obligation du lévirat n'existait plus. D'après Dt. 24, 7-10 et Rt. 4, il était possible de se dérober à cette obligation qui, selon Rt. 4, s'étendait à un cercle de parenté plus large que celui des frères du défunt. L'institution s'est maintenue dans le judaïsme et les sadducéens s'y réfèrent en Mt. 22, 23-28 ; Mc 12, 18-23 ; Lc 20, 27-33. A. Chouraqui, *L'Univers de la Bible*, t. 10, p. 266.

Le lien le plus immédiat entre deux êtres humains est le rapport de filiation. Le texte souligne le fruit de l'amour filial : le *poids* donné aux parents conditionne la prolongation des jours qu'Élohîms accorde à l'homme sur terre. Ce rapport s'explique en vertu du principe de réciprocité : *ne fais pas à autrui ce que tu ne voudrais pas qu'on te fasse*, ou en d'autres termes, *ne fais pas à tes parents ce que tu ne voudrais pas que tes enfants te fassent*. Un fils qui néglige d'entretenir ses vieux parents donne un mauvais exemple à ses enfants. Il risquera de souffrir à son tour, parvenu à ses vieux jours.

Ce commandement, d'une grande profondeur humaine, souligne avec netteté le rôle fondamental de l'imitation dans le développement de la personne. La glorification des parents par les enfants n'est pas naturelle et doit être le résultat d'une éducation. Les Hébreux pressentaient, à bien des égards, ce que la psychanalyse découvrit au cours du siècle dernier des relations entre père, mère et enfants. Le cinquième commandement soulève ainsi la question fondamentale des relations entre le père, la mère et leurs enfants. Une relation pondérée et glorifiée permet d'ajouter une surnature d'amour et de gloire à ces rapports familiaux souvent problématiques.

La Bible le proclame, les humains sont tous les enfants de $\overset{\text{adonaï}}{\text{IHVH}}$: *Vous êtes les fils d'Élohîms* puisque Élohîms est le Créateur de l'univers et particulièrement des humains. À partir du cinquième commandement, on comprend mieux la raison d'être des sacrifices, acte symbolique par lequel l'homme rend à son Père céleste l'hommage de son amour et qui se trouve dans la Bible dès l'épisode de Caïn et Abel[1]. Cet acte participe aussi de la piété filiale, si l'on s'avise de ce que l'alliance entre le Père et l'homme est à l'image du rapport entre parents et enfants.

Les Dix Paroles mosaïques se succèdent dans une parfaite rigueur logique. Le premier commandement, en tête du premier volet du diptyque de la Loi, définit l'identité du

1. Gn. 4, 1-15.

Créateur. Les cinq premiers commandements du Décalogue régissent le rapport de l'homme avec la transcendance. Le cinquième clôt ce premier volet en évoquant la filiation des générations. À partir de là, la législation peut prendre en compte les rapports entre des individus qui ne sont pas unis par le lien du sang. Les cinq derniers commandements règlent les relations entre les individus au sein du groupe. La vie en société peut commencer.

DANS LE JUDAÏSME

Le respect des parents est un des axes fondamentaux de l'éthique juive. Si le sens de la famille, qui a tendance à régresser dans la civilisation laïque de l'Occident, a subsisté avec tant de force au sein du peuple juif, c'est parce que l'inconscient collectif d'Israël est imprégné de cette valeur, liée à celle, fondamentale, de la survie du peuple de l'Exil, jusqu'à son retour dans sa patrie retrouvée.

La tradition juive insiste beaucoup sur le cas du fils rebelle, tel Absalon qui osa se révolter contre son père le roi David et qui paya de sa vie cette violation du cinquième commandement. Mais elle s'efforce de réinterpréter le terrible châtiment par une casuistique indulgente.

D'une manière générale, le judaïsme postbiblique est marqué par l'importance extrême accordée au cadre de la famille. Après la destruction du Temple, le foyer devint le centre de la vie religieuse. La table familiale est l'équivalent de l'autel des sacrifices, cependant que le père assume les fonctions de ministre du culte domestique, assisté en cela par la mère, gardienne de la pureté du ménage et de la paix dans la demeure. L'exemple biblique établit un modèle de vertu familiale et de piété filiale.

Puisque la famille est le noyau de toute société, la préservation de l'harmonie au sein de cette structure nucléaire garantit par extension le maintien de la paix et de la bonne entente entre les clans, les classes, les entités politiques et territoriales. Le non-respect des parents lézarde le corps social et peut entraîner des désastres politiques.

Le cinquième commandement est formulé en des termes qui établissent l'égalité entre le père et la mère, les deux conjoints égaux, sur un même plan. Néanmoins, dans notre société éprise d'individualisme, ce modèle de la famille est assez peu courant. Il n'a pas cessé de susciter de violentes contestations au sein du monde juif lui-même. On se rappelle les lettres terribles que Kafka écrivit à son père pour lui demander assez méchamment des comptes sur son autoritarisme. Elles sont exemplaires d'une situation générale à l'époque de l'éclatement du modèle familial.

Pendant toute la durée de l'Exil, depuis la destruction du Temple de Jérusalem, en l'an 70, jusqu'à la proclamation de l'État d'Israël par David Ben Gourion, le 15 mai 1948, la famille juive servit d'ultime refuge au peuple de l'Exil, contre les persécutions, les expulsions, les inquisitions et les massacres de toutes les Shoah de l'Histoire : dans l'espérance du salut, la mère juive, véritable *mater dolorosa*, maintint sans fléchir la mémoire du peuple et son espoir dans l'attente du Retour.

EN CHRÉTIENTÉ

Les quatre Évangiles abondent en versets sur les rapports entre Jésus et ses deux parents. Luc surtout s'intéresse à ce sujet, central pour tout être humain et pour Jésus plus particulièrement, étant donné le caractère exceptionnel de cet enfant et de ses parents. Jésus est élevé comme tout Hébreu, fils d'Hébreu. Dès son enfance, chacun sait que *celui-ci est établi pour la chute et pour le relèvement de beaucoup en Israël, et pour signe de contestation*[1]. Luc se plaît à

1. Lc 2, 34.

décrire Jésus, âgé de douze ans, montant au Temple de Jérusalem avec ses parents, et se soustrayant à leur surveillance. Ils le retrouvent enfin *dans le Temple, assis au milieu des rabbins.* Malgré sa fugue, Luc le souligne, *Jésus suit ses parents et il leur est soumis*[1].

Matthieu rappelle les commandements, y compris celui de glorifier le père et la mère, en soulignant que la perfection appelle à leur dépassement : *Si tu veux être parfait, va, vends tes biens et donne-les à des pauvres : tu auras un trésor dans les ciels. Puis, ici, suis-moi*[2]. Comme pour tout Hébreu, l'obéissance à adonaï IHVH prime celle due aux parents. Ainsi Jésus appelle-t-il Jacques et Jean à le suivre et ceux-ci quittent la barque et leur père pêcheur : *ils le suivent*[3]. *Suis-moi ! Laisse les morts ensevelir leurs morts*[4] *!* Ainsi conseille-t-il de laisser père et mère, frères, sœurs ou même enfants, maisons et champs, pour le suivre. L'homme *en recevra le centuple et héritera la vie en pérennité*[5].

L'enfant qui suivait ses parents et leur était soumis devenu homme s'oppose ouvertement au cinquième commandement et dit aux foules qui le suivent : *Qui vient à moi sans haïr*[6] *son père, sa mère, sa femme, ses enfants, ses frères et ses sœurs, et son propre être aussi, ne peut être mon adepte*[7]. Jésus va au bout de sa pensée en s'écriant : *Ne pensez pas que je vienne jeter la paix sur la terre. Je ne viens pas jeter la paix, mais l'épée. Oui, je viens diviser l'homme et son père, la fille et sa mère... Les ennemis de l'homme sont les gens de sa maison. Qui me préfère père ou mère ne vaut pas pour moi. Qui me préfère fils ou fille ne vaut pas pour moi... Qui perd son être à cause de moi le trouve... Qui m'accueille accueille celui qui m'envoie. Qui accueille un inspiré parce qu'il est inspiré reçoit salaire d'inspiré*[8]. Jésus prononce ces paroles fulgu-

1. Lc 2, 46-51.
2. Mt. 19, 21.
3. Mt. 4, 22.
4. Mt. 8, 22.
5. Mt. 19, 29.
6. Dans le sens de Pascal : la vraie vertu est de se haïr.
7. Lc 14, 26.
8. Mt. 10, 34-41.

rantes dans une société cruellement divisée, à l'intérieur du pays, par des sectes persuadées de détenir chacune le monopole de la vérité, et, à l'extérieur, par l'Empire romain qui crucifiera six cent mille Hébreux, Jésus étant l'un d'eux. Violence d'un enseignement, celui de Jésus, crucifié par un monde qui se précipitait vers sa perte. D'où l'évidence de la revendication d'amour de ce fils d'Élohîms.

L'une des innovations du christianisme est d'avoir projeté le rapport père-fils au sein même de la Trinité. Jésus parle sans cesse de son Père céleste qui l'a délégué auprès des hommes.

Le cinquième commandement permet à l'Église catholique d'ordonner la reconnaissance des parents par les enfants. Les générations sont ainsi réunies par une chaîne d'amour et de gratitude, renforcée par l'indissolubilité du mariage. Paul, dans la ville de Corinthe, dominée par le Temple d'Aphrodite, célèbre les vertus du mariage et de la vie consacrée à Dieu. Dans un passage de l'Épître aux Éphésiens[1], Paul invite les époux à se conduire entre eux avec la même harmonie que celle qui règne entre le Christ et son Église. En continuité avec la tradition prophétique, le premier devoir des fils est de prendre soin de leurs parents vieillissants, comme ceux-ci le font de leurs enfants auxquels ils ont donné la vie.

Il faut attendre le XXe siècle pour qu'à partir des sources bibliques, l'Église catholique développe une véritable spiritualité du mariage dont la finalité s'exprime dans la solidarité entre générations. L'effort des clercs soutenus par les familles elles-mêmes a été consacré par le concile de Vatican II qui rend à la famille la place qui lui est due. Voici le texte du catéchisme :

> *Créés ensemble, l'homme et la femme sont voulus par Dieu l'un pour l'autre. La Parole de Dieu nous le fait entendre par divers traits du texte sacré. « Il n'est pas bon que l'homme soit seul. Il faut que Je lui fasse une aide qui lui soit assortie. » (Gn. 2, 18.) « Aucun des animaux ne*

1. Éph. 5, 21-23.

peut être ce vis-à-vis de l'homme. (Gn. 2, 19-20.) « La femme que Dieu "façonne" de la côte tirée de l'homme et qu'Il amène à l'homme provoque de la part de l'homme un cri d'admiration, une exclamation d'amour et de communion : "C'est l'os de mes os et la chair de ma chair." » (Gn. 2, 23.) L'homme découvre la femme comme un autre « moi », de la même humanité.

L'homme et la femme sont faits « l'un pour l'autre » : non pas que Dieu ne les aurait faits qu'« à moitié » et « incomplets » ; Il les a créés pour une communion de personnes, en laquelle chacun peut être « aide » pour l'autre parce qu'ils sont à la fois égaux en tant que personnes (« os de mes os... ») et complémentaires en tant que masculin et féminin. Dans le mariage, Dieu les unit de manière que, en formant « une seule chair » (Gn. 2, 24), ils puissent transmettre la vie humaine : « Soyez féconds, multipliez, emplissez la terre. » (Gn. 1, 28.) En transmettant à leurs descendants la vie humaine, l'homme et la femme comme époux et parents coopèrent d'une façon unique à l'œuvre du Créateur.

Dans le dessein de Dieu, l'homme et la femme ont la vocation de « soumettre » la terre (Gn. 1, 28), comme « intendants » de Dieu. Cette souveraineté ne doit pas être une domination arbitraire et destructrice. À l'image du Créateur « qui aime tout ce qui existe » (Sg. 11, 24), l'homme et la femme sont appelés à participer à la Providence divine envers les autres créatures. De là, leur responsabilité pour le monde que Dieu leur a confié[1].

DANS L'ISLAM

L'islam est très attaché au concept maternel de la matrice : *Allah est le matriciant et le matriciel.* Le rapport

1. *Catéchisme de l'Église catholique*, Mame/Plon, p. 85, n° 371-2.3.

qu'il entretient avec ses créatures fait apparaître une sollicitude pour ainsi dire maternelle à l'égard des hommes. De sorte que l'amour des parents pour leurs enfants et notamment l'amour de la mère pour sa progéniture est une imitation d'Allah ou d'un de ses attributs. Le père se dénomme par le prénom du fils aîné auquel il a donné naissance, sans mentionner le nom de la mère ; c'est Allah le matriciant et le matriciel. Les femmes, mères et filles, comptent peu dans les traditions de l'Orient.

La dimension paternelle n'est pas absente pour autant du réseau de métaphores qui caractérisent Allah. Mais elle est moins évidente que dans le christianisme où cette métaphore s'exprime très souvent. Manifestement, les musulmans ont voulu se distinguer de leurs prédécesseurs chrétiens en évitant de considérer l'Être créateur comme un Père, ce qui pouvait laisser croire qu'Allah s'était donné un fils. Pour eux, Jésus est, avec Muhammad, l'envoyé d'Allah, un homme comme les autres, le plus grand des prophètes.

Quels que soient les présupposés théologiques de la piété filiale, il apparaît que la cité musulmane respecte avec ferveur le cinquième commandement. Le devoir de glorifier son père et sa mère n'implique pas une obéissance aveugle. Les parents ont le devoir d'arracher leur progéniture à l'idolâtrie[1]. La loi mosaïque antérieure était à ce sujet d'une extrême rigueur[2].

Les parents, que le cinquième commandement entend glorifier en leur donnant du poids, sont souvent évoqués dans le Coran, avec aussi les proches parents, les orphelins et les pauvres : *Ne servez qu'Allah. Excellez avec vos deux parents... Excellez en vos dires aux humains. Élevez la prière ; donnez la dîme*[3] *!* De fait, pour des raisons dues à la pauvreté de certains pays arabes ou musulmans, mais pas seulement, rares sont les hospices pour vieillards dans les pays islamiques. Les vieux parents sont entretenus par leurs enfants et s'occupent

1. Coran, sourate 29, 8.
2. Dt. 13, 7-12.
3. Coran 2, 83 ; 2, 215 ; 4, 36 ; 4, 135 ; 6, 151 ; 30, 38.

de leurs petits-enfants. On mesure ici l'impact de cette structure sociale sur le maintien des valeurs traditionnelles et la perpétuation d'une mémoire collective : *Ton rabb*[1] *tranche : vous ne servirez que Lui, Excellez avec vos deux parents. Si l'un d'eux ou tous les deux atteignent la vieillesse auprès de toi, Ne leur dis pas « Ouf ! », ne les rebiffe pas. Dis-leur des paroles généreuses. Étends sur eux l'aile douce du Matriciel, et dis : « Mon Rabb, matricie-les, eux qui m'ont élevé petit. »*

Le Coran intègre le cinquième commandement parmi les principaux devoirs de l'homme envers Allah, au fondement de toute vie sociale : *Soyez constants avec impartialité, témoins d'Allah, même contre vous-mêmes, même contre vos deux parents et vos proches ! Qu'ils soient opulents ou miséreux : Allah est l'allié de tous.* Ainsi la primauté est donnée aux devoirs envers Allah sur la solidarité familiale ou toute nécessité égoïste.

Il faut rappeler que la Révélation d'Allah faite à Muhammad authentifie les révélations faites à Moshè et à Jésus. De ce fait, le Décalogue et ses développements dans la Tora et dans le Nouveau Testament font partie intégrante de l'islam. La validité de l'alliance conclue par Moshè est rappelée en des versets émouvants qui ne laissent aucun doute sur le fait que la Tora et ses commandements sont au fondement de l'islam : *Ô, Fils d'Israël, commémorez le ravissement dont je vous ai ravi, en vous favorisant plus que les univers [...]*[2]. L'élection d'Israël est confirmée avec force et insistance réitérée, à maintes reprises : *Nous les avons choisis à bon escient dans les univers. Nous avons donné aux fils d'Israël l'Écrit, la Sagesse et l'Inspiration, nous les avons pourvus de biens, nous les avons favorisés plus que les univers.* « Plus que les univers », c'est-à-dire davantage encore que les anges.

Le Coran le souligne aussi, l'Exil des fils, dû à leurs infidélités, sera suivi du pardon et du retour des exilés dans leur

1. Le mot *rabb*, en arabe comme en hébreu, évoque l'idée de grandeur. Le *rabb* désigne le maître homme (rabbin) ou Allah, maître créateur, souverain de l'univers.

2. Coran 2, 47 ; 2, 122 ; 5, 20 ; 7, 140 ; 44, 32 ; 45, 16.

pays d'origine. Certains exégètes de l'islam avaient accusé les juifs d'avoir falsifié la Tora puisqu'elle ne parlait pas du prophète Muhammad. Le Coran ne peut mériter la même accusation, lui qui proclame, s'adressant aux Fils d'Israël : *Ô mon peuple, entrez en Terre du Sanctuaire inscrite pour vous par Allah, ne revenez plus sur vos pas, vous retourneriez en perdants.* Cette prophétie, en vérité extraordinaire, revient à cinq reprises dans le Coran[1]. *Nous avons dit ensuite aux Fils d'Israël : habitez cette terre ! Quand l'Autre promesse se réalisera, nous vous ferons revenir en foules.* Ces promesses, comme tant d'autres semblables, ont été oubliées par l'islam et par le christianisme, occupés à diaboliser les juifs de l'Exil et, l'heure venue, à tout tenter pour les empêcher de reprendre pied en Terre sainte. De même que les chrétiens ont oublié la judaïté de Jésus, les musulmans ont effacé l'ascendance hébraïque de Muhammad par sa bisaïeule, Salma, mère d'Abd-Al Muttalib, son grand-père[2].

Ces oublis sont consécutifs à la guerre que se livraient les trois religions adoratrices du Dieu d'Abraham, de Moshè, de Jésus et de Muhammad, attelés à accomplir leurs destins, les chrétiens et les musulmans lancés à la conquête de l'univers, tandis que les juifs s'obstinaient à survivre à leur exil et à ses persécutions, dans la certitude, folle aux yeux des nations, qu'à force d'être chassés partout, ils finiraient bien par revenir à Jérusalem et en Judée. L'heure du retour ayant sonné, espérons que la réconciliation des trois religions abrahamiques suivra et qu'elles s'uniront pour découvrir leur vraie vocation et faire sortir les Dix Commandements de leurs exils et les transformer enfin en règles de vie pour l'humanité.

1. Coran 5, 21 ; 7, 137 ; 10, 93 ; 17, 104 ; 21, 71, ainsi que sourates 2, 47 ; 2, 122 ; 5, 20 ; 7, 140 ; 44, 32 ; 45, 16 ; et 28, 5-6 : ces textes nombreux et importants ont été systématiquement ignorés par l'exégèse classique de l'islam, comme les théologiens chrétiens avaient systématiquement ignoré les racines hébraïques de l'Église ainsi que la judaïcité du Christ. L'Église est revenue de ses errements aux lendemains de la Shoah. On peut espérer que, les problèmes politiques résolus entre Israël et ses voisins arabes, les musulmans, eux aussi, sauront trouver le chemin d'une véritable réconciliation avec Israël, matrice de leur foi.

2. Philippe Aziz, *Mahomet*, p. 290.

Jadis, Israël et Ismaël avaient mis fin à leurs rivalités à Hébron, auprès du tombeau de leur père Abraham. Juifs et musulmans sauront-ils suivre l'exemple de leurs ancêtres éponymes ? Leur réconciliation est espérée partout dans le monde.

Israël, « frère aîné » selon la reconnaissance explicite du pape, l'est aussi pour l'*ummah* islamique née des fécondités de la Bible. Souvenons-nous des paroles de Joseph en Égypte, se révélant à ses frères : *C'est moi, Joseph votre frère ! Mon père vit-il encore*[1] *?* Oui, notre Père des ciels vit-il encore réellement dans nos cœurs meurtris parce que meurtriers ?

Toute lecture des Dix Commandements devrait se faire en synergie avec, en mains et dans le cœur, ce qu'en enseignent la Tora, le Nouveau Testament, le Coran et d'autres textes féconds provenant de maints autres univers culturels. L'essentiel se situe dans le devoir d'aimer, identique dans l'amour parental, filial, fraternel ou conjugal.

Le respect de ce commandement devrait conduire les peuples à s'unir dans le cadre d'une confédération au service des autres Paroles de vie et d'harmonie qui constituent l'essence même des Dix Commandements, loi d'amour universelle.

AILLEURS DANS LE MONDE

« Il n'y a pas de bon père. Qu'on n'en tienne pas grief aux hommes mais au lien de paternité qui est pourri », disait Jean-Paul Sartre. Les problèmes du monde moderne commencent, à n'en point douter, au sein du couple et de la famille qu'il fonde. Cette phrase de Sartre est frappante et révélatrice de la manière de ce philosophe. Ce n'est pas le

1. Gn. 45, 3.

lien de paternité qui est pourri mais la façon dont il est vécu, à notre époque plus particulièrement, par certains des individus qui composent la famille. Nous vivons la plus déchirante fracture de l'histoire universelle : nous avons franchi en cinq décennies plus de siècles que ceux qui nous séparent des origines. L'homme de toute race et de toute origine se trouve brutalement confronté à un type nouveau, encore mal connu : si l'homme est un arbre des champs, celui que nous voyons pousser sous nos yeux n'a plus de racines et pas encore de fruits. De ce déracinement, la génération de nos grands-parents offre maints exemples. Nul ne pensait à l'époque qu'il n'y avait pas de bon père et encore moins que la relation entre les générations était pourrie. La vie familiale donnait alors généralement la preuve vivante et vivifiante du lien de parenté qui drainait l'histoire de l'humanité, comme la veine jugulaire assure la vie des corps. Le lien parental, loin d'être pourri, était alors le sel de la vie. Saurons-nous combler l'attente passionnée de nos enfants sans référence à une transcendance assez convaincante ? Cette source de vie, plusieurs l'ont trouvée dans la Bible et son Être suprême, dans les Psaumes de David et aussi dans les chants hérités de l'Andalousie que nos ancêtres nous chantaient en s'accompagnant de mandoline. L'Andalousie, Tlemcen, l'Algérie appartiennent pour nous à un passé qui ne ressuscitera pas. L'avenir exige d'autres musiques et d'autres résurrections. Celles-ci ne pourront naître synergiquement que du mariage de l'Orient et de l'Occident en leur être le plus profond. Je rêve d'un monde délivré des frontières de nos ghettos, qu'ils soient ceux de la race, de la religion, de la nation ou même de la culture, pour que naisse un homme nouveau digne du nouvel âge qui nous entraîne au Paradis dont Adam et Ève furent chassés. Ouverts à l'amour, saurons-nous y accéder ?

Les relations entre les générations seront critiques tant que le noyau primordial de la société qui est la famille ne sera pas réhabilité dans la perspective égalitaire qui se manifeste à travers la formulation du cinquième commandement : *Glorifie ton père et ta mère.* C'est dans l'inégalité entre le père et la mère que se nouent tous les drames et que s'accumulent toutes les rancœurs génératrices de violence. Ce détail de la formulation du commandement a enfin une importance essentielle. Le respect des parents est le corollaire du respect mutuel dont ceux-ci font preuve l'un envers l'autre. On imagine difficilement un tel respect dans un ménage désuni et disloqué où la femme ne soit pas pleinement l'égale de l'homme.

De nos jours, on assiste à un éclatement de la cellule familiale. Les taux très élevés de divorces qui caractérisent les sociétés occidentales ont abouti à une multiplication des familles monoparentales.

Le respect pour la mère est infiniment plus charnel et donc plus spontané, matriciel pour tout dire. C'est dans ce même concept que la mère est fondamentalement associée à la nature, à notre Terre mère, qui mourra si on ne lui témoigne pas un peu plus de piété filiale. Le cinquième commandement affirme non seulement les devoirs et les droits du couple au sein de la famille mais, dans un sens élargi, nous rappelle lui aussi, après le quatrième, les devoirs de l'humanité au sein de la nature.

Le cinquième commandement introduit l'homme et la femme, symboles de l'humanité dans leur finalité de père et de mère. Le Cantique des cantiques représente également le couple, la Sulamite et son amant, dans les péripéties de leur amour, sa naissance, son exil, sa renaissance : l'amour est leur seule pensée, l'amour fort comme la mort. Mais les amants sont seuls, sans enfants.

Le Décalogue parachève le couple par une progéniture dont le devoir essentiel sera de lui donner du poids, de le glorifier. Ce verbe connote tout le *poids* que le texte hébraïque donne au père et à la mère, associés à l'être même de la création qu'ils parachèvent en donnant naissance à leurs enfants. Ceux-ci doivent à leurs parents davantage que de leur *faire honneur* : ils ont le devoir de leur *rendre gloire* puisque la naissance de leurs enfants les associe à la gloire du Créateur. L'utilisation du mot gloire en astronomie décrit le nimbe lumineux entourant le Soleil lors d'une éclipse totale.

Le cinquième commandement nous rend la conscience de la *gloire* intrinsèque de toute vie humaine. Dans le domaine des beaux-arts, *gloire* désigne l'auréole enveloppant le corps du Christ, aussi bien que la splendeur du ciel peuplé d'anges et de saints. Cette gloire manque souvent, oubliée dans les relations entre les humains, plus particulièrement entre les générations. Celles-ci risquent de se heurter du fait des mutations accélérées qui caractérisent notre temps, plus fertiles en métamorphoses que jamais. Même si l'on ne croit plus en Dieu, il est salutaire et urgent de glorifier son père et sa mère qui incarnent de la manière la plus évidente l'indéniable Présence du Créateur dont nous sommes les fruits.

Le père et la mère apparaissent dans ce commandement en leur parfaite égalité, la préséance appartenant à l'acte de glorifier, celui-ci dépendant de leur progéniture. Le texte ne précise ni l'âge d'un couple ni sa couleur. L'importance est donnée de se reconnaître comme fruit d'un acte créateur qui impose aux générations un devoir de mémoire et d'amour spécifique à la nature humaine.

LE SIXIÈME COMMANDEMENT

Tu n'assassineras pas.

La sémantique est riche d'enseignements pour souligner l'importance de la traduction dans l'interprétation de ce commandement. En hébreu, le verbe employé, *ratsah*, désigne l'assassinat prémédité. La seule vertu de cette traduction est de donner le sens exact de l'hébreu. Par ailleurs, le verbe *assassiner* dérive de l'arabe *Hashish* qui désigne le chanvre indien. Ce nom était celui d'une secte musulmane, fondée en 1090 en Perse par Hassan Sabbah. Son but était d'assassiner ses ennemis politiques. Pendant deux siècles, cette secte terrorisa le Proche-Orient : ses adeptes étaient des fumeurs de *hashish*, d'où le nom d'« assassin » qui apparaît en français comme en italien au XVIe siècle. L'assassin était alors un séide capable de tuer pour son maître. Quelle que soit l'étymologie discutée de ce terme, il désigne le meurtre prémédité, sens que le verbe *ratsah* a sans conteste en hébreu.

En grec, *ou fonefsis* remonte à une racine indo-européenne, *ghwen*, et désigne l'action de frapper, tandis que le latin *non occides* utilise un verbe composé de *ob-cadere* dont l'élément verbal *cadere* désigne étymologiquement l'action de tailler, notamment des arbres. Le verbe *occidere*, qui a donné en français le mot « occire », fut au cours du temps remplacé par « tuer », dont l'étymon latin vulgaire *tudare* désigne l'action de recouvrir le feu, soit pour l'éteindre, soit, au contraire, pour l'entretenir.

Cette remontée aux sources étymologiques souligne que le verbe *ratsah* est beaucoup plus fort et plus précis que les verbes par lesquels les Grecs et les Latins ont traduit l'ordre de ne pas commettre de meurtre prémédité. En dépit d'habitudes séculaires, il est nécessaire d'avoir le courage de maintenir le sens exact de ce sixième commandement qui prohibe non pas de tuer, mais tout assassinat prémédité. Tuer est permis, voire ordonné, dans certaines circonstances, même par la Bible, qui punit de mort l'assassinat, et plusieurs autres crimes. La peine de mort était légalement administrée par strangulation, lapidation ou pendaison. Elle sanctionnait les crimes d'idolâtrie, de blasphème, de sorcellerie, d'adultère ou de violation du Shabbat. Par rapport à l'hébreu, les traductions *foneuein*, *occidere* et *tuer* font apparaître des significations dérivées et métaphoriques, comme si les langues grecque, latine et française avaient eu peur de désigner le meurtre par un nom spécifique. L'hébreu, lui, est plus catégorique. Est-ce un hasard si, dans cette langue, pour la première fois dans l'histoire de l'humanité, l'interdiction principielle et absolue de l'assassinat fut formulée ?

Quel que soit le sens prêté au verbe « assassiner », ce commandement apparaît comme une innovation majeure dans l'ambiance sanguinaire de l'époque. Certes, la Tora de Moshè n'exclut pas l'usage de la violence et, tout au long de la Bible, il est trop souvent question de sang. Voltaire, étranger au Livre des livres, ne s'est pas fait faute d'ironiser lourdement sur ce point. Cette profusion de violence est tout à l'honneur de la Bible, étrangère à toute propagande ou déformation tendancieuse des faits. Elle ne cache rien. Ni la faute d'Adam, ni le meurtre de Caïn, ni les frasques de Mme Potiphar, ni les trahisons des frères de Joseph. Et pas même le meurtre commis par un inconnu, Moshè : voyant un garde-chiourme égyptien brutaliser un esclave hébreu, saisi de fureur, il le tue d'un coup de poignard. Le prophète à qui incombera le devoir de proclamer l'ordre de ne pas assassiner commence sa vie publique en commettant un meurtre.

Ce paradoxe entre un idéal de non-violence et une violence inévitable est révélateur de la nature du sixième commandement et de celle des Dix Paroles. À l'époque, tuer un homme n'avait pas plus d'importance qu'abattre un chien, surtout quand il s'agissait d'un esclave. Le Décalogue est un texte déclaratif plutôt qu'un constat législatif. Soulignons-le : en hébreu, les commandements ne sont pas formulés à l'impératif, mais à l'imperfectif, ce qui est révélateur de leur vocation éducative. On ne change pas la nature humaine par la seule proclamation d'un ordre. Il faut éduquer l'homme dans l'esprit de cette révolution éthique survenue il y a trois mille trois cents ans. L'ordre *tu n'assassineras pas* érige l'homme à sa vraie dignité de créature, réplique de adonaï IHVH Élohîms, l'Être suprême, source de vie, non de mort.

DANS LA BIBLE

En cas de crime, le châtiment s'appliquait à la seule personne du criminel et non, comme dans d'autres coutumes locales antiques, aux membres et aux biens de sa famille. Notons que non seulement l'homme, mais aussi la bête meurtrière peut être déférée devant les tribunaux et jugée. Un bœuf qui a tué un homme est passible de lapidation et sa chair est interdite à la consommation. Son propriétaire est lui aussi passible de mort. Il peut cependant se racheter en payant une indemnité à la famille de sa victime. Dans ce cas, il sera dispensé de tout châtiment corporel : le sang du bœuf criminel et l'indemnisation suffisent à classer l'affaire.

La législation biblique connaît la peine de mort, mais les tribunaux de Judée à l'époque royale l'appliquaient rarement, si l'on en croit la jurisprudence qui déclarait qu'un tribunal prononçant une peine de mort tous les soixante-dix ans devait être qualifié de tribunal meurtrier. La loi sanctionne particulièrement tout ce qui porte atteinte à la vie ou à l'intégrité des personnes : elle applique avec rigueur le vieux principe du talion, *vie pour vie*.

Dans la Bible[1], cette loi se résume par ces deux ordres : *œil pour œil* et *dent pour dent*. Ils expriment un principe de

1. Ex. 21, 23-25 ; Lv. 24, 17-20 et Dt. 19, 21.

stricte justice limitant la peine du meurtrier à la mesure du dommage causé par son crime. Avant la promulgation du sixième commandement, ce dommage était laissé à l'appréciation des vengeurs du sang selon les pratiques de la vengeance tribale. Dans la loi hébraïque, le talion était interprété comme un principe de juste compensation pécuniaire du dommage causé. On trouve la même signification dans le code de Hammourabi[1] et dans la Loi des Douze Tables[2]. La loi du talion marque ainsi le passage de la loi du plus fort, libre de se venger à son gré, à une loi nouvelle qui proportionne la punition au dommage subi.

Le Coran l'adapte à l'islam : *Être pour être, œil pour œil, nez pour nez, oreille pour oreille, dent pour dent. Les blessures se règlent selon le talion. Qui en fait grâce efface ses propres fautes*[3]. Ainsi le talion plaide pour le pardon des fautes plutôt qu'il n'exerce une justice expéditive. Il ne transgresse l'ordre de ne pas tuer que si l'offensé, ayant subi un tort qui entraîne sa punition, a le droit de tuer.

Plus tard, dans l'Évangile, la loi du talion est abolie, comme elle l'avait été précédemment dans le judaïsme post-biblique. Jésus le proclame : *Vous avez entendu qu'il a été dit : « Œil pour œil et dent pour dent. » Or, moi je vous dis : Ne vous opposez pas au criminel, mais qui te gifle sur la joue droite, tourne aussi vers lui la joue gauche.*

Ainsi Jésus interprétait aussi cette loi comme un principe de juste compensation. Elle exprime une loi de justice : l'œil d'un pauvre vaut celui d'un riche, l'œil d'un mendiant celui d'un roi.

L'homme parfait dépasse les normes qui garantissent l'ordre social. Il vit dans l'oblation de son être à adonaï IHVH dont il reconnaît la présence en toute créature. D'où le renoncement à toute vengeance et même à toute justice stricte. Il est tout entier offrande d'amour. La pensée de Jésus invite à une totale disponibilité à l'égard du prochain.

---

1. Fondateur de l'empire de Babylone vers – 1730.
2. Premier recueil de lois écrites à Rome au ve siècle avant J.-C.
3. Coran, sourates 2, 178-179, 194-195 ; 4, 92 (le prix du sang) ; 5, 45 ; 16, 126 ; 17, 33 ; 22, 60.

À qui veut te faire juger et te prendre ta tunique, laisse-lui aussi le manteau.

Qui te requiert pour un mille, va deux avec lui.

Donne à qui te demande ; n'évite pas qui veut t'emprunter[1].

De nos jours, la peine de mort est abolie à juste titre dans un nombre grandissant de pays. Mais elle reste en vigueur dans plusieurs États de la grande démocratie américaine et d'ailleurs, comme un rappel des autres menaces de mort qui pèsent lourdement sur nos destins.

DANS LE JUDAÏSME

La prohibition de l'assassinat est un principe absolu dans le judaïsme. Avec l'idolâtrie et l'adultère, le meurtre constitue l'une des trois transgressions qu'il ne faut commettre sous aucun prétexte, pas même si l'on est menacé de mort.

Les conditions de vie des Hébreux se prêtent particulièrement bien à l'observance scrupuleuse de ce précepte. Certes, les juifs servirent souvent dans les armées hellénistiques où ils avaient une réputation de bravoure. Il y eut même de nombreux mercenaires juifs dans les armées romaines, bien que cette puissance ait été à l'origine de la destruction du Temple en 70 et de la mort de centaines de milliers de juifs pendant la révolte de 132-135. Malgré le traumatisme de cette répression, la morale dominante au sein du judaïsme prône l'abstention de toute violence. Cette idéologie reflétait un état de fait : les juifs étaient de plus en plus désarmés devant les grands empires qui se partageaient le monde, et cette non-violence aggravait leur faiblesse militaire dans leurs diverses diasporas. Cette situation, née de la géopolitique et de l'extrémisme religieux, provoqua une très grande vulnérabilité. Pour survivre, les juifs devront se placer sous la protection

1. Mt. 5, 40-42.

des autorités, qu'elles soient sassanides, byzantines, arabes ou chrétiennes. Ils devaient compter avec l'humeur des souverains et les crises d'antisémitisme qui secouaient sporadiquement la population.

Face à la peine de mort, la tradition juive a toujours été très réticente. L'expression « passible de mort » signifie que le coupable, en guise de sanction, s'expose à une mort surnaturelle provoquée miraculeusement par Élohîms, nous enseignent les théologiens.

De nos jours encore, l'État d'Israël s'inspire de cette attitude, puisque la peine de mort y est abolie depuis la création de l'État, sauf pour les coupables de crimes contre l'humanité. Encore cette exception n'a-t-elle été appliquée qu'une seule et unique fois pour châtier Eichmann, le haut fonctionnaire allemand responsable de l'assassinat de six millions de juifs, qui fut pendu en 1962. Quant au bourreau de Treblinka, John Demianjuk, il fut condamné à mort, mais la peine ne fut pas administrée parce qu'il subsistait un doute, aussi minime soit-il, sur son identité.

La naissance du mouvement sioniste provoqua une totale remise en question de la morale non-violente née de l'application scrupuleuse du sixième commandement. Jacob dut se revêtir des oripeaux d'Ésaü. L'exemple des pogroms qui agitèrent les provinces occidentales de l'Empire russe dans les années 1880 et en 1903 montra les limites de cette morale. Il n'est pas fortuit de constater que les deux premières vagues d'immigration sioniste remontent à cette époque. Fuyant ces pogroms, des juifs de Russie s'installèrent en Palestine où ils durent bientôt faire face aux pogroms arabes.

De cette période troublée date l'adoption par le mouvement sioniste d'une morale laïque qui relativise la portée du sixième commandement et admet l'usage de la force militaire à des fins défensives. Cette métamorphose a légitimé du point de vue éthique la formation de milices d'autodéfense, la participation à la guerre contre Hitler dans les rangs de l'armée britannique et enfin, la création de la Hagana à l'origine de

Tsahal, l'armée d'Israël[1]. Le nom même de cette armée où figure le mot « défense » montre que malgré cette réinterprétation laïque et sioniste du sixième commandement, l'armée de l'État juif se conçoit avant tout comme une armée défensive, ripostant à la violence, n'en prenant l'initiative que faute de choix et à son corps défendant. Cette idée fondatrice, dans l'attente de la paix, s'est heurtée aux guerres trop nombreuses qui ont ensanglanté son histoire, obligeant Tsahal (en hébreu l'armée de défense d'Israël, *Tseva haganah le-Israël*) à se conduire comme toutes les armées du monde.

Le sixième commandement soulève chez les juifs, comme partout ailleurs, les problèmes de l'avortement, de l'euthanasie et du suicide, en progression constante. Certains pays ont légalisé l'avortement, d'autres sont permissifs à l'égard du suicide. Comment ne pas comprendre la femme qui, s'étant fait violer en Bosnie, en Serbie ou par un rebelle algérien, refuse l'enfant qu'elle porte en elle et veut avorter ou même se suicider de désespoir ? En ce qui concerne le suicide, le grand Bahya ibn Paqûda commente en ces termes la prohibition de tuer : plus l'assassin est proche de sa victime, plus grave est son crime. Il est moins grave de tuer un étranger qu'un compatriote, un parent lointain qu'un fils, qu'un frère, qu'un père. Cependant qui pourrait être plus proche de moi-même que moi-même ? D'où l'extrême gravité du suicide ou de l'avortement. Mais nul ne saurait condamner de tels actes avant de se trouver dans la même situation que la malheureuse ou le malheureux contraint de les commettre.

« Dieu parle, mais c'est, hélas, l'homme qui répond », disait Paul Claudel. Cette réponse en face de la vie et de la mort dépend de la liberté individuelle. Elle varie selon la foi et l'interprétation que chacun donne de l'ordre sublime de ne pas tuer. Nous sortons du siècle le plus meurtrier de l'histoire universelle, plus spécialement peut-être pour le peuple juif,

1. Ce processus historique de mutation des valeurs a fait l'objet d'un livre passionnant d'Anita Shapira, *Le Glaive de la colombe*, paru en hébreu, aux éditions 'Am 'Oved en 1997.

principale victime de la Shoah. Espérons que le commandement salvateur de la vie ne subira jamais plus de telles violations.

EN CHRÉTIENTÉ

Tant que le christianisme était une religion des catacombes, persécutée par les autorités de l'Empire romain, les chrétiens étaient, à l'égal des juifs, victimes de la violence plutôt que ses instigateurs. Mais la conversion de l'Empire au christianisme au début du IVe siècle transforma la nouvelle religion officielle en un instrument de pouvoir. Dès lors, la séparation entre le spirituel et le temporel fut très difficile à déterminer. Les légions romaines chrétiennes furent chargées de lutter contre toute puissance non chrétienne. La force militaire prêta son glaive à l'idéologie de non-violence du christianisme et la corrompit par là même. Cette compromission avec la machine à pressurer les peuples qu'était l'Empire romain fut fatale au christianisme, car elle aboutit à placer toutes les guerres sous l'égide de la croix. Que dire de la conquête des Amériques qui se solda par le massacre de centaines de milliers d'indigènes ? Tous ces génocides perpétrés *ad majorem gloriam Dei* ont été légitimés par l'illusion que le christianisme était la seule vraie religion de l'humanité. En dehors d'elle, point de salut dans l'au-delà, ni même parfois ici-bas. Les massacres des païens, parfois de juifs, de cathares et même de chrétiens hétérodoxes résultent de cette confusion. La foi du salut dans l'au-delà légitimise ici-bas des crimes impardonnables. Même les prodiges de sadisme déployés par l'Inquisition espagnole ou portugaise furent justifiés d'un point de vue dogmatique : il fallait faire subir ici-bas les tourments de l'enfer aux infidèles afin qu'ils ne les endurent pas dans l'au-delà [1].

1. Dans son ouvrage fondamental intitulé *Morale juive et morale chrétienne*, le philosophe italien Élie Benamozegh a fort bien analysé l'une des raisons de cette effroyable contradiction dans laquelle s'est fourvoyé le christianisme. Selon lui, le judaïsme a réussi à éviter toute confusion coupable entre le spirituel et le tempo-

Les seuls chrétiens épargnés par cette fureur homicide furent ceux qui se trouvaient sous la domination d'une autre religion, comme les chrétiens d'Orient au sein de la cité musulmane.

En somme, le christianisme a intériorisé la violence dont il avait souffert à ses débuts, puis ses dirigeants en ont fait parfois un instrument d'expansion, de domination et d'oppression. Les invasions résultant des croisades ont obéi à la logique démente de la guerre sainte. Le fait que les communautés juives de Rhénanie aient été trucidées en 1096 par les croisés se dirigeant vers Jérusalem révèle la confusion qui s'instaura dans les esprits. Il n'est que de songer à la deuxième partie de la *Chanson de Roland* pour comprendre dans quel esprit la chrétienté concevait sa guerre sainte contre l'islam. Pris entre deux feux, les juifs furent assimilés au clan des infidèles et massacrés dès le début de cette hystérie collective.

Dans le *Catéchisme catholique* de 1992, le sixième commandement souligne le caractère sacré de toute vie humaine depuis la conception jusqu'à la mort. Le meurtre d'un être humain porte atteinte à la personne et à la sacralité du Créateur. L'interdit du meurtre n'empêche pas la légitime défense, qui est un devoir pour qui est injustement agressé. Le catéchisme qualifie l'avortement direct de pratique infâme, sanctionnée dans l'Église par l'excommunication. Pour elle, l'embryon doit être traité comme une personne dès sa conception, défendu en son intégrité, soigné et guéri, comme tout autre être humain. L'euthanasie, sous toutes ses formes, constitue un meurtre. Elle est gravement contraire à la dignité de la personne humaine et au respect dû à son

---

rel, car, précisément, il ne s'est pas désintéressé du temporel. Le christianisme, ayant tourné le dos au monde durant son existence clandestine, n'avait aucune expérience pour gérer harmonieusement la réalité mondaine et séculière. Et quand eut lieu, sous Constantin, le coup de théâtre qui propulsa une religion hors-la-loi au rang de religion officielle de l'Empire romain, il se trouva confronté à un vide juridique vertigineux. Cette accélération de l'histoire empêcha la religion chrétienne de contrôler efficacement les faits et gestes de potentats qui n'avaient de chrétien que le nom, et qui se conduisaient comme des bêtes sauvages.

Créateur. Dans le même esprit, le suicide est condamné, comme contraire à la justice, à l'espérance et à la charité.

L'interdiction d'attenter à toute vie protège aussi la santé des personnes. La vertu de tempérance évite les excès de toutes sortes, l'abus de la table, de l'alcool, du tabac, même de médicaments. L'ivresse et le goût immodéré de la vitesse mettent en danger la sécurité d'autrui. L'usage de la drogue est également condamné.

Les expérimentations scientifiques, médicales ou psychologiques sur les personnes ou les groupes humains, peuvent concourir à la guérison des malades et au progrès de la santé publique, mais doivent s'effectuer dans le respect de la personne et de sa volonté. Ainsi, la transplantation d'organes n'est pas acceptée ni acceptable si le donneur ou ses ayants droit n'ont pas donné leur consentement. Il est moralement inadmissible de provoquer directement la mutilation invalidante ou la mort d'un être humain, fût-ce pour retarder le décès d'autres personnes.

Le catéchisme regrette les maux et les injustices qu'entraîne toute guerre : tout doit être mis en œuvre pour éviter les conflits, la famine, les épidémies, la peste. Les pratiques délibérément contraires au droit des personnes et à ses principes universels sont des crimes. La course aux armements est également condamnée comme une plaie extrêmement grave de l'humanité.

DANS L'ISLAM

Comme le christianisme, l'islam s'est propulsé de manière foudroyante à la tête d'un immense empire. Il couvrait toutes les possessions asiatiques et africaines de l'Empire byzantin, à l'exception de l'Asie Mineure, avec de plus la Perse, l'Afghanistan, l'Asie centrale et la péninsule Ibérique. Il est clair que ce territoire gigantesque n'a pas été conquis par la seule prédication.

En vérité, le Coran recommande de respecter les peuples du Livre (juifs et chrétiens), dans la mesure où ils se soumettent à l'autorité temporelle d'une souveraineté musulmane. Dans le cas contraire, il n'y avait point de place pour les infidèles restés en dehors de l'alliance abrahamique : ils n'avaient de choix qu'entre la conversion à l'islam ou la mort.

Dur dans ses principes, l'islam s'est montré relativement conciliant dans les faits, contrairement aux chrétiens dont l'évangile d'amour fut violé tout au long de son histoire. Cette différence entre chrétienté et islam tient au fait que, dès ses débuts, la communauté musulmane apparut comme une armée de guerriers, experts en droit de la guerre, et connaissant le prix de la clémence. Le christianisme, au contraire, n'avait pas la vocation d'une religion guerrière. Il se retrouva presque malgré lui en possession d'une puissance temporelle et d'un potentiel militaire dont il abusa par inexpérience. Ainsi, le sort des minorités chrétiennes ou juives en terre d'islam fut somme toute moins dur que le sort des juifs ou des musulmans en terre de chrétienté.

Comme les chrétiens, les musulmans n'hésitèrent pas à diriger contre leurs propres frères leur violence militaire. Qu'il s'agisse des querelles liées à la succession de Muhammad, des guerres endémiques entre classes ou entre dynasties rivales, de l'animosité entre Arabes et Perses ou entre Arabes et Turcs, ou des guerres entre États arabes modernes, il apparaît que, comme le christianisme, l'islam a souvent été impuissant à juguler la violence meurtrière de ses adeptes. Le *jihâd*, improprement traduit par les termes antinomiques de « guerre sainte », signifie avant tout la lutte que l'individu doit mener contre ses propres passions dans un effort pour promouvoir le règne d'Allah, en soi-même et dans le monde. Muhammad, dans les débuts de sa prédication, prôna la non-violence face aux persécutions dont lui-même et ses compagnons furent l'objet. Mais la violence orale de ses diatribes contre l'idolâtrie de ses concitoyens exacerba celle de la réaction mecquoise au point que le conflit aboutit au *Serment de guerre* secrètement prononcé juste avant l'Hégire (émigration à Médine) par soixante-treize auxiliaires du prophète. D'où les premiers versets coraniques autorisant en premier lieu la lutte de légitime défense[1], qui limite les excès de la vendetta classique. Par la suite, d'autres versets coraniques l'étendront à l'ordre direct de combattre[2] qui entraînera une longue série d'expéditions militaires à mesure que le prédicateur se transformera en chef politico-militaire, législateur et stratège de génie. Nombreux sont les versets coraniques à promettre le paradis aux combattants d'Allah. L'ordre biblique de ne pas tuer fut transgressé au nom de la légitime défense : le premier réel combat de l'islam en l'an 2 de l'Hégire eut lieu en profanation du « mois sacré », *radjab*, durant lequel, selon la loi antéislamique, il était interdit de verser le sang. Le verset 217 de la deuxième sourate justifie la violation du mois sacré par l'offense envers Allah que représente la persécution de ses fidèles. Le Coran interdit de tuer sans droit : ce droit conduira Muhammad de la légitime défense à la conquête politico-militaire pour l'expansion de l'islam à partir de Médine. Ce lieu fondateur de la *pax islamica* fut bâti sur l'éradication de toute présence juive en cette cité, comme dans toute la péninsule arabique précédemment fécondée, durant des siècles, par les gardiens de la Tora de Moshè. Faute d'avoir compris le véritable sens de ce principe, l'un des cinq piliers de l'islam, l'Occident l'accuse souvent de violence expansionniste. En fait, les musulmans ne sont ni plus ni moins expansionnistes que ne l'ont été les chrétiens tout au long de leur histoire. La seule différence est que l'expansion islamique n'est pas finie, alors que celle du christianisme semble régresser. Non seulement le Coran gagne de nouveaux adeptes en Afrique et en Occident de tradition chrétienne, mais en plus il regagne du terrain dans des régions d'où il avait été presque éradiqué par la propagande marxiste-léniniste : dans les Balkans, le Caucase, l'Asie centrale et surtout la Chine.

Si l'islam s'est acquis une réputation de violence sanguinaire, c'est aussi à cause de l'inquiétude provoquée par les

1. Coran 22, 39.
2. Coran 2, 244.

succès de son expansion. Les événements récents qui ont ensanglanté l'Algérie ont contribué à imposer ce constat. Mais les assassins affiliés au G.I.A., Groupe islamique armé, comme les talibans en Afghanistan, ou les milices acharnées à empêcher l'indépendance de Timor n'ont fait qu'utiliser la couverture du fondamentalisme religieux pour perpétrer les pires avanies. Ce serait faire un amalgame terrible que de voir dans ces profanateurs les principes mêmes de la morale musulmane, celle des « combattants de la foi ».

L'islam le plus authentique qui ait jamais fleuri est sans doute celui qu'honore la mémoire historique de l'Andalousie. Ce bref mais lumineux épisode marque la coexistence féconde des trois religions monothéistes sous le ciel clément de l'Andalousie arabo-musulmane. Malheureusement, cet heureux épisode ne dura guère et fut interrompu par l'invasion des Almorabites, Berbères islamisés qui se voulaient meilleurs musulmans que leurs frères arabes. L'aventure se termina en 1492 par l'expulsion massive des musulmans et des juifs de l'Espagne où ils avaient tenté de réaliser le rêve qui m'habite encore, celui de l'union salvatrice des trois religions abrahamiques, le judaïsme, le christianisme et l'islam.

AILLEURS DANS LE MONDE

Rares sont les religions, les morales ou les systèmes de pensée qui légitiment l'homicide. Cependant, on n'en finirait pas d'énumérer les assassinats et les massacres perpétrés par des peuples qui ont, par ailleurs, produit de grands écrivains, des artistes sublimes, des penseurs idéalistes et de graves moralistes.

Il faut ici citer le cas de l'Allemagne qui est le plus frappant à cet égard. Ce pays, patrie de Bach et de Beethoven, de Goethe, de Kant et de Hegel, constituait, depuis la fin du XVIIe siècle au moins, l'un des centres de la culture européenne. Ce même pays mit à profit son potentiel militaire et son habileté technologique pour perpétrer le plus grand assassinat de tous les temps, supprimant sans laisser de trace des millions de juifs et de tziganes pour la seule raison qu'ils étaient nés juifs ou tziganes. Et il ne sert de rien de se rassurer en pensant que les nazis ont perpétré ce crime parce qu'ils adhéraient à un système de pensée en marge des religions abrahamiques. La plupart des bourreaux nazis étaient de culture et de tradition luthérienne ou catholique. Loin de les détourner de leur dessein, la religion chrétienne, ou plutôt une certaine dérive antisémite du christianisme, ne fit que les conforter dans leur macabre entreprise.

Le respect des dhimmis n'a pas non plus empêché les Turcs de tuer en quelques semaines, au début de ce siècle, un million cinq cent mille Arméniens, créant ainsi un précédent dans la pratique du génocide. À l'exception du président Wilson et de quelques bonnes âmes en France et en Angleterre, personne ne s'était préoccupé du sort des Arméniens, victimes de cette barbarie ; l'idée fit, plus tard, son chemin dans le cerveau malade de Hitler et des architectes nazis de la solution finale.

GUERRES JUSTES, GUERRES INJUSTES

Au cours d'une traversée du Sahara, hors des chemins battus, en pleine brousse africaine, en compagnie d'un religieux, le père René Voillaume, et de deux religieuses, mère Madeleine et sœur Jeanne, fondateurs de l'Ordre des Petits Frères et Sœurs de Jésus, nous avons assisté, sur la route de Kano à Mora et Moroua, à un spectacle inoubliable. Nous nous enfoncions dans l'Afrique profonde dans des paysages qu'André Gide considérait comme les plus beaux du monde.

La nuit du 31 décembre au 1er janvier 1952, nous avons assisté à l'enterrement de plusieurs victimes d'une guerre qui avait éclaté entre les habitants de deux villages voisins. Ce que nous voyions, ce que nous entendions, nous a ramené aux origines de l'humanité, à l'époque où Moshè, sur sa montagne déserte, proclama l'interdiction de tuer. Les belligérants de cette guerre, après s'être insultés, sur les deux rives d'une rivière, plusieurs jours durant, se sont battus à coups de flèches, de lances et de haches. Près du village, auquel les huttes donnent l'aspect d'un rucher planté au sommet de la colline, les veuves chantèrent de lugubres litanies, dansèrent la nuit entière autour des tombes de leurs époux et de leurs enfants, entourés d'hommes et de femmes nus accourus du voisinage. Ces rites funèbres durèrent trois jours et trois nuits. Chants et danses étaient accompagnés par un tam-tam lancinant soutenu par le cri déchirant de cornes de béliers, les antiques *shofars* de la Bible.

Essentiellement, la guerre n'a pas changé de visage. Le conflit qui la motive doit être résolu par la force. Pour les belligérants, le devoir est le même, qu'il s'agisse d'une guerre juste ou injuste : se battre et gagner. Le but est de détruire l'ennemi et de le soumettre à merci.

Le paradoxe est que la guerre, condamnée en principe par toute loi humaine ou divine, a donné naissance à des codes de bonne conduite qui régissent les opérations permises, tolérées ou interdites en temps de guerre. La loi est de battre l'ennemi, mais de le tuer en conformité avec la règle, code de l'honneur ou conventions internationales. La conduite de toute guerre, de tous temps, est d'obéir à ces lois alors qu'il n'existe aucune règle pour codifier la bonne manière de voler, de violer ou d'assassiner. Les justifications ne manquent pas pour expliquer cette anomalie : l'égalité des combattants dans la permissivité des actes de guerre les justifie aux yeux des peuples.

Cette vision de la guerre est longuement analysée dans le livre de Karl von Clausewitz, *De la guerre* : « La guerre est un acte de violence qui théoriquement n'a pas de limites. » En fait, chacun des ennemis définit la loi de l'autre, selon ce que Hobbes[1] appelait « une nécessité de nature ». Cette nécessité est cependant si peu *de nature* que l'homme est la

1. Thomas Hobbes, 1588-1679, philosophe anglais auteur de *De cive* et du *Léviathan.*

seule créature à avoir inventé et constamment pratiqué l'art de la guerre. Thucydide[1] l'a bien dit : la volonté de puissance est le moteur de l'histoire universelle.

Je ne saurai jamais les raisons de la guerre dont nous avions été les témoins dans nos nuits africaines ni si elle était juste ou injuste. À vrai dire, toute guerre est juste ou injuste, aux yeux de ceux qui la font. De Titus à Hitler, tous les pires criminels de l'histoire étaient et demeurent persuadés de leur bon droit ; pour Titus, il fallait écraser une nation qui faisait obstacle à son rêve d'étendre l'Empire à l'univers entier, pour Hitler le rêve était essentiellement le même : donner le gouvernement du monde à la seule race élue, la race aryenne.

L'invasion injuste de la Pologne en 1939, sans déclaration de guerre, prenait au piège non seulement un peuple à peu près désarmé mais, de plus, sa communauté juive la plus nombreuse d'Europe, que les nazis vouaient à l'extermination. La déclaration de guerre de l'Angleterre et de la France à l'Allemagne subjuguée par Hitler avait pour but de mettre un terme à l'expansion nazie et de se porter au secours du peuple polonais et des victimes de l'idéologie hitlérienne dont l'horreur commençait à transpirer au-delà des frontières de l'Allemagne nazie[2].

Le problème de savoir s'il existait des guerres justes s'était posé avec urgence lorsque Hitler déclara au Premier ministre britannique, Neville Chamberlain, le 15 septembre 1938, que l'Allemagne exigeait l'autodétermination des Sudètes de Tchécoslovaquie et que pour arriver à ce but « il affronterait n'importe quelle guerre, même mondiale ». Il était résolu d'intégrer dans le Reich allemand les trois millions de germanophones des régions convoitées. L'Europe se posait une question : fallait-il faire tuer des milliers de combattants pour satisfaire l'ambition de Hitler ? Les accords de Munich du 30 septembre 1938 ne réussirent pas à faire reculer le massacre de la guerre mondiale qu'il

1. Thucydide, vers – 460 – 400, célèbre philosophe grec, auteur de l'*Histoire de la guerre du Péloponnèse*.
2. Michael Walzar, *Guerres justes et injustes*, Belin, 1997.

préparait. En France, ces accords avaient été approuvés par la Chambre des députés par 535 voix contre 75. Comme le dit alors Winston Churchill avec sa causticité légendaire : « On a voulu choisir entre le déshonneur et la guerre, on a eu le déshonneur et on aura la guerre. »

René Cassin, lui, prévoyait lucidement que Munich annonçait un affrontement inévitable. Ce cauchemar fortifia en lui le désir de voir la guerre officiellement déclarée hors la loi, et l'homme protégé en ses droits vitaux par la *déclaration universelle de ses droits*[1].

Les cinq millions de victimes de la Grande Guerre 1914-1918 avaient suscité l'espoir que ce serait bien « la der des ders ». Depuis, une succession de conflits armés continuent d'ensanglanter la planète. À elle seule, la Seconde Guerre mondiale, avec les cinquante millions de victimes sur les champs de bataille franco-allemands et au moins vingt autres millions dans des conflits annexes, a causé plus de morts que n'en firent tous les autres affrontements de l'histoire universelle. En ce XXe siècle, tout ce sang pour n'avoir pas respecté ces quatre petits mots : *Tu ne tueras point* !

Clausewitz écrivait encore : « La guerre peut être parfois d'une grande intensité, parfois d'une intensité moindre... Il peut exister des guerres d'importance et d'énergie différentes allant de la guerre d'extermination au simple état d'observation armée. »

Nous vivons, à coup sûr, en *état d'observation armée*. Mais le paradoxe veut que depuis l'effondrement de la puissance soviétique, nul ne sait qui observe qui, ni pourquoi. Tous les efforts des bonnes âmes pour aboutir à quelque désarmement que ce fût, amorcés par la Société des Nations et poursuivis par l'Organisation des Nations unies, ont tous piteusement échoué. Non seulement nul ne désarme mais tous et chacun continuent à réarmer.

Depuis 1921, les efforts des forces de paix n'ont abouti à aucun résultat positif. Malgré les nombreuses conférences internationales à La Haye, à Paris et ailleurs, les manifesta-

1. Marc Agi, *René Cassin*, Plon, 1979. Gérard Israël, *René Cassin*, Desclée de Brouwer, 1990.

tions des mouvements pacifistes des États-Unis, des socialistes du monde entier, y compris du Japon, des chrétiens soutenus par leurs Églises, ou par des objecteurs de conscience de toutes tendances, le monde, au lieu de connaître la paix, fut plongé dans une guerre totale voulue par Hitler ; elle finit par éclater en 1939. Depuis la paix, la course aux armements a repris de plus belle, pendant la guerre froide. La faillite du communisme, son effondrement et celui des dictatures qui ont ensanglanté le siècle n'ont guère provoqué la prise de conscience qui permettrait un vrai désarmement des esprits et des armées. Nous en sommes fort loin, malgré les conditions réunies pour en rendre le projet moins chimérique qu'au siècle dernier. Le XXIe siècle aura pour mission, s'il veut survivre, de bâtir une paix qui ne repose pas seulement sur l'équilibre de la terreur, mais sur la prise de conscience de la folie que le siècle dernier n'a pas su guérir.

DE NOS JOURS, PROTÉGER LA VIE

Au lendemain de la dernière guerre mondiale, nous étions alarmés par les perspectives réservées à l'humanité par les armements modernes. Les arsenaux nucléaires possédaient quelque cinq cents bombes ! Nous étions plusieurs à espérer que les gouvernements auraient la lucidité d'arrêter la fabrication de ces bombes meurtrières. Pour mesurer l'efficacité de l'action des sages qui espéraient enrayer la prolifération de ces engins, dénonçons aujourd'hui l'existence de quelque cent mille bombes nucléaires qui représentent six cent mille fois la puissance qui détruisit Hiroshima, victime du premier assassinat nucléaire prémédité commis au moyen de cette bombe. De nombreuses associations s'opposent dans le monde entier à ce réarmement, sans grand succès hélas [1] !

1. Parmi ces mouvements, citons : Association des étudiants pour la prévention de la guerre nucléaire (A.E.P.G.N. Belgique) — Coalition européenne pour l'interdiction des essais nucléaires (C.E.I.N. Belgique) — Commission non-violence Pax Christi — Coordination de l'action non-violente de l'Arche (C.A.N.V.A.) —

Les techniques de fabrication de ces engins se sont développées, ils ont atteint des puissances redoutables : les moyens de les fabriquer sont à la portée d'un grand nombre d'États. Il suffit de le vouloir et de pouvoir investir les sommes nécessaires, quelques centaines de millions de dollars pour se procurer, officiellement ou au marché noir, la fameuse bombe. Les mafias spécialisées sont sur le terrain et facilitent le commerce interdit auquel se livrent les Européens, les Américains, les Africains et les Asiatiques. Voici plusieurs années, des Russes ont été arrêtés, accusés de ce trafic redoutable : troquer de la drogue contre certains composants de l'arme nucléaire. Jacques Attali, que le secrétaire général de l'O.N.U. avait chargé de préparer un rapport sur la prolifération et le trafic des armes nucléaires, a défini un « plan de la dernière chance » : il recommande de « s'y lancer ne serait-ce que pour montrer que le probable n'est pas toujours fatal, qu'un plan d'action est encore envisageable ». Il le publie en précisant lui-même qu'il n'a pas « l'illusion que les mesures préconisées pourront toutes être appliquées demain ou après-demain ». Elles supposent trop de raison et de sens du bien commun pour être adoptées par des États qu'elles déposséderont d'une part de leur pouvoir de mort. Les mêmes experts nous assurent que le danger nucléaire est mineur auprès des risques que présentent les armes biologiques ou chimiques. Les vingt pays qui sont en mesure d'utiliser ou de fabriquer leurs bombes disposent également d'armements dont la prolifération devrait inquiéter, voire angoisser, non seulement les États, mais les peuples. Au lieu de cela, l'indifférence continue de régner. Les gou-

---

Causse du Larzac — Entente libertaire pour le désarmement unilatéral — Groupe de scientifiques pour l'information sur l'énergie nucléaire (G.S.I.E.N.) — Ligue internationale des femmes pour la paix et la liberté (L.I.F.P.L. — Section française) — Mouvement international de la réconciliation (M.I.R. — Branche française) — Mouvement pour l'autogestion distributive (M.A.D.) — Mouvement pour une alternative non-violente (M.A.N.) — Non-violence actualité (N.V.A.) — Rassemblement des Varois pour la paix — Réseau 56 « Pour sortir du nucléaire » — Réseau d'information aux réfractaires (RIRe) — Réseaux Espérance Poitiers — Silence (Écologie/Alternatives/Non-violence) — Stop Essais ! Abolition des armes nucléaires — Stop Mégajoule.

vernements continuent d'investir des sommes inimaginables pour développer et parfaire le potentiel de destruction qui permettrait de tuer plusieurs fois les individus qui peuplent la planète et même de déclencher, à peu de frais, l'hiver nucléaire qui anéantirait non seulement l'humanité, mais aussi toute trace de vie sur une terre désertique et morte. L'une des dernières inventions, le projet de construction du laser Mégajoule, est susceptible aujourd'hui de relancer la course aux armements nucléaires. Il est destiné à mettre au point des bombes nucléaires pour le prochain demi-siècle, afin d'en augmenter la puissance de feu et la capacité destructrice. Ce projet, qualifié de mégalomaniaque, coûtera plus de 10 milliards. Il est commandé par une petite bille de un millimètre de diamètre, portée en dix milliardièmes de seconde à trois millions de degrés. Ces artisans, pour nous rassurer, nous disent qu'une de ces bombes maniée dans des conditions optimales ne pourrait éclater accidentellement que dans un délai de mille ans. Certes ! Mais qu'en est-il des quelque cent mille bombes engrangées dans nos arsenaux ? En fait de probabilité, faudrait-il diviser cent mille par mille pour avoir statistiquement la date certaine de la fin du monde ? Auprès de ce que Jacques Attali appelle l'« économie de l'apocalypse », il faudrait encore définir l'heure de cette mort industrielle et apocalyptique, parler de l'artisanat mortifère, aux visages innombrables qui menacent la vie sur notre planète.

Les mines antipersonnelles, enfouies dans les campagnes par centaines de milliers, font quotidiennement des morts et des estropiés, surtout des enfants, victimes de ces atrocités en Asie et en Afrique. La terre, au lieu d'accueillir des semences de vie, cache en son sein des semences de mort, qu'Henri Atlan évoque dans ses *Étincelles de hasard* : « graines de mort, elles sont la pollution du serpent[1] ».

Contre tous ces dangers, en lettres de feu, se dresse l'impératif du sixième commandement : *Tu n'assassineras pas.* Il conditionne l'avenir de l'humanité ou son suicide.

1. Henri Atlan, *Les Étincelles de hasard*, tome I : *Connaissance spermatique.* Science sans conscience ? p. 209.

Le commandement implique aujourd'hui les questions de biologie fondamentale étroitement liées à l'éthique biologique. Les questions de contraception, de planification familiale, d'avortement clinique se posent à nouveau à la lumière des découvertes chaque jour renouvelées de la science. Des communautés religieuses, spécialement les juifs et les catholiques, sont poussées à reconsidérer leurs positions héritées de traditions anciennes qui remontent aux siècles de la Bible et du Nouveau Testament. Fidèles au Talmud, les juifs, plus particulièrement les rabbins orthodoxes, sont inflexibles sur la défense de la vie, fut-elle fœtale, comme sur les règles qui permettent la pratique de prélèvement d'organes ou de l'autopsie. L'Église catholique insiste sur le principe de mettre l'humain au service de Dieu et des hommes.

La vie humaine est inviolable : nul ne peut y mettre fin par un crime, un suicide, un avortement ou par euthanasie. La personne existe pour le bien de tous. L'homme est placé parfois devant de cruels dilemmes : faut-il ôter la vie d'un fœtus pour garder vivante une femme en couches ? Faut-il mettre fin aux souffrances d'un malade en phase terminale ? D'innombrables problèmes de ce genre surgissent quotidiennement dans les hôpitaux et les cliniques, auxquels les familles, les médecins et les prêtres s'efforcent de répondre de leur mieux. Les réponses varient selon les écoles, les religions, les cultures et les personnes confrontées à la mort.

La sexualité a deux finalités : assurer la permanence de la race et le bonheur des couples dans l'amour.

D'autres communautés religieuses, protestants, orthodoxes orientaux, musulmans, hindous, bouddhistes, ont des approches différenciées des problèmes d'éthique médicale et biologique. D'innombrables comités d'éthique orientent les esprits sans aboutir à des positions identiques, fût-ce à l'intérieur des communautés juive ou catholique. Dans ces temps de mutation les décisions prises varient selon l'infinie complexité des personnes et des temps, et selon qu'il s'agisse de laïcs ou de religieux. Un exemple des positions multiples en face de la défense de la vie se trouve dans les positions prises en cas d'euthanasie : quand et comment aider un patient en phase terminale ? Qui a le droit d'abréger la vie d'un prochain qui le souhaite ou même le demande ? A-t-on le droit d'infliger à un patient un traitement qu'il refuse pour des raisons de croyances religieuses ?

Les savants peuvent modifier la nature des espèces végétale, animale ou humaine par des manipulations génétiques. Le doivent-ils ? Et dans quelle mesure ? Qui doit sanctionner leurs choix ? Quelles conséquences auront-ils ?

Mille questions de ce type se posent quotidiennement dans les laboratoires, les cliniques, les hôpitaux.

Médecins de toutes spécialités, directeurs spirituels de tous bords, philosophes et sociologues tentent de redéfinir et de compléter le serment d'Hippocrate à la lumière des progrès de nos connaissances. Ce serment, émanant de pythagoriciens de l'Île de Cos, date du IVe siècle avant J.-C. Les comités d'éthique avancent des réponses, définissent des codes nouveaux dans la tradition de renouvellement amorcée en 1797 à Manchester par Thomas Percival, ou, en 1847, aux États-Unis, par l'American Medical Association, suivis de nos jours par de multiples comités d'éthique. Quelles que soient leurs tendances, les problèmes concrets se traitent au chevet d'un patient assisté par son médecin avec les conseils de sa famille et de ses amis. Ainsi progresse dans nos vies l'ordre de ne pas tuer.

VERS UNE ÉTHIQUE GLOBALE

Malgré le commandement divin, la Bible est pleine de violences et de meurtres. Cette contradiction, qu'on ne peut effacer, n'est pas interne au commandement mais à la nature de l'homme, cet assassin potentiel.

Il est si vulnérable de sa naissance à sa mort qu'un instinct de défense peut faire de lui un agresseur, identique en l'homme moderne et en l'homme des cavernes. La différence se situe dans l'étendue des ravages que le même geste produit : si la main manie un poignard ou déclenche une bombe atomique, elle tue un homme ou efface une ville de la carte du monde. Demain, ce geste sera capable d'anéantir toute trace de vie sur notre planète.

Pour faire respecter le sixième commandement, il importe avant tout de comprendre les mobiles essentiels du meurtre. Outre les cas relevant de la pathologie où l'assassin agit par pur sadisme, la plupart des assassinats sont provoqués par le désir de vengeance, la jalousie ou la peur. C'est le cas du premier meurtre dans la Bible : Caïn tue son frère Abel par pure jalousie[1].

La jalousie surgit quand naît une altérité à laquelle le jaloux est susceptible de s'identifier. Un homme n'enviera que rarement le parfum ou la robe d'une femme. La jalousie naît entre deux êtres ayant des intérêts antagonistes : l'homme enviera plutôt un autre homme, une femme une autre femme, un État un autre État.

La peur est un autre mobile du meurtre. La peur d'être tué pousse à tuer en premier, dès lors qu'aucune dissuasion efficace ne peut déjouer l'escalade de la violence. La peur de l'autre et de sa différence entraîne des phénomènes de répression, de guerre, voire de génocide.

La vengeance n'est que la réplique à une violence subie. Il importe avant tout de se concentrer sur ses causes, car une fois éradiquées la jalousie et la peur, il y aurait beaucoup moins de raisons de se venger.

Le meilleur moyen pour l'homme de dominer ces mobiles fondamentaux serait de se recentrer en lui-même afin de faire ou refaire alliance avec le seul Être qui le dépasse : l'Être suprême, source de vie. Cette alliance avec la divinité transcende toutes les alliances particulières entre humains. Elle est la clé de voûte de toutes les alliances contractées ici-bas, que nourrira le respect de l'Autre.

L'abolition de la violence doit faire intervenir tous les niveaux, toutes les instances : le niveau individuel, familial, social, national, international et même le rapport entre les différentes espèces du monde animal, voire les différents

1. Gn. 4, 8.

ordres de la création. Une société qui respecterait la vie des autres êtres vivants ne serait-elle pas mieux disposée à respecter celle des hommes ? Une société où les femmes joueraient un plus grand rôle ne serait-elle pas plus disposée à épargner la vie des jeunes gens envoyés à la guerre ? La première femme à l'aube de l'humanité se nomme Ève, *Hava*, « la vivante ». Celle-ci donne la vie, qui est offrande et réceptacle de vie. N'est-elle pas ordonnée par nature à sa préservation ? Un monde où des hommes seraient associés à des femmes pacifiées et pacifiantes, matricielles pour tout dire, ne serait-il pas plus harmonieux qu'il ne l'est, voué à la guerre et à toutes les violences ? Les problèmes soulevés par les Dix Commandements sont ainsi, de nos jours, plus nombreux que jamais. En face de la vie et de la mort chaque être humain doit faire son choix, selon la règle à jamais actuelle définie en même temps que le Décalogue par Moshè :

> *« ... la vie et la mort, je les donne en face de vous,*
> *la bénédiction et la malédiction :*
> *choisis la vie afin que tu vives*[1]*... »*

> *En marche, l'homme qui ne va pas au conseil des criminels,*
> *ne s'arrête pas sur la route des fauteurs,*
> *n'habite pas l'habitat des railleurs*
> *mais a son désir dans la tora de* adonaï IHVH
> *et murmure sa tora jour et nuit.*
> *Il est comme un arbre transplanté sur des canaux d'eaux,*
> *qui donne son fruit en son temps.*
> *Son feuillage ne fane pas, tout ce qu'il fait triomphe.*
> *Pas ainsi des criminels,*
> *ils sont comme la glume que cingle un souffle.*
> *Aussi, les criminels ne se lèveront pas au jugement,*
> *ni les fauteurs dans la communauté des justes.*
> *Oui,* adonaï IHVH *pénètre la route des justes.*
> *La route des criminels perd*[2]*.*

1. Dt. 30, 19.
2. Ps. 1-6.

La route de la mort sur laquelle le premier Psaume nous demande de ne pas aller, tous autant que nous sommes, nous y courons. La mort est devenue le berger que nous suivons docilement jusqu'au suicide universel qu'elle nous a convaincus de préparer de nos mains. Et pour que son œuvre soit parfaite, elle nous a rendus aveugles à l'œuvre de nos mains.

La route de la mort, la voilà en quelques chiffres : deux milliards d'hommes affamés sur la planète, des centaines de millions asservis à des régimes politiques meurtriers, négateurs de toutes les valeurs auxquelles nous affectons de croire, quelque cent millions de victimes assassinées par les guerres et les conflits pendant le dernier siècle.

La route de la vie, la voilà aussi ouverte en face de nous. Mais là encore nous détournons la tête, nous refusons non seulement de nous y engager, mais simplement de prendre conscience de son existence. À la mesure des périls de notre temps, la route de la vie ouvre devant l'homme des possibilités hier inimaginables de progrès de connaissance, d'approfondissement, de liberté, de libération, de salut.

Cet ordre a cessé d'être un vœu pieux pour devenir la condition certaine de la survie des mondes. D'où, sans doute, la nécessité d'un éveil spirituel pour nous rendre attentifs aux réalités qui naissent de nos choix et de notre espérance.

Ainsi l'éclipse solaire du 11 août 1999 a-t-elle été perçue contradictoirement comme un signe annonciateur des déferlements eschatologiques ou des libérations messianiques. Pour les croyants, dans la lutte contre la bête qui sommeille en tout homme, la Bible, les Évangiles ou le Coran, comme les Veda de l'Inde ou les textes célébrant les Quatre Nobles Vérités du bouddhisme, dressent leurs armes spirituelles face aux instruments de violence et de mort de la bête.

Dès notre naissance, nous sommes confrontés à un monde qui exclut l'indifférence. Récitez le Décalogue en hébreu, en grec, en arabe ou dans les 2 170 langues où les Dix Paroles sont actuellement traduites : vous rencontrerez un monde qui exige un choix entre la lumière et les ténèbres, entre la vie et la mort. Il y a deux voies. Nous sommes avertis : le monde est cassé en deux. Un choix devient nécessaire :

il est l'exigence et le risque de cette brisure. Celle-ci exprime une évidence : les ténèbres et la lumière se partagent l'universalité physique et spirituelle du réel.

Relisons le Décalogue. Chacune de ses Dix Paroles décrit le monde de la lumière et de l'unité, de l'amour et de la vie, opposé à celui de la division, de l'idolâtrie, de l'assassinat, de l'adultère, du vol, du mensonge et de la convoitise, gouvernés par les ténèbres et la mort. Moshè en accord avec Jésus et Muhammad nous l'ordonne : *Choisis la vie afin que tu vives.*

LE SEPTIÈME COMMANDEMENT

Tu n'adultéreras pas.

Les trente-deux occurrences de la racine *na'af* dans la Bible hébraïque ont pour sens fondamental celui, voisin de la racine hébraïque du verbe *zana*, de « putasser », « se prostituer ». Le mot n'apparaît qu'à trois reprises dans le Pentateuque[1]. Les prophètes, notamment Osée, Isaïe, Jérémie, Ézéchiel[2], accusent Israël, épouse infidèle de adonaï IHVH, non pas d'adultère, mais plus gravement encore de se prostituer, dans tous les sens du terme.

Tu ne commettras pas l'adultère, disent les traductions. L'hébreu *na'af* a un sens bien plus large. L'adultère est l'un des cas où cette racine peut s'employer, mais elle ne recouvre pas la seule trahison de la fidélité que les époux se doivent. Ce sens a été privilégié en chrétienté du fait de la gravité accrue de l'adultère dans le mariage monogame. En milieu polygame, c'est-à-dire dans l'humanité entière à l'époque où les Dix Commandements sont proclamés, ce commandement condamne non seulement l'adultère, mais toute *adultération* de la conduite de l'homme ou de la femme, dans ses rapports vis-à-vis d'autrui ou d'elle-même. Au Moyen Âge, l'*adulterator* était un falsificateur de monnaie. Le *noef* ou la *noefet* sont des personnes qui violent les règles admises non seulement au sein du mariage, mais de toute bonne conduite. L'adulté-

1. Ex. 20, 14 ; Dt. 5, 17 ; Lv. 20, 10.
2. Is. 57, 9 ; Jér. 3, 8-9 ; 7, 9 ; 9, 1 ; 23, 14 ; Éz. 16, 1 ; 16, 38 ; 23, 45 ; Os. 3, 1.

rateur doit être compris ici dans son sens depuis le XVIe siècle d'altérer la pureté, de falsifier. Le *noef* est ainsi un adultère, un brigand, un escroc, un dévoyé, un débauché en tous genres de malversations... en tous sexes, toutes inconduites ou toutes déloyautés.

Le septième commandement doit être ainsi compris beaucoup plus largement. Les traducteurs de la Bible étaient conscients de la difficulté présentée par la racine *na'af*. Le grec *moikheneis* fut choisi pour mieux insister sur la responsabilité morale et juridique de l'homme qui entretient des rapports avec la femme d'autrui.

Saint Jérôme[1] a employé un verbe latin qui n'est autre qu'un emprunt au grec. *Moechari* est un mot d'argot latin qui désigne l'action de se livrer à la débauche. Comme on le voit, la ressemblance entre les signifiants dissimule une grande divergence de sens : alors qu'en grec le verbe est avant tout un terme juridique, en latin, il relève du registre moral. On mesure les conséquences d'un tel glissement dans une certaine tendance au puritanisme.

D'ailleurs, l'homme était en droit de se marier légitimement avec plusieurs femmes. Pour lui, le crime d'adultère n'existait qu'avec une femme mariée, les femmes libres lui étant toujours permises soit comme épouses légitimes, soit comme concubines. Le respect d'une certaine éthique dans les rapports sexuels ne revêt donc pas le même sens dans une société polygame, comme l'était celle des Hébreux de la Bible, ou dans nos seules sociétés occidentales à prédominance monogame.

Le mariage biblique sacralise la vie et l'amour : il se rattache à la volonté créatrice de adonaï IHVH. Il participe ainsi du mys-

1. Saint Jérôme, 347-420, Latin de Dalmatie, choisit de vivre en Orient, à Antioche puis à Bethléem où il donna son empreinte aux vieilles versions latines de la Bible. Sa traduction s'appuyait sur ces anciennes versions latines de la Bible et sur les *Hexaples*, édition synoptique de six versions grecques de la Bible hébraïque faite par Origène (185-254). Après la Septante dont il s'inspira aussi, la traduction de saint Jérôme connue sous le nom de *Vulgate* s'imposa à tout l'Occident latin et eut une influence incomparable. En plus de sa traduction latine de la Bible, Jérôme, grand écrivain, rayonna notamment par ses *Lettres*.

tère de la création, fondatrice de l'univers et de l'humanité. Le mari est le maître, *ba'al*, dans le couple et dans la famille. Le versement d'une dot (*Mohar*) au père de la fiancée atteste que le mariage est accompli selon les règles. Cette dot, dont seul l'usufruit est disponible, servira de garantie pour la femme, en cas de répudiation ou de veuvage. Le constat de la virginité de la jeune fille est essentiel : un linge taché du sang de la défloration en apportera la preuve. Si la jeune épouse n'est pas vierge, elle encourt la peine de lapidation[1]. La preuve de la bénédiction divine est donnée par la naissance d'une nombreuse descendance. La stérilité est considérée comme un malheur. Le cas échéant, la femme peut mettre dans les bras de son mari une servante dont l'enfant sera considéré comme le fils de l'épouse légitime.

Le respect du septième commandement, avec la fidélité de l'amour que se doivent les époux, bâtit l'avenir de toute famille. L'éthique sexuelle vise essentiellement le respect des liens conjugaux : il est interdit de coucher avec la femme d'autrui quand on est un homme ; il est interdit de se donner à un autre homme que son mari quand on est une femme, tout comme il est interdit de servir un autre dieu que l'Élohîms d'Israël quand on est un Hébreu. Comme dans toutes les sociétés antiques, cet interdit vise avant tout à éviter les naissances illégitimes. La préoccupation fondamentale du législateur nous est fournie par la législation concernant les cas de viol. Si la victime du viol est une vierge, le coupable peut se racheter en épousant celle qu'il a violée.

Cette éthique fondamentale a notamment pour corollaire l'interdiction de la prostitution sacrée, pratique caractéristique des cultes cananéens. Outre que les orgies auxquelles on se livrait dans les temples païens étaient entachées du crime d'idolâtrie prohibé par le deuxième commandement, elles présentaient l'inconvénient de brouiller les liens de filiation : un homme risquait de coucher avec la même hiérodule[2] que son père ou que son fils, ce qui serait un inceste aux yeux

1. Dt. 22, 13-29.
2. Prostituée sacrée.

de la législation mosaïque[1]. Ruben, l'aîné des fils de Jacob, fut maudit pour avoir entretenu un commerce sexuel avec Bilha, la concubine de son père.

Parmi les interdits comme la prostitution, l'homosexualité, la sodomie, le *coïtus interruptus*, l'adultère est aussi sévèrement prohibé. Des papyrus écrits en araméen au VIe siècle avant J.-C. stipulent qu'un homme qui trompe sa femme est passible de mort par lapidation, sans doute parce qu'en prenant une concubine il bafoue la famille de son épouse, désordre qui compromet tout équilibre social en compromettant l'authenticité des filiations dans le clan et la tribu, fondements de la société biblique. D'où la peine grave de *Karet*, qui entraîne ici-bas et dans l'au-delà l'exclusion radicale des adultères de toute nature. La personne est *retranchée de ses peuples*, de son alliance, elle est anéantie par sa propre faute[2].

La croyance était alors que la fornication et l'adultère provoquent la stérilité des femmes mais aussi celle de la nature. Leur conséquence normale est la famine : le pays ainsi pollué doit vomir le peuple coupable. L'adultère de la femme et la prostitution sont des figures de l'infidélité collective d'Israël, qui trompe $\overset{\text{adonaï}}{\text{IHVH}}$ et se prostitue aux idoles : ces crimes se correspondent dans leur nature et leurs conséquences. L'adultère est si grave et si sévèrement châtié que la femme soupçonnée peut toujours recourir au jugement de $\overset{\text{adonaï}}{\text{IHVH}}$, par l'ordalie. Pour prouver son innocence, elle est contrainte de boire des « eaux amères ». Si elle est coupable, son ventre gonflera, son sexe sera flétri et sa déchéance servira d'exemple au peuple. La vertu détermine non seulement la fécondité, mais le sexe et la beauté des enfants.

L'une des constantes de l'éthique et de l'esthétique bibliques est de comparer l'alliance entre Élohîms et Israël à une alliance conjugale. Ce leitmotiv aboutit à présenter l'idolâtrie comme une violation d'un lien conjugal, et révèle qu'il y a entre le deuxième et le septième commandement un lien qui

1. Pour une liste détaillée des cas d'inceste, voir Lv. 18.
2. Ex. 30, 33-38 ; Lv. 17, 4-9 ; Gn. 27, 14.

est davantage qu'une figure de style. La pulsion visant à diversifier le plus possible ses partenaires sexuels ne s'apparente-t-elle pas fondamentalement à une dispersion idolâtre ? Inversement, l'affirmation d'un amour exclusif, tel qu'il est chanté dans le Cantique des cantiques, a pour corollaire un rapport privilégié avec l'Être suprême. La multiplication des épouses eut souvent pour résultat l'introduction de cultes idolâtres au sein de la demeure. L'exemple de Salomon est célèbre : son épouse égyptienne avait édifié à Jérusalem un temple à la gloire de ses dieux. Un autre roi d'Israël, Achab, dont la femme Jézabel était sidonienne, se détourna de l'alliance avec adonaï IHVH. Non seulement il subventionna le culte de Ba'al, mais il persécuta les zélateurs de l'Élohîms d'Israël, poussé par sa femme étrangère et idolâtre.

Grave est la duplicité de l'être humain qui n'est plus en mesure d'honorer son alliance avec adonaï IHVH, cette alliance étant inhérente à son être. L'adultère le plus grave dans la logique des Dix Paroles est celui qui oppose le « moi » de l'homme au *Moi-même* du Créateur. L'unité de la créature dans son corps et les promesses qu'elle a faites doivent répondre à l'unité du Créateur et conditionnent la survie de l'être.

Le livre du Lévitique[1] nous permet d'aller plus loin dans la compréhension du sens exact de l'adultération condamnée au même titre que l'assassinat ou le vol.

À la femme de ton concitoyen
tu ne donneras pas ta coucherie, pour la semence,
pour te contaminer avec elle,
Tu ne donneras pas ta semence
Pour la faire passer à Moloch.
Tu ne profaneras pas le nom de ton Élohîms,
Moi, adonaï IHVH.

Ce texte dénonce une pratique courante à l'époque : on sacrifiait ses enfants sur les autels de Moloch, pour se concilier ses bonnes grâces. À Jérusalem même, dans la vallée de

1. Lv. 18, 20-21.

la Géhenne, les parents célébrant les sacrifices d'enfants les déposaient sur les genoux de Moloch, dont le bronze porté au rouge consumait leurs chairs en offrande sacrificielle.

Je mets, moi, mes faces contre cet homme,
contre son clan,
Je le tranche avec tous les putains derrière lui,
qui putassent derrière Moloch,
Au sein de leur peuple.

L'adultération, *niouf*, condamnée ici, vise non seulement les rites sacrificiels du culte de Moloch, mais divers autres usages des nécromants et des devins. La nécromancie pratiquait l'évocation des morts, dans le but d'apprendre d'eux les événements à venir. Les prophètes condamnaient avec insistance cette superstition.

Appeler $\overset{\text{adonaï}}{\text{IHVH}}$ Élohîms du nom de « Dieu » ou des dizaines de noms qui remplacent ce nom propre est, au sens étymologique, aussi une adultération, une falsification de la vérité. Élohîms n'est pas Dieu et Dieu n'est pas Élohîms. Dans seize emplois du verbe *na'af*, il décrit l'acte d'une prostituée qui trahit son être en le commettant. Dans seize autres, l'adultère est commis par Israël ou les autres peuples qui emplissent la terre de falsifications et de trahisons par rapport à leur Créateur.

Les prophètes ont largement traité des thèmes de l'adultère d'Israël, épouse infidèle d'Élohîms[1], ou de l'Église, épouse adultère du Christ. L'alliance de $\overset{\text{adonaï}}{\text{IHVH}}$ avec son peuple est assimilée à un mariage d'amour que toute infidélité souillerait.

1. Os. 2, 5.

DANS LE JUDAÏSME

Alors que la législation biblique avait surtout le souci d'écarter les risques de naissance illégitime, la législation postbiblique prévient toute relation sexuelle non dédiée à la procréation. La motivation essentielle de l'éthique juive est un respect profond de la vie.

Dans l'interprétation du septième commandement par la tradition hébraïque, l'interdit concerne surtout des pratiques qui ne relèvent pas de la violation des liens conjugaux. Ainsi, les relations sexuelles avec une femme sont prohibées si elles ne sont pas légitimées par le mariage, ou si la femme est indisposée ; la fréquentation des prostituées et l'onanisme sont une transgression du septième commandement. Il est interdit d'avorter et de tuer la vie potentielle. Selon les kabbalistes, les spermatozoïdes qui sont émis en vain viennent engrosser Lilith, la mère des démons. Ils enseignent même que durant son sommeil Adam eut une pollution nocturne dont Lilith profita pour engendrer une kyrielle de démons malfaisants.

La notion d'épouse légitime a évolué au fil des temps. La polygamie biblique s'est muée en une monogamie stricte pour les juifs européens — au XIe siècle, par l'interdit d'un rabbin français, Rabbenou Guershom, suivant l'exemple de la société chrétienne. Dans le monde sépharade, il fallut attendre le XVIe siècle pour qu'un amendement similaire soit entériné. Mis à part certaines communautés isolées, la monogamie est entrée dans les mœurs, moyennant une réinterprétation rigoureuse du septième commandement. On mesure le choc culturel que cette mesure provoqua dans le monde juif. Récemment, le romancier israélien A. B. Yehoshua s'est plu à imaginer la rencontre de juifs ashkénazes monogames avec des sépharades polygames, à la fin du Xe siècle[1].

Les juifs qui émigrèrent du Maroc, de Tunisie ou d'Égypte en Israël après la proclamation de l'État en 1948

1. A. B. Yehoshua, *Voyage au bout de l'an mil.*

durent se soumettre à la loi israélienne qui ne connaît qu'un régime matrimonial, la monogamie. Plusieurs cas de polygamie, notamment en cas de stérilité chez des rabbins, posaient un problème. Jusque de nos jours, la force de l'habitude et des traditions aidant, certains Orientaux pratiquent la polygamie de droit tandis qu'en pays monogames elle demeure parfois hypocritement clandestine.

Les rabbins excellèrent à contourner la rigueur de la loi biblique qui condamnait à mort les adultères grâce à une jurisprudence complexe : pour que l'adultère soit proclamé, il fallait que le couple ait pratiqué l'acte sexuel avec pénétration. Les mêmes précautions existent qui permettent de relaxer un mineur qui a couché avec une femme mariée, ou un homme marié avec une mineure.

Au cours des siècles, les prophètes et la tradition juive assignent au mariage hébraïque sa plus grande stabilité et confèrent à la femme — la mère juive — une place centrale dans la vie du couple.

L'amour est le moteur de toute existence, sous toutes ses formes, en tous ses âges. Le Cantique des cantiques, ce poème des poèmes, a été consacré par les Pères de la synagogue comme le livre le plus sacré de la Bible. Les 117 versets qui le composent révèlent deux niveaux de lecture qui se marient harmonieusement : un plan humain où l'auteur met en scène un homme et une femme unis par l'amour, et un plan cosmique relatif à la création entière dans les vastes horizons d'où cet amour surgit et dans lesquels il se meut.

L'amour, moteur de toute vie, remplit l'universalité du réel. Ainsi le Cantique des cantiques marie-t-il l'humain au cosmos dans l'unité de l'amour.

EN CHRÉTIENTÉ

À ses débuts, le christianisme apparut à la fois comme plus sévère et plus conciliant que le judaïsme sur la question de la morale sexuelle. Plus sévère, si l'on pense aux dures paroles de Jésus qui recommande de s'éborgner ou de se mutiler pour éviter l'adultère. Plus conciliant, si on rappelle son attitude vis-à-vis de la femme adultère qu'il sauve de la lapidation.

Du fait même qu'il condamne l'œuvre de chair, le christianisme est amené à condamner l'adultère, aussi bien au sens strict de violation du sacrement du mariage que la débauche au sens large. Le cas d'Origène qui s'émascule lui-même pour ne pas céder à la tentation ou celui d'Abélard qui fut condamné à être châtré pour être libéré de la tentation sont révélateurs de cette tendance castratrice[1].

Le mariage chrétien est par essence indissoluble ; il se fonde sur le principe défini par Jésus : *Que l'homme ne sépare pas ce que Dieu a uni*[2]. Par la suite, les épîtres à Timothée et à Tite qui évoquent les problèmes familiaux soulignent la grandeur de la maternité et de l'ordre de la création[3]. Les responsables de l'Église se doivent de mettre en exergue les vertus familiales. Les jeunes veuves sont engagées à se remarier, à la différence des plus âgées plutôt encouragées à collaborer à la bonne marche de la communauté. La fidélité à l'amour condamne tout adultère, aussi bien à l'égard du Christ que de la tradition apostolique et prophétique.

Aujourd'hui, ce commandement permet au catéchisme de réaffirmer que l'amour est une vocation fondamentale et innée chez tout être humain. Chacun doit ainsi reconnaître et accepter son identité sexuelle. Le Christ est le modèle parfait de chasteté que tout chrétien est appelé à imiter, chacun selon son propre état de vie. L'alliance que les époux ont librement contractée implique un amour fidèle qui leur

1. Origène (185-254) : théologien chrétien, né en Alexandrie, qui s'était fait émasculer pour mieux résister à ses pulsions sexuelles.
Pierre Abélard (1079-1142) : théologien catholique condamné au concile de Soissons (1121). Victime de son amour pour Héloïse, narré dans son *Historia calamitatum*, fut émasculé, pour sanction de son amour illégitime.
2. Mc 10, 1-12.
3. Tim. 2, 15.

confère l'obligation de respecter l'indissolubilité de leur mariage.

La régulation des naissances représente un des aspects de la paternité et de la maternité responsables. Cette régulation n'est admise que par voie naturelle, repoussant l'emploi du préservatif ou toute autre forme de protection. Les juifs laissent à la femme la liberté de se protéger : voici deux millénaires déjà, les rabbins admettaient l'emploi du *mouk*, sorte d'éponge qui entravait dans le vagin une fécondation indésirable.

L'adultère, le divorce, la polygamie et l'union libre sont des « offenses graves à la dignité du mariage », dit encore le *Catéchisme catholique*. L'amour entre homme et femme doit être respecté et magnifié, on ne peut aimer d'un même amour deux hommes ou deux femmes à la fois.

DANS L'ISLAM

De nos jours l'islam, comme toutes les religions confrontées au monde moderne, connaît une crise d'autant plus grave que certains pays musulmans subissent des dictatures qui exercent leur sévices au nom de leurs croyance. Dans la seule religion monothéiste à admettre officiellement de nos jours la polygamie, le septième commandement a le sens beaucoup plus large de condamnation de l'adultération du Nom d'Allah.

L'islam que j'ai rencontré, connu et aimé en Algérie, ressemblait davantage aux souvenirs ancestraux de notre passé andalou. Il existait bien en Algérie coloniale des caïds félons, mais rien ne surpasse la foi d'une foule en prière aux cinq rendez-vous respectés par des musulmans adorant, agenouillés et prosternés pour célébrer le miracle éternel de la vie et de l'amour.

J'ai aimé l'islam en son Coran, que j'ai traduit en homme reconnaissant de retrouver en *langue arabe fluide* le même message avec lequel nos ancêtres s'étaient identifiés de génération en génération dans leurs royaumes, en Espagne ou en Afrique du Nord, où la place du juif était reconnue et protégée, malgré des affrontements difficilement évitables alors, mais qui ne dégénérèrent jamais dans les horreurs des Inquisitions, ni dans les haines invétérées de l'antisémitisme qui déshonorait la chrétienté, avant de dégénérer dans les pires massacres de la Shoah.

À la différence de ce qui se passait en Europe, en Algérie, pas un seul musulman n'avait répondu aux avances qui leur étaient faites pour participer à la curée. Ils avaient tous répliqué spontanément : « Nous ne mangeons pas de ce pain. » *Asberou.* « Patientez. » L'islam leur avait du moins appris que si l'adultère n'est que rarement sanctionné dans leur société polygame, l'*adultération du Nom d'Allah* ne pouvait être permise impunément.

Le pouvoir contemplatif de l'islam s'exprime avec une force inégalable dans l'œuvre de Rûmî[1] :

Allah sans égal a fait des six directions de l'espace un théâtre pour la manifestation de ses signes à ceux qui sont doués de vision.

Afin que, quels que soient l'animal ou la plante qu'ils regardent, ils puissent se tourner sur les prairies de la beauté divine.

C'est pourquoi, Il a dit à la communauté : « Où que vous vous tourniez, ses Faces sont là.

Si vous avez soif et buvez l'eau d'une coupe, c'est Allah que vous contemplez dans l'eau

Celui qui n'est pas amoureux d'Allah

Voit dans l'eau sa propre image, ô, homme doué d'intuition. »

C'est le visage d'Élohîms qu'au miroir d'Allah je contemplais dans les splendeurs d'Allah en terre d'islam, ou le visage du Christ dans les chefs-d'œuvre de la civilisation

1. Djalal-od-Dîn Rûmî : *Mathnawi, la quête de l'Absolu*, Éditions du Rocher, p. 1602.

chrétienne au reflet des innombrables trésors que tous les univers culturels réservent aux soifs de l'homme.

L'adultération du Nom d'Allah par certains politiciens actuels de l'islam défigure cette religion, comme le christianisme l'a été pendant des siècles par l'enseignement du mépris.

LA FAMILLE AUJOURD'HUI

L'adultère, courant aujourd'hui dans nos sociétés modernes, trouve sa cause profonde dans la fragilité de l'homme ou de la femme en butte à la difficulté d'honorer leurs promesses de fidélité.

L'évolution a malheureusement réduit l'adultère à sa seule dimension sexuelle dans les relations entre époux ou amants. Limité à cet unique regard, exclusif de ses vraies dimensions, l'adultère alimente la littérature moderne d'infinis développements limités généralement aux circonstances dans lesquelles Mme X a goûté au fruit défendu. Pourquoi madame et non monsieur ? Parce que l'adultère masculin est si courant qu'il ne suscite ni curiosité ni réprobation : l'homme est censé avoir le monopole du désir et de la puissance, à lui de gérer ses instincts à son gré.

Le cas de la femme est plus problématique. Elle est garante de l'honneur familial, du sien propre et de celui de son mari et de sa descendance. Ainsi, tromper son mari déstabilise la famille, certes, mais aussi la société tout entière. Les meurtres pour offense à l'honneur de la famille sont fréquents dans maints pays. Ils revêtent de nos jours encore des caractères qui frisent la démence. Les femmes désarmées en face de la toute-puissance des traditions de certains pays sont contraintes de subir la pratique barbare de l'excision qui ampute, avec leur clitoris, leur sexualité, les réduisant à la condition de couveuses d'enfants. Dans d'autres univers culturels, les hommes résolvent le problème des relations entre époux en offrant leur propre femme à l'hôte de passage. Où se situe donc la barbarie et où la sagesse ?

La contraception généralisée depuis l'invention de la pilule a modifié les déséquilibres qui régnaient entre les sexes. Mais, au risque de choquer, je suis heureux d'être né avant la pilule, neuvième enfant de ma mère, qui eut dix enfants et mourut à l'âge de quatre-vingt-douze ans.

Les travaux des Américaines Marie-Jeanne Scherfay et Nancy Friday tendent à démontrer qu'Ève n'est pas sortie de la côte d'Adam ; à la conception nous sommes tous de sexe féminin. C'est à partir de la quatrième semaine de la vie intra-utérine que la production d'androgène détermine le sexe des mâles. Il serait heureux que les humains soient élevés dans la conscience de l'unité ontologique du genre humain, et non dans la tradition qui situe à la naissance d'Ève le conflit qui l'oppose à Adam dépouillé de sa côte, le poitrail sanglant !

La plupart des sociétés humaines oscillent entre un rigorisme sexuel battu en brèche dans les faits et une acceptation de fait et de droit du désordre sexuel.

Pourquoi les époux cherchent-ils le commerce d'autres personnes que leurs conjoints ? Les psychologues, les sociologues, les médecins s'évertuent à donner des réponses à cette question. L'une des raisons se trouve de tout temps dans les différences de tempérament entre les époux passionnés, infidèles, polygames ou monogames, fidèles ou volages. Entre ces données diverses, chacun construit sa vie selon son tempérament, son éducation, sa culture et les normes admises dans son milieu et son pays.

Les mutations de la vie moderne conditionnent celles que l'on constate dans la vie des couples : divorces fréquents, avortements plus nombreux que les naissances, adultères commis en secret, ce qui les complique de mensonge, ou ouvertement, ce qui les ternit d'impudeur. Les États-Unis, qui sont le laboratoire du futur, ont inventé un concept qui en dit long sur cette propension des couples à manifester leur liberté sexuelle : ils emploient le terme de *sexual addiction*, « dépendance sexuelle ». Des psychologues proposent des cures de désintoxication pour éradiquer ce penchant à l'infidélité conjugale.

Le problème de l'adultère et de la débauche tient en partie à la dramatisation dont il fait l'objet. L'incartade d'un homme politique célèbre haussée au rang d'affaire nationale, voire internationale, voilà qui est particulièrement révélateur de l'amplification médiatique dont fait l'objet la violation du septième commandement. Ce voyeurisme n'est-il pas pire encore que l'acte même ?

L'union libre se répand dans l'esprit de la modernité qui, en France, avec le P.A.C.S., est légitimisée comme, d'ailleurs, les couples homosexuels, hommes ou femmes, qui sortent de la clandestinité où ils s'étaient réfugiés depuis toujours. Tous les milieux relativisent l'essence de la relation homme-femme dont la finalité assure la permanence de l'espèce humaine. À en croire les statistiques, actuellement en France un couple sur trois n'est pas marié. Les enfants sont souvent les grands sacrifiés de ces attitudes, ils sont planifiés grâce à l'efficacité de la pilule et souvent ballottés avec demi-frères et sœurs dans des familles éclatées.

Notre siècle est celui d'une mutation universelle. Le temps et l'espace sont sortis de leurs gonds, comme aurait dit Shakespeare. Nul ne saurait prédire ce qui résultera des innovations actuelles : elles dépassent les pouvoirs de nos imaginations, même les plus fertiles. Ce que nous comprenons des révolutions actuelles est nécessairement fragmentaire, nul esprit n'étant assez vaste ni assez imaginatif pour simplement connaître les révolutions de nos connaissances dans l'infiniment petit ou dans l'infiniment grand. La démultiplication de nos savoirs ne cesse de se déployer avec une rapidité qui déconcerte les plus savants : un monde nouveau naît sous nos yeux. Tous les ghettos où nous engrangeons précautionneusement les miettes qui nous parviennent des révolutions dont nous sommes les témoins ne sont que minuscules par rapport à leurs déploiements réels. De quoi sera fait notre avenir le plus immédiat, nul ne saurait le dire ni le prédire. Ni Gutenberg, ni Descartes ni même Jules Verne n'ont rien prévu des dimensions vertigineuses de l'univers. Ainsi sommes-nous impuissants à imaginer les métamorphoses de la nature des humains, de la vie des couples et de l'avenir de l'humanité dans un monde perpétuellement changeant.

VERS UNE ÉTHIQUE GLOBALE ?

Les Dix Commandements ne prétendent pas guérir l'homme de quelque pathologie que ce soit. Ils visent seulement à transformer le vieil homme en nous, esclave de ses instincts, en un être respectueux des autres et de soi.

Il existe un seul remède universel efficace dans la vie des couples, c'est l'amour. L'amour fonde l'union de deux êtres. Périsse l'amour, périra le couple. Il se disloquera de plein gré de sa propre discorde. L'existence des enfants compliquera le divorce. À quelque religion que l'on appartienne, le curé, l'imam, le rabbin ou le juge risqueront d'être appelés pour arbitrer la dispute.

Tant que l'on s'évertuera à faire correspondre à toute force la nature et la culture, le septième commandement risquera d'être violé. L'enjeu est ici l'institution du mariage, salutaire à bien des égards lorsqu'elle est librement consentie ou, mieux, voulue. Les mal mariés sont voués à l'adultère. Passant outre les cas de contrainte réelle qui caractérisent les sociétés où les filles sont mariées d'office par décision de leur père, il faut souhaiter l'intériorisation de la contrainte. L'adage *Il vaut mieux être seul que mal accompagné* est souvent plus vrai que la parole biblique *Il n'est pas bien pour le glébeux d'être seul*[1] *!*

Mais la solitude n'est-elle pas la vocation profonde de l'être humain ? Nul ne peut naître à notre place même si quelqu'un a la générosité d'y mourir, comme la belle et vertueuse épouse d'Admète, l'Argonaute qui consentit à mourir

1. Gn. 2, 18. Le glébeux : Adam.

à la place de son mari afin qu'il devienne immortel. Même les enfants ne sont pas forcément un ciment suffisant pour unir les monades humaines, engendrées l'espace d'une fraction de seconde dans un ventre.

Le mariage ne doit donc pas surgir d'une nécessité subie, mais par un choix librement consenti. L'irrémédiable solitude des humains est un fait général : il permet de mieux célébrer les alliances qui réussissent dans toute société libre.

La première fonction de l'Élohîms de la Bible est de libérer les Hébreux de l'esclavage d'Égypte. Idéalement, l'homme est un être libre et toute tentative visant à lui imposer des certitudes risque de tourner à la catastrophe. La clé du bonheur et de la vertu réside sans doute dans l'accomplissement de la personne dans l'amour de ce qu'elle est et de ce qu'elle choisit de faire. En ce qui concerne le mariage, il ne doit jamais devenir une prison. Ceux qui ne sont pas faits pour le mariage ne devraient pas s'y risquer. Il existe bien d'autres façons de vivre l'amour. Mais de quelque manière qu'il soit vécu dans chacun des multiples univers culturels, il importe d'exclure du couple le mensonge et le faux-semblant. L'amour ne peut être vécu que dans la pleine lumière de la vérité, l'amour fort comme la mort. La fidélité ne doit pas être vécue comme une contrainte, mais comme un objectif consenti, ou mieux encore, voulu.

LE HUITIÈME COMMANDEMENT

Tu ne voleras pas.

DANS LA BIBLE

Autant que sa pratique, la prohibition du vol est une constante de toute société. Dans la société agricole des anciens Hébreux, le vol concernait avant tout le cheptel et la main-d'œuvre humaine. La Bible nous parle, certes, de razzias effectuées aux dépens d'autres peuples. Le récit ne cherche pas à masquer la conduite des Hébreux : l'éthique sinaïtique est celle de nomades pérégrinant au désert. Dans cette perspective, le bien d'autrui est sacré pour peu que l'autre ne soit pas un sédentaire corrompu par la mollesse d'une vie facile. Cet antagonisme entre pasteurs et agriculteurs est mis en scène dès le récit de Caïn et Abel : dans cet affrontement, l'agresseur, Caïn, est précisément l'agriculteur sédentaire, tandis que la victime, l'innocent Abel, est un pasteur nomade, doux comme ses moutons.

Quel est l'impact de cette morale nomade sur la législation des Hébreux ? Tout d'abord, le code de la propriété tel qu'il se dégage des préceptes mosaïques est marqué par un certain égalitarisme et par le sens de la réciprocité. Il est aussi grave de voler un plus fortuné que soi que de léser un plus pauvre du salaire qu'on lui doit. Même l'hypothèque n'est pas permise à n'importe quelle condition : si l'on a pris un vêtement en gage, il faut le rendre à son propriétaire avant la tombée de la nuit, car les nuits sont fraîches dans le désert ! Quant au prêt à intérêt, il est strictement prohibé pour des raisons inhérentes à l'application rigoureuse des commandements.

À l'encontre de la loi du talion, le voleur peut être condamné parfois à la restitution du double — et dans les cas graves du quintuple — de son larcin, s'il a affecté la vie de sa victime.

Cette condamnation implicite de l'exploitation de l'homme par l'homme contraste vigoureusement avec l'immoralité des sociétés esclavagistes environnantes. Même les esclaves hébreux ne le sont qu'à titre provisoire (sept ans). Si au bout de sept ans, un esclave tient à reconduire sa condition à perpétuité, il est libre de le faire. Et s'il y consent, c'est parce que l'esclavage, revu et corrigé par l'éthique biblique, était sans doute moins aliénant que parfois la précarité de la condition d'homme libre.

Même lorsqu'ils se furent fixés en Canaan, les Hébreux ne renoncèrent pas à ces préceptes égalitaires dictés par la réprobation du vol sous quelque forme que ce soit. L'une des manifestations les plus éclatantes de ce communisme avant la lettre est l'institution de l'année jubilaire qui consiste à redistribuer la terre en fonction de l'évolution démographique des cinquante années précédentes.

Cette aspiration à la justice sociale est une constante de l'éthique biblique. L'un des principaux reproches que les prophètes adressèrent aux puissants est précisément d'opprimer les pauvres et de les léser du minimum vital. Élie le Tisbite stigmatise la violence faite à Nabot dont la vigne avait éveillé les convoitises de Jézabel[1]. Isaïe reproche aux grandes dames de Jérusalem de posséder des parures trop voyantes. On pourrait dire aujourd'hui que l'Élohîms de la Bible est « à gauche ». En d'autres termes, le système israélite est une sorte de théocratie socialisante, souvent battue en brèche par les prérogatives du pouvoir monarchique.

1. I R. 21, 8.

L'interdiction du vol s'est complétée d'une justification éthique par la tradition juive. L'idée sous-jacente était que l'individu ne possède rien au jour de sa naissance et n'emporte rien avec lui dans la tombe, si ce n'est la somme de ses mérites ici-bas. Par conséquent, tous les biens matériels qu'il amasse pendant son existence ne sont que contingents. Peu importe qu'il en possède plus ou moins, l'essentiel est qu'Élohîms pourvoie à sa subsistance, ce pour quoi il doit le remercier par le comportement exemplaire d'une stricte fidélité aux commandements de la Tora.

Dans le livre de l'Exode, le rapt d'un être humain en vue de le vendre comme esclave est puni de mort[1]. Ce thème a inspiré la remarque suivante dans la tradition juive. Un jour, l'empereur Hadrien, qui écrasa le soulèvement de Bar Kokhba (132-135), entendit des enfants juifs parler du rapt impuni de Joseph. Il s'avisa alors de ce que les frères de Joseph avaient vendu le fils préféré de leur père Jacob à une caravane de marchands ; or ils n'avaient jamais été punis pour ce crime. Tout s'était arrangé à l'amiable et Joseph, devenu entre-temps vice-roi d'Égypte, leur avait pardonné. Mais Hadrien ne l'entendit point ainsi. Il résolut de punir de mort dix rabbins éminents afin de sanctionner rétrospectivement les dix des onze frères de Joseph (Benjamin n'avait pas participé au forfait). Il les fit comparaître en justice et les martyrisa. À ses yeux aussi un crime ne devait jamais demeurer impuni.

1. Ex. 21, 16.

EN CHRÉTIENTÉ

Le mot *guenéba* signifie en hébreu « vol ». Le vol consiste en la soustraction frauduleuse de la propriété d'autrui. Dans la Septante et dans la Vulgate, la traduction a abouti à un certain affadissement du texte, univoque en hébreu, mais périphrastique en latin. *Non furtum facies*, « tu ne commettras pas de larcin ». Pour désigner le vol, diverses langues tentent, dans les traductions de la Bible, de retrouver un concept aussi énergique et univoque que le mot hébraïque : celui-ci inclut non seulement l'action de voler, mais aussi le rapt, le brigandage, la piraterie, le larcin, l'escroquerie et toutes les actions qui tendent à soustraire frauduleusement le bien d'autrui.

L'enseignement de Jésus ordonne de ne pas être esclaves des biens de ce monde. Le vol ne saurait donc être approuvé par une éthique qui considère la richesse comme un obstacle à l'admission au royaume des cieux. L'application effective de la morale évangélique souligne les oppositions entre l'idéal de dénuement de l'Évangile et les réalités de la vie en société. Les ordres religieux chrétiens en sont conscients. Ils fondent la vie religieuse des moines sur l'idéal de pauvreté et de renoncement aux biens de ce monde. Ils rivalisent d'exigences pour atteindre à un grand dénuement.

L'exemple classique est celui de saint François d'Assise qui se dépouilla de ses vêtements sur la place publique, sous les yeux de son père, un opulent bourgeois italien, pour les donner aux pauvres.

Le socialiste Proudhon (1809-1865), avec une audace provocante, n'hésita pas à porter ses attaques contre la notion même de propriété dans son pamphlet *Qu'est-ce que la propriété ?* (1840). Son siècle découvrait la gravité du problème que la misère posait à l'humanité[1] : pour lui « *la propriété c'est le vol* », un vol dont vivent bien des humains.

1. Proudhon, *Philosophie de la misère, système des contradictions économiques* (1846).

Dans la Bible, les prophètes avaient lancé des exhortations pour faire entendre la voix des pauvres, les *anavîms*. Les premiers prophètes trouvèrent les accents les plus pathétiques pour évoquer les pauvres dépouillés des biens terrestres, mais que adonaï IHVH appelle à son salut. Les Psaumes nous transmettent les appels les plus pressants : les pauvres de adonaï IHVH sont décrits comme les saints, les justes, les serviteurs de adonaï IHVH. Cet idéal biblique nourrira le monachisme chrétien des origines où se rencontrent les traditions prémonachiques des esséniens de Qumran et des hassidîms, dont les exemples et les écrits se prolongent de nos jours dans maintes écoles. Pour l'Église aussi le Décalogue est le fondement moral de toute société.

La formule lapidaire de Proudhon suscita un débat universel. Les oppositions jaillirent, y compris aux États-Unis. Le quatrième président de ce grand pays, James Madison (1751-1856), rejeta catégoriquement la vision socialisante qui niait le droit à la propriété privée ; pour Madison, suivi par la majorité, celle-ci est un droit naturel que nul ne pouvait contester : *l'homme a droit à sa propriété, comme il a la propriété de ses droits*. Le capitalisme moderne a fait sien ce principe sur lequel reposent toutes les économies libérales. La chute du communisme a bouleversé l'équilibre mondial. L'univers est en quête d'une tierce voie entre socialisme et capitalisme, il faudra la découvrir pour éviter la concentration des richesses du monde dans les mains d'une minorité de pays et de banques, en contraste violent avec la misère grandissante des continents et des classes sociales déshéritées.

L'enseignement chrétien de la pauvreté ne concerne pas directement la propriété, sauf si elle est comprise dans un sens révolutionnaire, comme le faisait Proudhon. Certes, les hagiographies ne manquent jamais de rappeler les histoires de bandits au grand cœur qui, touchés par la grâce divine, devinrent parfaitement désintéressés.

L'Église s'est toujours montrée intraitable sur la question de l'abus de pouvoir dont le cas le plus flagrant est la simonie, puisqu'elle consiste à abuser d'une autorité spirituelle. Ce péché est en effet une sorte de vol consistant à usurper une compétence ecclésiastique dans un but intéressé. Que dire de la querelle des investitures, pierre d'achoppement des rapports entre l'empire et la papauté ?

L'Église se montre relativement désintéressée quand l'enjeu est seulement matériel, mais, en revanche, tout empiètement sur son autorité morale déclenche aussitôt sa vindicte. Même en Orient, les rapports entre l'empereur de Byzance et le Patriarche furent souvent très tendus, celui-ci accusant celui-là de lui voler ses prérogatives spirituelles. L'empereur et le Patriarche eurent tant de mal à trouver un *modus vivendi* que l'histoire se chargea elle-même d'interrompre leur cohabitation forcée : l'empereur fut détrôné en 1453 à la prise de Constantinople et le Patriarche dut négocier avec le conquérant musulman. La profondeur de cette crise structurelle se manifesta aussi dans l'Empire russe qui se voulut le successeur de Byzance. Les tsars de Moscovie eurent toutes les peines du monde à faire entendre raison aux Patriarches de Moscou.

Le cinéaste Eisenstein a immortalisé les querelles acerbes qui opposèrent le tsar Ivan le Terrible au Patriarche Philippe, aussi avide de pouvoir spirituel que de puissance temporelle. Finalement, le tsar Pierre le Grand comprit que la tendance des Patriarches était d'accaparer toujours plus de pouvoir et d'autorité et il dissolut purement et simplement le patriarcat.

Plus tard, des pays comme l'Italie ou la France eurent toutes les peines du monde à apaiser les prétentions politiques et territoriales de l'Église. Jusqu'aux accords de Latran, signés en 1929 entre le Saint-Siège et le royaume d'Italie sous la coupe de Mussolini, l'Église choisit de rester en marge de l'État.

Ces contradictions internes au christianisme révèlent que la forme la plus subtile et la plus efficace du vol consiste à prendre la place de la banque, dont dépend le contrôle des richesses effectives.

Dans le *Catéchisme catholique*, le huitième commandement prescrit la pratique de la justice et de la charité dans la gestion des biens terrestres et du fruit du travail des hommes.

Le droit à la propriété privée n'abolit pas la destination universelle des biens. Toute manière de prendre et d'user injustement du bien d'autrui constitue un vol. La réparation du vol est nécessaire. Elle exige la restitution du bien dérobé. Le commerce des êtres humains qui consiste à les acheter et à les vendre, ou à les échanger comme des marchandises à des fins mercantiles ou totalitaires, est interdit.

De nos jours, le vol a pris des dimensions insoupçonnées, nées de la complexité et du gigantisme des économies modernes.

DANS L'ISLAM

Le châtiment que réserve la *shari'a* au voleur est terrible : l'amputation de la main, avec ou sans anesthésie. Cette cruauté s'explique en partie par la gravité que revêt le moindre larcin dans un milieu désertique où la possession d'une simple outre d'eau peut être une question de vie ou de mort. Pourtant, les conquérants arabes qui punissaient les voleurs de si cruelle façon — et punissent encore, par exemple, au Soudan et en Afghanistan — ne se privaient pas de lancer des razzias contre des tribus rivales ou contre des étrangers. Le tout était de répartir le butin équitablement.

Cette justice du clan s'élargit à partir du moment où le *Dar al-islam* prit des dimensions universelles. Les razzias furent alors dirigées contre les Infidèles qui, eux-mêmes, ne se privèrent pas d'en commettre contre leurs ennemis musulmans. L'histoire de la confrontation entre la chrétienté et l'islam sur leurs frontières communes, en Orient comme en Occident, se résume en une longue suite de razzias commises aux dépens les uns des autres. Tantôt ce sont les musulmans qui arrachent un lambeau de territoire à un prince chrétien, tantôt l'inverse. Cet extraordinaire acharnement qui, en Espagne et dans l'Empire ottoman, opposa les deux religions conquérantes, révèle que toutes deux visaient autant le contrôle des territoires et des biens que la mainmise sur les âmes. C'est ce qui les a poussées à se lancer dans ces vastes opérations de brigandage international qui s'appellent « croisades » ou « guerres saintes ».

AILLEURS DANS LE MONDE

Aucune société humaine ne saurait tolérer le vol, et pourtant toutes entretiennent ce fléau, qu'elles soient capitalistes, communistes, social-démocrates ou autres. En effet, le principe même du commerce suppose que l'on vende plus cher ce qui a été acheté. Si ce principe élémentaire de la transaction commerciale n'est pas appliqué, point de bénéfice et, partant, point de commerce possible. Or ce principe peut facilement être manipulé et devenir très vite le moyen du vol, tel qu'on peut le constater en nos sociétés capitalistes.

Les régimes socialistes, alternatifs au modèle capitaliste, ne sont guère mieux lotis. À partir du moment où la société prend en charge l'individu, elle favorise l'émergence d'une catégorie de parasites qui se contentent de recevoir la manne de l'État.

De sorte qu'en deçà même des formes classiques de vol et de brigandage, tout groupement humain fait apparaître la dimension de la tromperie et de la malhonnêteté. Les rares exemples de sociétés civiles ou religieuses qui ont réussi à se distinguer tout au long des siècles étaient par ailleurs marquées par une grande cruauté vis-à-vis de l'individu.

Le vol ne concerne pas seulement l'argent ou les biens matériels. Il semble en effet que la cupidité et la rapacité des hommes visent l'argent en tant que source de pouvoir, ce qui explique pourquoi la classe politique de la plupart des pays se révèle pire que l'élite économique. Le magnat de la finance ou le dirigeant politique risque toujours d'être contesté puisqu'il s'efforce de gagner plus d'argent et plus de pouvoir, souvent aux dépens d'autrui et notamment aux dépens des plus faibles. Quand on songe aux écarts de salaires entre les patrons et les humbles travailleurs, il y a de quoi rester rêveur ! Et que dire des imposteurs qui occupent frauduleusement des postes de responsabilité par favoritisme ou népotisme ?

À contempler le spectacle que nous donne le monde contemporain, les multiples méthodes que les voleurs, et parfois les honnêtes gens, pratiquent pour s'accaparer le bien d'autrui se sont perfectionnées et pourraient inspirer la publication de plusieurs encyclopédies. Il ne serait que de scruter les annales judiciaires de notre siècle. Car les voleurs ont fait comme les généraux, installés dans les lieux de pouvoir plutôt que dans les casernes. Ils ont donc cessé de forcer les coffres-forts. On les retrouve dans les banques, les mairies, les gouvernements, les conseils, en des postes de commande où ils peuvent, sans contrôle, piller l'épargne. Étonnante est la facilité avec laquelle ils exercent leurs méfaits, et plus encore la passivité avec laquelle le monde les accepte.

L'actualité offre dans plusieurs pays l'exemple redoutable de ces personnages qui ont réussi à se hisser en des postes où ils marient politique et religion. Condamnés à plusieurs années de prison et à de fortes amendes, ils tentent de diriger leur monde parfois de la prison qui leur est assignée.

En France, la scène politique n'offre que l'embarras du choix pour dénoncer les politiciens qui, à tous les étages, jusqu'aux plus élevés, à tous les postes, jusqu'aux plus recherchés, continuent de piller les économies du peuple.

Les mêmes faits, les mêmes méthodes, les mêmes techniques s'observent dans tous les pays ; sous toutes les latitudes, les prédateurs sont universellement présents.

La permissivité que l'on constate à l'égard des tueurs, des faussaires, des voleurs, n'est pas sans aggraver la crise qui sévit dans tous les univers culturels.

Un numéro du *Monde des livres*[1] fait le compte rendu de la biographie de Karol Wojtyla, archevêque de Cracovie

1. *Le Monde des livres*, 15 octobre 1999 — Henri Tincq : *Karol Wojtyla ou la culture comme « moteur » de l'histoire.*

qui sera élu pape au conclave d'octobre 1978. Ce pape, sous le nom conjoint de ses deux prédécesseurs, Jean-Paul II, l'un des plus grands de l'histoire de la papauté, introduira l'Église au troisième millénaire de l'ère chrétienne. Il demeurera l'exemple le plus parfait des vertus de l'éthique chrétienne, en notre siècle. Ce même numéro du *Monde des livres* analyse un autre livre, *Via col vento in Vaticano*[1] (*Autant en emporte le vent au Vatican*). Cette œuvre signée d'un pseudonyme, « Millenari », présentée comme ayant été écrite par un groupe de prélats, « dénonce les déformations qui se répandent à l'intérieur de la Curie romaine comme une mauvaise herbe qui infeste le trône de Pierre ». L'ouvrage est un acte d'accusation violent contre des pratiques illicites qui violent tous les commandements de Dieu et des hommes : rien n'y manque dans ce monde, au dire de l'auteur « dominé par la foi du pouvoir, le carriérisme, le favoritisme, où ne manquent ni les pratiques sexuelles, ni les entorses aux lois, ni les rites maçonniques, ni les messes sataniques, ni les scandales financiers ».

La rencontre de ces deux recensions, pour fortuite qu'elle soit, est symbolique d'une réalité universelle. « Là où il y a des hommes, il y a de l'hommerie », disait Rabelais, où se manifestent les forces et les faiblesses de la nature humaine. Elles se trouvent en moi, comme en chacun des êtres humains, capables du meilleur et du pire. Henri Tincq a titré sa recension du livre de Georges Weigel par un titre évocateur de l'œuvre de Karol Wojtyla[2] : *la culture comme « moteur » de l'histoire*. Il ne saurait exister de moteur dépourvu de frein. il en est ainsi pour l'humanité, créatrice du meilleur et du pire.

Le meilleur et le pire se rencontrent à Rome aussi bien qu'à Jérusalem, La Mecque ou tout autre lieu du monde. Chaque religion, chaque peuple, chaque être humain est pétri

1. Fabio Gambaro, *Scandale au Vatican* : *Via col Vento in Vaticano* de Millenari, Milan, 1999.
2. *Jean-Paul II, témoin de l'espérance*, de Georges Weigel, J.-C. Lattès, 1999.

de lumière et d'ombre, de bien et de mal : à chacun d'agir en enfant de la lumière plutôt que de l'obscurité.

LE VOL DU NOM ET SES CONSÉQUENCES

Le vol commence à partir des commandements eux-mêmes. Le Nom de $\overset{\text{adonaï}}{\text{IHVH}}$ est la clé de toute la Révélation de la Bible. Ce Nom est protégé d'une manière qui se voulait absolue par le Législateur divin lorsqu'Il se présenta Lui-même : c'est le Nom le plus sacré de la Bible qui conditionne toute la Révélation en ses composantes les plus universelles, qu'elles soient hébraïques, chrétiennes, musulmanes ou laïques. Il interdit de vénérer d'autres dieux que Lui, de faire des images ou des sculptures d'idoles, de se prosterner devant elles et de les servir. Cet ordre est accompagné d'une sanction terrible par l'Élohîms ardent (les traductions disent jaloux) qui punit la faute des pères sur les fils.

La faute la plus grave — le vol du Nom — a été commise par les pères, et les fils ont récidivé, ajoutant à ce vol le crime de trahison en substituant au Nom sacré celui des idoles régnant dans les univers culturels du monde où la Bible est traduite. Les traducteurs, à l'exemple de la Septante et de la Vulgate, ont supprimé le Nom sacré et l'ont unanimement remplacé par les noms de ces dieux interdits par le Décalogue : qui donc se souviendrait d'eux si nous tous ne les avions installés sur leur trône, à la place de $\overset{\text{adonaï}}{\text{IHVH}}$? Il nous est ordonné de ne pas porter le Nom de $\overset{\text{adonaï}}{\text{IHVH}}$ en vain. Nous avons fait beaucoup mieux : nous l'avons supprimé et remplacé par celui des idoles, celles-là mêmes qu'Il interdisait. Ce vol a eu les pires conséquences sur le destin de l'humanité, dans tous les temps et sur tous les plans.

Sur le plan spirituel, cette usurpation a privé les adeptes de la Bible du Nom essentiel — et considéré comme tel par Celui qu'il désigne. Au lieu d'être transportés dans la pure transcendance de l'Être suprême, les hommes ont été cantonnés dans l'imaginaire d'idoles mortes et déchues, hissées à grand-peine à tant d'excellence. Consultez par curiosité le petit lexique des *noms de Dieu dans la traduction de la Bible*[1] et vous serez convaincu du vol, de l'usurpation ou du plagiat qui accompagne l'acte de traduire un Nom qu'on ne devait légitimement que transcrire.

Les circonstances de ces vols pourraient faire l'objet d'une série policière. Saint François-Xavier, en arrivant au Japon en 1550 pour évangéliser les Japonais, traduisit « Dieu » par *Dainitchi*, jusqu'au jour où il comprit que ce nom désignait Bouddha sous l'espèce du *Grand Soleil*. François-Xavier, devenu plus prudent, utilisa ensuite le terme de *Deus* qu'il croyait plus sûr, mais quand il l'utilisait dans la prédication, il soulevait l'hilarité de ses auditeurs, ce mot signifiant en japonais « gros mensonge ».

Par la suite, les traducteurs utilisèrent le nom de *Tenchou*, un terme sino-japonais qui désigne le Maître du Ciel. En 1989, à Tokyo, la nouvelle édition d'une Bible diffusée par les catholiques et les protestants du Japon traduisait « Dieu » par *Kami*. On m'avait fait l'honneur de présenter cette Bible. Le nom de *Kami* adopté en France dans le terme *kamikaze*, « pilote suicidaire », y désignait Dieu évoqué parmi les êtres supérieurs, ceux « qui sont en haut »... Et nous voilà tombés dans le pire faux sens.

Plus près de nous, chez les Anglais, la trahison du Nom n'est pas moins grave : *God*, nom d'origine incertaine, désigne à l'origine un *superman*, un homme supérieur hissé au rang de dieu, tandis que *Goddess* désignait une divinité femelle. *God* était aussi un homme doté de pouvoirs surnaturels et vénéré pour tel, typiquement dénoncé dans le Décalogue en ces termes : *Thou shalt not make molten gods — Tu ne feras pas des dieux de métal*[2]. À l'origine, ces *Gods* étaient adorés par les tribus préchrétiennes du nord de l'Europe et

1. *Dieu et dieux, noms et Nom*, Michel Taillé, édition Université catholique de l'Ouest.
2. Ex. 20, 4.

des îles anglo-saxonnes. Ce sont eux, les *Gods*, qui désignent l'Élohîms de la Bible hébraïque et du Nouveau Testament !

Chez les peuples latins — y compris les Français — l'opération n'a pas été moins traumatisante pour le Nom de $\overset{\text{adonaï}}{\text{IHVH}}$ que dans les autres langues et idiomes. $\overset{\text{adonaï}}{\text{IHVH}}$ l'Innommé, l'Innommable a été d'abord déguisé en *Deo* et *Deus*, puis vers les XIe et XIIe siècles en *Deu* pour finir en « Dieu ».

Là encore, on change non seulement de Nom mais d'univers culturel, déplaçant $\overset{\text{adonaï}}{\text{IHVH}}$ de son Asie originelle dans le monde indo-européen. Le Nom de « Dieu » contient une racine indo-européenne *déi*, « briller », qui, transformée en *deiwo* et en *dyew*, servait à désigner le ciel lumineux, considéré comme divinité. Il désigne aussi les êtres célestes, par opposition aux hommes et aux êtres terrestres. Telle est la plus ancienne dénomination indo-européenne de la divinité, liée à la notion de lumière que l'on retrouve en grec dans le nom de « Zeus », génitif *Dios*. Dans *dios*, « brillant », on retrouve la lumière du jour et le jour, « diurne ».

$\overset{\text{adonaï}}{\text{IHVH}}$ n'est ni la lumière ni le jour, étant le Père du jour et le Créateur de la lumière. Un même abîme sépare le texte hébraïque de toutes ses traductions : celui qui existe entre la transcendance du Créateur et la nature terrestre de ses créatures. La distorsion est aussi patente et aussi grave de conséquences, puisqu'elle dépouille l'Être suprême de l'essence même de sa divinité, proclamée dans sa transcendance par Moshè, Jésus et Muhammad.

L'adultération du Nom a eu les conséquences théologiques et politiques les plus graves. Ces théologies nées de la Bible, enseignées par le judaïsme, le christianisme et l'islam, font presque toujours abstraction de ce qu'est l'Élohîms Créateur des ciels, de la terre et le Père de l'humanité. Celui-ci ne saurait d'aucune manière créer ou même permettre les morcellements, les scissions et les divisions que l'on constate dans les religions et les nations. Il est *un* et unificateur. Toutes nos divisions, nos guerres, nos conflits, surtout ceux faits en son Nom, les crimes sans rémissions, sont étrangers à Son royaume d'unité dans la synergie de l'amour.

Le vol du Nom et les usurpations consécutives à cette fraude entraînent, en plus des conséquences théologiques et politiques, des mouvements idéologiques ou messianiques étrangers, voire contraires à l'unité fondamentale de la Création et de son Créateur, cet Être suprême sans forme et sans visage. Tout intégrisme religieux ou national, tout racisme, tout nationalisme, ou faux messianisme, sont condamnés par le principe même énoncé dans le Nom de $\overset{\text{adonaï}}{\text{IHVH}}$.

Aujourd'hui le vol du nom

Une même condamnation pèse sur le vol manifeste que constitue, sous de multiples formes, la contrefaçon : à Paris, un musée lui est consacré concernant une infinité de produits commerciaux répandus sous de faux noms dans le monde entier. On pourrait transposer ce principe de la contrefaçon en de nombreux autres domaines où règne le plagiat : la musique, la littérature, la peinture et les arts plastiques, la génétique, etc. ; cette liste n'est pas exhaustive. Dans le domaine spirituel on a osé, et d'un accord unanime, trahir puis manipuler le Nom du Créateur, pourquoi hésiterions-nous à tromper sa Création ? La manipulation des espèces est entamée. Il ne nous appartient pas de l'empêcher ni même de la critiquer, faute de connaître les vrais enjeux de telles entreprises. Il n'appartient plus à personne d'arrêter, semble-t-il, ces clonages et ces contrefaçons de toute nature, y compris des O.G.M., des organismes génétiquement modifiés.

On plagie la Création elle-même et les œuvres artistiques censées la refléter n'échappent pas à la règle : « Copier un chef-d'œuvre est un plagiat répréhensible, puni par la loi. Copier deux chefs-d'œuvre devient une synthèse admissible et parfois admirée. Copier trois chefs-d'œuvre échappe à la définition du plagiat. L'œuvre est qualifiée de création originale au royaume des faussaires. » Picasso l'a affirmé lorsqu'il a rendu hommage aux faussaires, responsables involontaires de sa renommée mondiale ! La vie elle-même n'échappe pas aux trafiquants qui poussent leur commerce jusqu'à vendre à bon prix des organes humains, pour des greffes, comme s'il s'agissait d'une simple marchandise. Sur tous ces avatars de la contrefaçon règne un seul dieu : l'argent.

VERS UNE ÉTHIQUE GLOBALE ?

Peut-être nous acheminons-nous vers une résorption du phénomène de l'argent avec les tentatives d'unification des systèmes monétaires qui mettent un frein à la spéculation des changeurs. Ou faut-il attendre un grand cataclysme, un gigantesque krach boursier, qui réduirait à néant l'économie monétaire et qui rendrait leur dignité aux denrées agricoles et autres dont les cours ont dramatiquement chuté à force de spéculations rapaces ?

Faute de pouvoir éradiquer le mal, il importe de développer une prise de conscience individuelle de la relativité de l'argent qui pourrait peut-être réduire l'âpreté au gain. La meilleure solution passerait par une réforme de l'individu plutôt que par une révolution sociale. L'expérience a montré que seuls les individus sont susceptibles de s'amender, tandis que les corps sociaux sont travaillés par une force d'inertie invincible.

Mais comment éradiquer de l'être humain ce penchant qui lui semble si naturel ? En dehors de son corps et de ses facultés mentales, l'homme ne possède rien. La progression personnelle et la recherche de liberté intérieure devraient avoir pour corollaire la maîtrise des appétits qui poussent l'homme à s'approprier ce qui ne lui appartient pas.

LE NEUVIÈME COMMANDEMENT

Tu ne répondras pas contre ton compagnon
en témoin de mensonge.

Le neuvième commandement concerne le faux témoignage condamné au titre de mensonge.

Une lecture des Dix Paroles mises en parallèle établit la corrélation du quatrième et du neuvième commandement. Le Shabbat est le jour de vérité où tout fils d'Israël, son travail achevé, est mis en face d'Élohîms et de lui-même. Il doit faire son examen de conscience, nu devant son Créateur. Le violer, c'est être un *témoin de mensonge*, le Shabbat étant par excellence le signe, le sceau de l'alliance mosaïque qui unit Israël au Créateur des ciels et de la terre que cette journée célèbre.

Un code juridique se devait d'interdire le faux témoignage puisque ce délit constitue une forme de vol et d'assassinat. C'est un vol, car tout mensonge est une façon d'abuser de la confiance d'autrui. C'est un assassinat quand on songe aux conséquences pénales de certaines condamnations. On y reconnaît l'immense soif de justice qui anime l'ensemble de la législation mosaïque. Le texte même de la Tora attribue ce souci à l'expérience traumatique de l'esclavage d'Égypte. Un peuple qui a connu les bagnes de la vallée du Nil est en principe immunisé contre la tentation de faire subir aux autres ce qu'il a lui-même enduré.

Le premier faux témoignage dans la Genèse est inventé par le serpent devant Ève pour mieux la tenter[1]. La femme

1. Gn. 3, 1-5.

écoute le serpent, mange du fruit défendu, en donne à Adam. Tous deux deviennent mortels, contrairement à la promesse fallacieuse du tentateur qui leur avait dit : *Vous ne mourrez pas.*

Dans la Bible même, le commandement prônant le respect du témoignage juridique est illustré par l'histoire de Suzanne et des deux vieillards, racontée comme un fait divers dans l'un des trois suppléments grecs du livre de Daniel[1].

Suzanne est une femme très belle, très pieuse et mariée au riche et célèbre Joachim. Celui-ci a deux juges pour amis, originaires de Babel, ville célèbre pour ses méfaits. Les deux hommes rencontrent Suzanne, la convoitent, chacun de son côté. Ils finissent par s'avouer leur commune passion. À deux il s'enhardissent, se concertent, vont vers elle et la pressent.

Un jour très chaud dans le jardin où elle se promène accompagnée de deux servantes, Suzanne veut se baigner. Personne n'est là sauf les deux vieillards qui sont aux aguets. Suzanne dit à ses servantes : *« Apportez-moi de l'huile et du baume et fermez le jardin pour que je puisse me baigner. »* Les servantes quittent le jardin pour chercher ce que Suzanne avait demandé, sans rien savoir des vieillards qui s'y tenaient cachés. Les servantes à peine parties, ils se jettent sur Suzanne : *« La porte du jardin est close, personne ne nous voit. Nous te désirons. Cède et couche avec nous. »* Puis ils menacent : *« Si tu refuses nous porterons témoignage en disant qu'un jeune homme était avec toi et que tu avais éloigné tes servantes pour cette raison. »* Suzanne, plutôt que de céder, brave la menace des vieillards et appelle à grands cris au secours. Accusée d'adultère par les deux agresseurs, elle est condamnée à mort par lapidation. C'est alors que survient Daniel. Il demande une preuve évidente de l'accusation : il soupçonne les deux juges, les interroge séparément et les convainc publiquement de faux témoignage. Condamnés, ils subissent la peine qu'ils avaient prémédité d'infliger à Suzanne.

1. Dans ma traduction de la Bible, Desclée de Brouwer, p. 1860.

Tel est donc un modèle biblique de faux témoignage. Son mobile se situe dans la convoitise criminelle des deux vieillards en proie à leur désir coupable de la femme d'autrui. Le refus de Suzanne engendre chez ses accusateurs un désir de vengeance : l'arme du complot est le mensonge, la calomnie, la cible privilégiée, l'innocente Suzanne, objet de la haine des deux vieux juges pervers qui n'ont d'autre choix que de se renier ou d'opter pour le meurtre.

Au-delà de la dimension strictement juridique du faux témoignage, c'est le mensonge en général qui est interdit par le neuvième commandement. Cette imbrication révèle la dimension essentiellement interpersonnelle de l'expérience humaine. Même si l'on ne ment qu'à soi-même, les autres sont dupés. Ce faisant, on rend aussi un faux témoignage.

DANS LE JUDAÏSME

Dans le judaïsme, l'interdiction du faux témoignage a été étendue à toutes formes de calomnies, même en dehors du contexte juridique. Ainsi, le colportage de ragots est sévèrement condamné, quand bien même ces médisances reposeraient sur un fondement de vérité. Consciente de ce que la honte pouvait tuer, la tradition juive stipule qu'il est interdit de faire rougir quelqu'un en public. D'une manière générale, toute forme de mensonge et de fraude est rigoureusement proscrite par l'éthique juive.

Cette dernière a en effet en horreur la fausseté et les faux-semblants. Ainsi, la défiance traditionnelle éprouvée devant la beauté peut s'expliquer en partie par la confrontation avec l'hellénisme. Alors que les Hellènes plaçaient l'esthétique visuelle et plastique au-dessus de toutes choses, les austères maîtres de la tradition juive réaffirmèrent le primat de la beauté intérieure et donnèrent au sens de l'ouïe une dignité supérieure à celle qu'ils attribuaient à la vue.

EN CHRÉTIENTÉ

Par rapport à la formulation hébraïque du verset, le grec des Septante introduit un surcroît d'insistance dans le commandement. En effet, le verbe *ta'aneh*, « tu répondras », est traduit par un terme qui désigne spécifiquement l'action de porter un faux témoignage, *pseudomarturein*, « faire le faux témoin ». L'ensemble constitué par le verbe et son complément fait donc apparaître une redondance qui ne correspond à rien dans le texte-source : *Tu ne feras pas le faux témoin par un faux témoignage.* En revanche, la traduction de la Vulgate est plus sobre dans l'expression *loqueris* qui signifie simplement « tu parleras », la notion clé du faux témoignage n'étant exprimée que par le complément *falsum testimonium.*

Un autre point intéressant est la traduction de *re'ekha*, « ton compagnon ». En hébreu, le terme *rea* dépasse la simple proximité physique. Il exprime le compagnonnage, évoquant l'idée de pâturer, de brouter ensemble. Il implique en outre un rapport d'amitié et une affinité allant de l'amitié à l'amour en passant par la fraternité et le sentiment d'appartenance à un même groupe. Dans la formulation juive de la notion de « compagnon », c'est le mot *haver*, « ami », qui est employé. La traduction des Septante traduit ce terme par *plesion* en grec, *proximus* en latin qui connote l'idée de proximité, « prochain » en français devenant dans le langage chrétien « autrui », c'est-à-dire toute personne autre que moi. Ce *Shalom haver* est aussi l'expression choisie par Bill Clinton devant la tombe de Rabin pour lui dire son adieu.

La notion de témoignage revêt une importance essentielle dans une religion qui a appelé ceux qui sont morts en son nom, « martyrs », c'est-à-dire « témoins ». Dès les récits évangéliques, il est fait reproche à Pierre d'avoir feint de ne pas connaître son maître Jésus. Plus tard, lorsque le christianisme s'enrichit du legs de la philosophie platonicienne, l'interdiction du mensonge acquit une justification métaphysique, puisque dans l'ontologie platonicienne le paraître est proche du non-être. C'est pour des raisons inhérentes à cette condamnation de l'apparence trompeuse que saint Augustin assimila le théâtre à une violation du neuvième commandement. Alors que dans la tradition juive le théâtre est prohibé en raison de l'atmosphère licencieuse qui y règne, la condamnation que le christianisme fait peser sur lui relève du principe.

Les Évangiles évoquent la manière dont les adversaires de Jésus utilisèrent le faux témoignage contre lui [1]. Les véritables ennemis de Jésus n'étaient pas les sadducéens, les zélotes ou même les pharisiens, mais l'Empire lui-même. Jésus, plébiscité roi d'Israël par une grande partie du peuple, dérange l'ordre établi en Judée, à l'heure de l'occupation romaine. Dès ses premières apparitions publiques et ses premières prédications, Jésus tombe sous le coup de la loi romaine, la *Lex laese majestatis*, qui sanctionne le crime de lèse-majesté : en appeler au Dieu d'Israël et à sa justice est suffisant pour vouer Jésus au supplice de la croix. Tacite, l'historien des gloires de l'Empire romain, précise que six cent mille Hébreux avaient été crucifiés pendant le long affrontement de Rome et de Jérusalem. Jésus fut l'un d'entre eux.

Les prêtres en place au Temple de Jérusalem n'hésitent pas à faire taire ce prophète de malheur : *Alors les chefs des desservants et tout le Sanhédrin cherchent un faux témoignage contre Jésus pour le mettre à mort. Ils n'en trouvent pas. Beaucoup témoignent faussement contre lui, mais les témoignages ne concordent pas*. Enfin, deux autres s'approchent et disent : *Nous l'avons entendu dire : « Je détruirai ce Temple fait de main d'homme, et en trois jours j'en bâtirai un autre, non fait de main d'homme* [2] *»*, ou bien encore : *« Je peux détruire le Temple d'Élohîms et, en trois jours, le rebâtir* [3] *»*. Ce faux témoignage, comme celui que le serpent rapporte devant Ève pour mieux la tenter, comporte un fond de vérité. Il fait écho, en le falsifiant, à un épisode au cours duquel Jésus condamna

1. Mt. 26, 60-61.
2. Mc 14, 58.
3. Mt. 26, 61.

violemment les pratiques simoniaques, quotidiennes sur le parvis du Temple. Outré de voir se transformer en *maison de commerce* le Sanctuaire consacré à $\overset{\text{adonaï}}{\text{IHVH}}$, il en expulse à coups de fouet tous les marchands et changeurs de monnaie qui, normalement, auraient dû exercer leur commerce dans la vallée du Cédron ou sur les pentes du mont des Oliviers, en un lieu appelé le *hanout*, le « magasin ». Seul le grand prêtre avait pu autoriser la chose sur le parvis du Temple. D'où la question à Jésus : *« Quel signe nous montres-tu pour faire cela ? »* Il répond : *« Détruisez ce temple et, en trois jours, je le réveillerai. »* Personne ne comprit alors ces propos à la fois prophétiques et messianiques[1]. En fait, l'affrontement entre l'Empire romain et le minuscule royaume de Judée, par surcroît divisé en son sein, risquait de se conclure par la destruction de Jérusalem et de son peuple, comme Jésus le craignait[2].

Au jour de son procès, sa parole *Détruisez ce Temple...* fut retournée contre lui. La flèche, lancée initialement par Jésus, lui revient, détournée de son sens. Curieusement, l'impact de cette flèche, en ce qu'elle visait à l'origine, laisse une trace durable et significative : elle servit à nouveau d'arme lors du procès d'Étienne, premier martyr de la nouvelle communauté issue de Jésus. Des sectaires, aveuglés par le désir de renforcer le mouvement auquel ils appartenaient, subornèrent des faux témoins contre Étienne et son influence charismatique. Ils déclarèrent : *« Cet homme ne cesse de proférer des mots contre le Lieu sacré et la Tora. Oui, nous l'avons entendu dire que Jésus le Nazaréen détruira ce lieu et changera les coutumes que Moshè nous a transmises. »*

Comme dans le cas de Suzanne et des vieillards, le faux témoignage utilisé contre Jésus repose sur une fausse interprétation, voire une falsification de sa pensée. On peut multiplier à l'infini les exemples de ce mécanisme universel du faux témoignage consistant à désigner à la vindicte populaire, via tel ou tel pouvoir en place, tel ou tel bouc émissaire.

1. Mt. 23, 38 ; 24,2 ; Mc 13, 2 ; Lc 19, 44.
2. *Idem.*

L'IMPOSSIBLE DÉICIDE

L'anéantissement de la Judée, l'exil des survivants juifs des grands massacres romains, l'écrasement des colonies juives d'Alexandrie, d'Antioche et de Cyrène sont présentés comme autant de preuves du châtiment de Dieu. Titus, le général romain qui détruit le Temple de Jérusalem en l'an 70, est présenté comme le « fléau de Dieu » pour châtier son peuple.

La première mention de l'accusation de déicide surgit entre l'an 160 et 170 dans un sermon d'un évêque de Sardes, Méliton : *Dieu a été assassiné, le roi d'Israël a été tué par la main des juifs*. Et les juifs en firent les frais pendant deux millénaires. La chrétienté avait trouvé son bouc émissaire qui lui servit tout au long de l'histoire ; en effet, cette accusation est immédiatement adoptée et brandie de siècle en siècle comme une arme efficace pour assurer les progrès de l'Église.

Après le concile de Nicée réuni par Constantin, la rupture de l'Église avec la Synagogue devient officielle : la démonisation du peuple juif se poursuivra systématiquement, déployant un arsenal illimité d'accusations de tous les crimes et de tous les vices et sévices dont le peuple juif est collectivement coupable. Ses plus virulents dénonciateurs se trouvent parmi les Pères de l'Église et ses théologiens les plus célèbres font chorus avec Jean Chrysostome et Jérôme : condamné à disparaître ou à se convertir, le peuple juif survit à tous les déchaînements de cette fausse accusation portée par les croisades, les paysans, les expulsions partielles ou totales, jusqu'à la solution finale, entreprise par les nazis.

Comme conséquence de cette accusation, le peuple de l'exil voit son destin se durcir encore ; le peuple déicide perd dans l'empire devenu chrétien tous ses droits : il devient le paria hors la loi, poursuivi par la colère de Dieu, livré sans défense à un procès universellement mené contre lui pendant vingt siècles par les nations chrétiennes soutenues par l'Église.

En Espagne, durant trois siècles, la Sainte Inquisition verra se succéder, après le moine Torquemada, quarante-cinq inquisiteurs généraux qui instruiront des centaines de milliers de procès destinés à semer l'épouvante parmi les juifs des ghettos, déjà décimés par les épidémies de peste noire et par les multiples émeutes antijuives.

Les assassins du peuple juif colportèrent jusqu'à nos jours les incroyables accusations de déicide, de meurtres rituels, de sorcellerie, de puits empoisonnés, de profanations d'hosties...

Jamais peut-être autant qu'en ces siècles de ténèbres le faux témoignage, prohibé par les Dix Commandements, ne sévit contre le peuple de l'exil condamné à se convertir, ou à disparaître. Le vœu de Martin Luther de voir expulser d'Allemagne « tous les juifs comme des chiens enragés, des vipères et des diables incarnés » fut largement partagé dans tous les pays chrétiens, jusqu'à sa réalisation dans les multiples pogroms avant-coureurs des millions de victimes de la Shoah.

Nous évoquons cette violation massive sans précédent du neuvième commandement pour nous inciter tous à une plus grande et plus efficace vigilance, à en garder la mémoire, à bannir à tout jamais le renouvellement de tels crimes tapis devant nos portes, et portés en germes par des partis d'extrême droite qui s'activent et font leur propagande au grand jour.

Seule une analyse approfondie de ce phénomène, unique dans l'histoire, pourrait mettre en lumière, pour en guérir les symptômes toujours récurrents, la nature réelle de cette maladie de l'esprit générée par une théologie qui se situe aux antipodes de ce que pensait, disait, vivait Jésus. Il a résumé sa mission en trois mots, la veille de sa mort : *Telle est la vie en pérennité : te connaître, Toi, le seul vrai Élohîms... Moi, je t'ai glorifié sur la terre... J'ai manifesté ton Nom aux Hommes... Père consacré, garde-les en ton Nom afin qu'ils soient un, comme nous. Quand j'étais avec eux, moi je les ai gardés en ton Nom*[1].

1. Jn 17, 3-12.

Droit canonique	Mesures nazies
Il est interdit aux juifs de déshériter leurs coreligionaires passés au christianisme. (3e concile du Latran, 1179).	Autorisation du ministère de la Justice de considérer comme nuls et non avenus des testaments qui choquent la « saine sensibilité populaire ». 31 juillet 1938 (R.G.B.I. I, 973).
Les juifs doivent porter un signe distinctif sur leurs habits (4e concile du Latran, 1215 ; on prend modèle sur un décret du calife Omar Ier, 634-644, qui imposait aux chrétiens le port de ceintures bleues, aux juifs de ceintures jaunes).	Décret du 1er septembre 1941 ordonnant le port de l'étoile jaune (R.G.B.I. I, 547).
Interdiction de construire des synagogues (concile d'Oxford, 1222).	Destruction de synagogues dans l'ensemble du Reich, le 10 novembre 1938 (Heydrich à Goering, 11 novembre 1938, Nü. Doc. : PS-3058).
Il n'est pas permis aux chrétiens de prendre part aux fêtes juives (synode de Vienne, 1267).	Interdiction d'entretenir des relations amicales avec des juifs, du 24 octobre 1941 (règlement de la Gestapo, L-15).
Les juifs ne sont autorisés à habiter que dans des quartiers juifs (synode de Breslau, 1267).	Ordre de Heydrich du 21 septembre 1939 (PS-3363).
Les chrétiens ne sont pas autorisés à vendre ou à affermer des terres aux juifs. (synode d'Ofen, 1279).	Ordonnance du 3 décembre 1938, qui prévoit la vente forcée des terres appartenant aux juifs (R.G.B.I. I, 1709).
Il faut considérer comme hérésie avérée tout passage d'un chrétien au judaïsme ou tout retour d'un juif baptisé à son ancienne religion (synode de Mayence, 1310).	Le passage d'un chrétien à la religion juive l'expose au danger d'être traité comme juif ; jugement du tribunal de Königsberg, 4e sénat civil, du 26 juin 1942 (in *Die Judenfrage, Vertrauliche Beilage*, 1er novembre 1942, p. 82, 83).
Il est interdit de vendre ou de donner en gage des objets appartenant à l'Église (synode de Lavaur, 1368).	
Les juifs ne sont pas autorisés à servir de négociateurs pour les contrats entre chrétiens, surtout pas comme intermédiaires dans les mariages (concile de Bâle, 1434, XIXe session).	Loi du 6 juillet 1938 sur la dissolution des agences foncières et immobilières juives, ainsi que des instituts matrimoniaux juifs qui s'adressaient à des non-juifs (R.G.B.I. I, 823).
Les juifs n'ont pas accès aux diplômes universitaire (concile de Bâle, 1434, XIXe session).	Loi contre la surpopulation des écoles et écoles supérieures allemandes du 25 avril 1933 (R.G.B.I. I, 225).

Tableau d'après R. Hilberg, *La Destruction des juifs d'Europe*, Paris, Fayard, 1988, p. 18-19 et d'après Hans Küng, *Le Judaïsme*, Le Seuil, 1995, p. 314.

C'est en effet le Nom, sa garde et sa consécration, qui a maintenu le peuple juif condamné pour crime de déicide jusqu'à sa résurrection d'entre tous les morts. Ils chantaient le Nom, adonaï IHVH, dans les fours crématoires où Il se consumait avec eux. Déicides ? S'il était humainement possible de concevoir l'inconcevable, un tel concept issu de la pensée chrétienne devrait être interrogé en lui-même, pour lui-même : là se trouve la racine d'un mal qui, pour avoir duré deux mille ans, n'a toujours pas été compris par ceux-là mêmes qui l'ont généré.

Lorsque viendra la Parousie qu'attendent les chrétiens en la personne de Jésus, il faudra bien lui demander en quoi son peuple a été déicide : lui seul, à vrai dire, donnera la réponse douloureuse pour tous. Elle est déjà contenue en germe dans son Appel adressé à toutes les communautés de son Église [1].

Mais j'ai ceci contre toi : ton premier amour, tu l'as laissé...
Je connais tes œuvres : tu n'as ni froid ni chaud. Puisque tu es tiède, je vais te vomir de ma bouche...
Tu ne sais pas que tu es misérable, humilié, aveugle, nu.
Moi ceux que j'aime, je les blâme, je les châtie,
Sois donc ardent, fais retour.
Voici, je me tiens à la porte et je frappe [2].

Dans ce Retour que prévoit le texte de l'Apocalypse, il serait salutaire de comprendre comment il fut possible à l'Église d'enseigner officiellement que les juifs étaient coupables du crime de déicide. Il a fallu la Shoah pour faire revenir l'Église de son faux témoignage. Le concile de Vatican II lave les juifs d'un crime impossible à commettre, mais prive les chrétiens d'un drame simple à comprendre. Car si les juifs n'ont pas tué Jésus, qui l'a fait ? Et comment est-il possible de tuer Dieu ?

1. Apoc. finale des 7 lettres aux 7 Églises, 1, 9-22.
2. Apoc. 3, 15-20.

Les théologiens chrétiens ont le devoir de répondre a ces questions ; elles se posent avec d'autant plus d'urgence qu'elles conditionnent l'avenir de la théologie chrétienne. Un tel faux témoignage, enseigné deux millénaires durant par les plus hautes instances de la chrétienté, à propos du meurtre à jamais impossible du Créateur crucifié dans la personne de son fils unique, doit être pris en considération pour le salut de l'Église et de son avenir.

Jean-Paul II a courageusement ouvert la voie d'une réflexion salutaire qui devra se nourrir de l'essence même de l'Être suprême et chercher les voies les plus efficaces, susceptibles de faire vivre les Dix Commandements, non seulement dans nos livres, mais aussi dans nos vies en nos maisons, en nos écoles et en nos casernes. La réflexion de Jean-Paul II serait vaine si elle n'était suivie par un rassemblement universel des hommes et des femmes décidés à donner corps et vie à l'utopie de l'homme nouveau et de l'âge neuf annoncés de toute éternité.

QUAND UN PAPE DEMANDE PARDON

En juin 1942, en Pologne occupée par l'Allemagne nazie, à Cracovie, les juifs étaient exterminés massivement. La solution finale avait supprimé de cette ville les cinq mille juifs assassinés dans le ghetto ou dans les fours crématoires du camp de Belzec[1]. En octobre de la même année, six mille autres juifs venus des hôpitaux, des homes d'enfants, des écoles ou des orphelinats furent également exterminés. Parmi les survivants se trouvaient de jeunes orphelins dont quelques-uns furent baptisés. Un jeune prêtre refusa le baptême à certains d'entre eux, respectueux du désir exprimé par leurs parents de les élever dans la religion de leurs pères. Ce jeune prêtre s'appelait Karol Wojtyla. Par la suite, il fut élu pape,

1. *Hassidic Tales of the Holocaust*, par Yafa Éliash, Aron Books.

le 16 octobre 1978. L'un des enfants s'appelait David Lau. Il est devenu depuis le grand rabbin d'Israël...

Comme tous les témoins des drames de la Shoah, Jean-Paul II est particulièrement sensible aux problèmes inhérents aux relations judéo-chrétiennes. Dès son élection au Saint-Siège, il proclama publiquement sa volonté de reconnaître l'État d'Israël et d'établir des relations diplomatiques normales entre lui et le Vatican : il eut besoin de quinze ans pour rattraper le retard des siècles et signer l'*Acte fondamental de reconnaissance réciproque* de ces deux États (30 décembre 1993). Dans sa longue quête du pardon des erreurs historiques de l'Église catholique, le pape a fait une place privilégiée aux juifs, désormais réunis dans leurs communautés de la diaspora ou au sein de l'État d'Israël.

Il est habituel au juif de demander pardon. Ce travers ridiculisé par Charlie Chaplin a des racines profondes dans l'âme juive. Trois fois par jour dans les rites de la Synagogue, les fidèles s'accusent de toutes leurs fautes et demandent pardon pour tous les péchés du monde. En plus de ces exercices quotidiens, la Synagogue, à la suite des grands prêtres du Temple de Jérusalem, célèbre une fois l'an le jour de Kippour, le jour du Grand Pardon.

Un livre récent de Luigi Accatoli[1] a pour objet l'action du 263e successeur de Pierre qui, en ses demandes répétées de pardon, se révèle être un vrai successeur des grands prêtres de Jérusalem et de Jésus : celui-ci, en véritable Hébreu, a marqué sa vie publique de nombreuses paroles de pardon. Après l'attentat qui faillit lui coûter la vie, Jean-Paul II eut la volonté de rencontrer personnellement son agresseur dans la cellule où il était incarcéré, afin de lui pardonner.

La vie de ce pape ressemble à une immense journée de Kippour hébraïque par sa volonté de récapituler et d'expier tous les péchés du monde. Nos ancêtres les Hébreux, dans la liturgie du jour de Kippour, faisaient en aveu une prière récapitulative de toutes les fautes, les carences et les crimes du monde en 22 verbes selon les 22 lettres de l'alphabet

1. *Quand le pape demande pardon*, Albin Michel, 1997.

hébraïque. Dans les synagogues de mon enfance, j'ai ainsi demandé pardon, avec mes frères, pour des crimes, des vols, des adultères, des mensonges que j'aurais été bien incapable de commettre. Mais je les avouais au nom de ceux qui les commettaient sans les avouer : je savais déjà que j'étais responsable de toute l'humanité, dans l'universelle fraternité des hommes.

Jean-Paul II commence par avouer les péchés de l'Église dans l'espoir que nul ne les commettra plus. Balayant d'abord devant sa porte, il avoue la responsabilité des papes dans les schismes entre les Églises. À la suite de Vatican II, il corrige les textes des prières, à commencer par celles qui étaient insultantes pour les juifs, les protestants, les orthodoxes, les musulmans. Il vainc l'opposition de certains cardinaux et continue son pèlerinage de pape réformateur et, à tant d'égards, révolutionnaire. Chaque fois qu'il le peut, il se déplace sur les lieux réels ou symboliques où se sont commis les crimes qu'il dénonce, pour mieux implorer le pardon des offensés. Il condamne les croisades, l'Inquisition, les dictatures et les intégrismes de toutes sortes, les massacres du Rwanda, de Yougoslavie, de Timor et d'ailleurs, les conditions inégales faites aux femmes, aux juifs, aux Indiens d'Amérique...

Il entreprend de réhabiliter des réformateurs comme Hus, Calvin, Zwingli, Luther, ou des savants comme Galilée. Il est l'un des rares chefs d'État à dénoncer avec vigueur les guerres, et plus particulièrement les guerres de religion, les mafias, l'esclavagisme, les racismes.

On critique cependant Jean-Paul II sur son attitude face à la contraception ou la pratique de l'avortement, et sur d'autres de ses opinions inhérentes à sa fonction de pape et à la défense d'un bien suprême : la vie. Pendant son long règne j'ai eu le privilège de rencontrer à quatre reprises ce pape, l'un des plus grands ; cet homme de courage, dont la grande voix ne peut demeurer sans écho. Dans notre quête d'une éthique globale, il nous donne davantage que des idées : un exemple. Chacun de ses discours, chacune de ses déclarations est marquée au signe du courage et d'une volonté.

Le vendredi saint de l'année 1999, Jean-Paul II participa à une procession au cours de laquelle, à l'une des stations du Chemin de Croix, il fit cette prière : « Pardonne-nous, ô notre Dieu, d'avoir crucifié pendant des générations et de si nombreuses fois le peuple juif. »

La prière qui suit a été composée par Jean-Paul II, qui l'a prononcée le vendredi 11 juin de la même année à Auschwitz, lors de la visite qu'il effectuait à ce moment-là en Pologne[1].

Dieu d'Abraham,
Dieu des prophètes,
Dieu de Jésus-Christ,
en Toi, tout est contenu,
vers Toi, tout se dirige,
Tu es le terme de tout.

Exauce notre prière à l'intention du peuple juif qu'en raison de ses Pères tu continues de chérir.

Suscite en lui le désir toujours plus vif de pénétrer profondément Ta vérité et Ton amour.

Assiste-le pour que, dans ses efforts pour la paix et la justice, il soit soutenu dans sa grande mission de révélation au monde de

Ta bénédiction.

Qu'il rencontre respect et amour chez ceux qui ne comprennent pas encore ses souffrances,

comme chez ceux qui compatissent aux blessures profondes qui lui ont été infligées, avec le sentiment du respect mutuel des uns envers les autres.

Souviens-Toi des générations nouvelles, des jeunes et des enfants ; qu'ils persistent dans la fidélité envers Toi, dans ce qui constitue l'exceptionnel mystère de leur vocation.

Inspire-les pour que l'humanité comprenne par leurs témoignages que tous les peuples ont une seule origine et

1. Source : *La Croix* du lundi 14 juin 1999.

une seule fin : Dieu, dont le dessein de salut s'étend à tous les hommes.
Amen.

Puisse cette prière être le signe avant-coureur, au seuil de l'année jubilaire, du voyage du pape à Jérusalem. Il annoncera là, nous l'espérons, la nécessaire, l'inévitable réconciliation du christianisme, du judaïsme et de l'islam. Ces trois religions abrahamiques, dans la fidélité à leurs sources, au-delà de leurs conflits historiques et théologiques, s'uniront enfin pour réaliser, ensemble, l'idéal commun à Abraham, à Moshè, à Jésus et à Muhammad, d'une Alliance universelle des alliances.

Le siècle se termine par une grande foire où chacun déballe son sac d'idées et de projets susceptibles de sauver le monde. Tous contribuent à la fermentation des idées qui accompagnent la fin d'un siècle et portent en elles la genèse du troisième millénaire. En cette aube d'un nouvel âge, les Dix Paroles sont encore prêtes à prendre leur envol et à se réaliser dans l'histoire. Nous devons encore découvrir sinon inventer la langue et la pensée de paix et d'unité d'un nouveau millénaire[1].

DANS L'ISLAM

Le heurt des impérialismes et les vicissitudes de l'histoire ont souvent fait taxer l'islam de religion mensongère, comme si l'accusation des musulmans envers les chrétiens s'était retournée contre eux. On se souvient des pages de *Don Quichotte* où Cervantès fait allusion à la propension atavique des Maures à mentir. Tout au long de leur confrontation séculaire, chrétiens et musulmans n'ont cessé de s'accuser mutuel-

1. Yohanan Elihaï, *Ha Arets*, 6 juillet 1999.

lement de mensonge. À partir des croisades, les musulmans étendirent aux chrétiens l'appellation *kafirun* ou *kuffar*, « effaceurs » (de la vérité), initialement réservée aux païens. De leur côté, les chrétiens taxèrent les musulmans d'infidèles, c'est-à-dire de gens sans foi ni loi.

Ce préjugé qui consiste à voir dans les musulmans des gens perfides est en fait un vestige raciste et l'aboutissement d'une vieille tradition qui précède l'islam. Déjà les Romains parlaient de la *fides punica*, la « (mauvaise) foi des Carthaginois ». Quand les vicissitudes de l'histoire et la géopolitique mirent aux prises non plus les Romains avec les Puniques, mais les chrétiens avec les Sarrasins, les mêmes stéréotypes survécurent en se transformant. De nos jours encore, l'Occident laïcisé continue d'accuser les musulmans de mauvaise foi.

Une autre déviation consiste par ailleurs en islam à transformer Allah en arme de combat et la religion en instrument d'asservissement. *En religion, pas de contrainte*, proclamait Muhammad. Le fondamentalisme, l'intégrisme, de quelque religion qu'ils soient, n'ont rien de commun avec l'enseignement de Moshè, de Jésus ou de Muhammad. Les talibans, le G.I.A. et les successeurs de Khomeiny sont les faux témoins vomis par toute pensée religieuse issue de la Bible, du Nouveau Testament et du Coran, comme de toute raison. Il en est de même pour le terroriste qui allume sa bombe ou brandit son couteau au nom de quelque Dieu que ce soit : son acte prouve qu'il est un faux témoin au service d'une idole meurtrière.

AILLEURS DANS LE MONDE

La plupart des morales de l'humanité interdisent le mensonge et le faux témoignage, mais cette tendance est tellement ancrée en l'homme qu'au lieu de l'éradiquer chacun se justifie en en faisant peser la faute sur l'autre. L'exemple de la confrontation entre la chrétienté et l'islam montre bien le fonctionnement de ce mécanisme. La meilleure défense étant l'attaque, les menteurs s'empressent de montrer que ce sont eux les dupes et les trompés.

Dans une société antique encore rivée aux croyances surnaturelles, le serment servait à authentifier les dires de celui dont la parole était incertaine. Les châtiments dont les parjures étaient menacés dans la Grèce antique ont de quoi dissuader les menteurs. Malheureusement, ces menaces et ces serments étaient aussi vains et mensongers que les faux témoignages contre lesquels ils étaient censés sévir.

Aujourd'hui, la presse, la radio, la télévision nous abreuvent chaque jour de témoignages contre la vie, l'honneur ou les biens d'autrui. Comment ajouter foi aux informations mêlées à la désinformation systématique dont les médias nous abreuvent parfois ? Il s'ensuit un grand flou dans l'appréciation de la vérité et de la justice. Que l'on vive sous un régime dictatorial brimant la liberté d'expression ou dans une démocratie où l'on peut librement exprimer son opinion, le résultat n'est sans doute pas le même : dans tous les cas, il est nécessaire de rechercher la vérité du fait.

L'effet pervers du mensonge est d'instiller le doute sur la vérité. Les « révisionnistes » essaient de démontrer que les six millions de victimes juives du nazisme sont une invention. En cela, ils ont profité du climat désabusé dans lequel baigne l'opinion publique des pays libres. Si l'intelligentsia européenne ne s'était pas laissé piéger par les discours totalitaires du stalinisme ou du maoïsme, Faurisson aurait été inconcevable. La désillusion qui accompagna la découverte des goulags et des bagnes de Mao entraîna donc cette tendance à tout remettre en question, même des faits avérés. Cette maladie est caractéristique de nos sociétés postmodernes, pétries de relativisme.

VERS UNE ÉTHIQUE GLOBALE ?

Devant le gouffre vertigineux du mensonge, la seule solution raisonnable est le retour de l'individu en son intériorité et en sa vérité profonde. C'est en soi-même qu'il faut rétablir la vérité. À l'instar de Descartes qui commença par tout mettre en doute pour retrouver dans le tréfonds de sa conscience la preuve de son existence, il faut se donner les moyens de faire la distinction entre la vérité de l'être et les illusions de l'esprit. Pour cela, il faut peut-être aller plus loin que Descartes et sa perspective rationaliste. Le critère de la pensée peut avantageusement être remplacé par celui de la sensation ou du sentiment. La sensation du froid, de la faim ou au contraire du confort et de la satiété est indubitable. C'est sur les bases de ces données humbles et modestes qu'on pourra reconstruire une phénoménologie digne de foi.

Sartre en a posé les fondements dans *L'Être et le Néant*. Mais ce philosophe, obnubilé par son idéologie marxiste, se crut obligé de concilier cette phénoménologie intransigeante avec la philosophie marxiste dans sa *Critique de la raison dialectique*. Si Sartre avait défini ses principes sans s'embarrasser des cadres contraignants de son idéologie, il aurait probablement élaboré une éthique sociale fondée sur une plus grande exigence de vérité.

Le faux témoignage le plus constant a une double portée : devant l'Être suprême et devant soi-même. En face de $\overset{\text{adonaï}}{\text{IHVH}}$, quoi que nous fassions ou pensions même, l'Être suprême, dont nous sommes les créatures, dépasse infiniment notre entendement. En face du Nom, nous ne pouvons que mentir par défaut d'expression. En face de soi-même, la parole risque toujours d'être vaine, non plus par défaut, mais par excès. Nous avons de nous-mêmes une perception tronquée par le fait qu'il s'agit de nous-mêmes. Où que nous soyons, quoi que nous fassions, nous avons la perception irrémédiable d'être le centre du monde, phénomène qui peut devenir aisément notre raison d'être et de vivre. À cette tendance s'ajoutent les diverses tromperies auxquelles nous engage toute vie en société. L'univers nous surprend aujourd'hui plus que jamais par le déferlement de mots et d'images sans nombre.

Le spectacle quotidiennement renouvelé de la comédie humaine nous révèle une abondance trop lourde pour être portée : ces perspectives soudaines s'ouvrent sur la misère de l'homme ou sur sa gloire, sur sa terreur ou sur son amour, cette poésie souveraine qui embrasse les ciels et la terre, qui parle au soleil, au serpent, à l'oiseau, à l'enfer ou au paradis et tutoie Dieu. La solitude des déserts est propice à la redécouverte de l'Être en soi et au dialogue d'amour avec Lui, dans la recherche de l'unicité universelle.

Le seul recours qui est laissé aux hommes de notre époque est l'axiome selon lequel la vérité est son propre témoin. Une fois que l'homme aura cessé de se mentir à lui-même sur ses sensations, ses sentiments et ses pensées, il sera à même de ne plus mentir à autrui. La lucidité de l'individu est la garantie de la transparence dans les relations humaines et dans les rapports entre les groupes.

Le jugement de $\frac{\text{adonaï}}{\text{IHVH}}$ est de tous les instants et concerne tous les vivants : l'homme est ce qu'il veut être. Il s'identifie à ce qu'il aime et la réponse à sa seule question — être ou ne pas être — vient de lui-même et s'inscrit pour lui sur les balances de l'éternité[1].

1. Ps. 109, 17-18.

LE DIXIÈME COMMANDEMENT

Tu ne convoiteras pas la maison de ton compagnon.
Tu ne convoiteras pas la femme de ton compagnon,
son serviteur, sa servante, son bœuf, son âne,
ni tout ce qui est à ton compagnon.

DANS LA BIBLE

Le dixième commandement confirme et élargit l'interdiction de l'adultère à la convoitise et même au simple désir indissociable de la condition humaine pour en faire l'objet d'un interdit juridique. La plupart des commandements concernent des actes plutôt que des intentions. Seule la prohibition de l'idolâtrie vise l'intériorité de l'âme et pas seulement l'objectivation du fait. Ce paradoxe s'explique si l'on pense aux conséquences pratiques de la convoitise. Celle-ci, sœur de la jalousie, peut à bon droit être considérée comme la mère des vices. Mus par ce sentiment, les hommes peuvent devenir des voleurs ou des assassins, donc violer le sixième — *Tu n'assassineras pas* — et le huitième — *Tu ne voleras pas* — dont les commandements sont organiquement reliés les uns aux autres en leur unité vivante. Le non-respect de l'un conduit à en violer d'autres. Cette solidarité des parties au sein du tout est l'intuition fondamentale du Législateur.

Allant au-delà du simple raisonnement logique, il apparaît que la prohibition de la convoitise s'explique également par la croyance au « mauvais œil ». Dans le contexte monothéiste de la civilisation hébraïque, cette superstition est en partie sublimée. Contrairement aux Grecs de l'Antiquité, les Hébreux ne pensaient pas que les divinités puissent concevoir de la jalousie à l'égard des mortels, même privilégiés. En revanche, ils croyaient aux forces maléfiques qu'ils appellent *esprits mauvais*. La malveillance des jaloux est réputée leur attirer des ennuis provoqués par le « mauvais œil ». Le cas le plus frappant est celui de Saül qui conçut une grande jalousie à l'encontre de David. Dès lors, son comportement obéit à une logique d'autodestruction qui lui coûta finalement la vie. Cet exemple le montre : le respect des commandements n'est pas seulement salutaire à la société. Il est également lié à l'équilibre psychique de qui les respecte.

Dans le cas de David, la convoitise le mènera à l'adultère et au meurtre. Son méfait occupe une place importante dans l'exégèse hébraïque, chrétienne et musulmane[1]. Pour tous, le scandale est grand de voir le chantre d'Élohîms transgresser plusieurs commandements : il vole Bethsabée, la femme d'un combattant de son armée, et envoie celui-ci se faire tuer en première ligne. Ce faisant, il trahit ses devoirs de roi et de chef des armées d'Israël.

La question est capitale : les théologiens n'ont pas manqué de le souligner. Chez les chrétiens, les commentateurs protestants ont été les plus sévères à l'encontre du roi David, adultère et assassin. « David s'est contredit lui-même », écrit Karl Barth, compromettant son élection et sa vocation, et par là, sa foi en Élohîms lui-même. Il s'est abandonné à la convoitise, à l'adultère, à la tromperie, à la trahison, au meurtre — chacune de ces fautes résultant de l'autre avec une logique de fer —, et est ainsi tombé sous le coup de la colère divine. Jean Calvin souligne que, malgré la gravité de sa faute, David, au lieu d'être condamné à l'enfer, a obtenu le pardon d'Élohîms par la voie du repentir. Martin Luther rappelle que tout croyant a le devoir de se soucier du péché et de monter bonne garde contre lui. Dans le cas de David, qui a d'abord payé son crime par la mort du premier enfant que Bethsabée lui a donné, mais la victoire de la grâce sur le péché est confirmée par la naissance de leur second fils, Salomon. Dans ses homélies, saint Augustin met en garde : *Les hommes bons,*

1. *L'Univers de la Bible*, tome III, p. 324.

fils de l'Église et parfaits dans l'amour du Christ, doivent détourner les yeux de la beauté d'une chair étrangère... Bethsabée était loin, mais la passion proche. Seras-tu plus fort que David et Salomon ? Les Pères de l'Église attribueront une signification prophétique à l'adultère de David et de Bethsabée : leur couple devient le symbole des épousailles du Christ et de la gentilité [1], aux sources du pardon de Dieu.

Les musulmans ont donné à l'aventure de David et de Bethsabée une place importante. Les Pères d'Israël avaient affronté de dures épreuves, dira Al Hisaï : Abraham avait été éprouvé par le feu et il avait triomphé de l'épreuve ; Isaac était sorti vainqueur de l'épreuve de son sacrifice ; Jacob avait surmonté ses épreuves, loin de son fils bien-aimé en exil ; Joseph, vendu comme esclave, était devenu vice-roi d'Égypte ; Moshè, immergé dans le Nil, en sortit vivant... David, aimé d'Élohîms, dut succomber à une épreuve d'amour, celle de sa passion pour Bethsabée [2], afin de mieux mériter la grâce d'Élohîms et son amour.

DANS LE JUDAÏSME

Le dixième commandement est à l'origine d'un principe cardinal de la morale du judaïsme rabbinique : le devoir de pudeur et la modestie. Dans les extrapolations pratiques de la Tora orale, il est spécifié que pour éviter de s'attirer la jalousie de son prochain, il importe d'avoir une tenue décente, mais jamais immodeste. Les tenants du judaïsme ultra-orthodoxe enfreignent ce devoir de modestie avec leurs complets noirs et leurs grands chapeaux qui les caractérisent. De même, la pudibonderie des tenues des femmes est liée à la crainte d'éveiller la concupiscence des hommes. Dans les milieux de stricte observance, une femme ne doit pas montrer

1. Les Nations, désignées en hébreu par le nom de *goyîms*.
2. *L'Univers de la Bible*, tome III, p. 326.

ses cheveux en public. Elle ne peut même pas chanter devant des hommes, car la voix d'une femme peut éveiller le désir des hommes.

À travers ces réinterprétations du Décalogue, on perçoit une tendance au rigorisme et à l'intériorisation des commandements. De juridiques qu'ils étaient dans le judaïsme biblique, ils en arrivent à revêtir une dimension éthique et parfois ritualiste, comme dans le cas du Shabbat, par exemple. Cette évolution est particulièrement nette en ce qui concerne la prohibition de l'adultère et du faux témoignage. L'interdiction de coucher avec la femme d'autrui est strictement juridique. Les extensions rabbiniques prohibent toutes formes de relations sexuelles en dehors des liens du mariage et prônent une éthique de contrôle total des diverses tendances de la personne humaine.

De même, l'interdiction de la médisance dépasse de loin le cadre juridique auquel se réduisait initialement le neuvième commandement qui interdit le mensonge. L'Hébreu et le juif sont donc séparés par une différence essentielle qui correspond à l'écart entre la Tora écrite[1], fixe et immuable, et la Tora orale[2], ouverte à toutes les extrapolations et à tous les commentaires, inspirés par une finalité : enfermer le juif dans un réseau étroit de commandements positifs et d'interdictions qui ont sauvé l'identité d'une culture et d'une langue ressuscitées de nos jours en Judée, après deux mille ans d'exil.

EN CHRÉTIENTÉ

Les légères divergences que l'on peut noter entre la formulation du dixième commandement en grec et son original hébreu sont imputées à une version hébraïque disparue

1. Le Pentateuque.
2. La Mishna et les Talmuds.

depuis, légèrement différente du texte recensé par les docteurs de la Massorah[1]. On notera que dans le texte grec de la Septante, la femme figure avant la maison. L'ordre hébraïque se comprend mieux quand on sait que la maison est inclusive de la femme qui en est l'âme.

En latin, le texte de la Vulgate traduit la racine *hamad*, « convoiter », par *concupisces* tandis que son deuxième emploi dans le verset est rendu par *desiderabis* alors que le verbe est le même dans les deux cas. Traducteur de la Bible, saint Jérôme obéit aux normes du style classique qui bannit la répétition des termes, alors qu'elle est normale dans le style hébraïque où le lecteur sait nuancer les sens de mots identiques.

Les traductions trahissent souvent les textes originaux du fait même que les mots grecs ou latins ont des sens parfois différents dans leur nouveau contexte linguistique. Ainsi, le terme grec *epithumein*, qui traduit l'hébreu *hamad*, « convoiter », renvoie à la psychologie platonicienne. Selon le philosophe athénien Platon, l'*epithumia* est une faculté médiatrice entre l'âme et le corps. Dans la hiérarchie ontologique de Platon, le désir correspond donc à un mode d'être imparfait face à l'âme qui se suffit à elle-même et se satisfait de la contemplation béate des idées. Telles sont les associations d'idées et les connotations qui surgissaient dans l'esprit d'un Grec cultivé dès qu'il entendait prononcer le verbe *epithumein* ou le nom *epithumia*. Par rapport à cette hiérarchisation des facultés de l'être humain, le verbe hébreu *hamad* est beaucoup plus vital et unifiant : il exclut toute conception dualiste de la convoitise suggérée par la traduction de la Septante.

Le texte latin de Jérôme, soucieux de ne pas répéter un même mot dans la phrase, recourt à une variation stylistique en employant d'abord *concupiscere*, puis *desiderare*. Alors que le sens du premier de ces verbes se rattache directement

1. La Massorah fixe la tradition textuelle des Écritures hébraïques. Elle s'enracine dès l'époque du second Temple et se poursuit jusqu'en l'an 1425, date de sa formulation définitive.

au désir sexuel, *desiderare* signifie étymologiquement « rechercher des étoiles », *sidera*, dans le ciel. Cette pratique, qui renvoie vraisemblablement à l'astrologie ou à la divination, n'est sans doute pas en jeu dans le texte de Jérôme. Pourtant l'emploi d'un verbe à connotation sexuelle et d'un autre verbe qui en est totalement dénué suggère sans doute que, dans l'esprit du traducteur, toute forme de désir était condamnable : non seulement la concupiscence éprouvée à l'égard de la femme d'autrui, mais aussi le désir de ce que l'on n'a pas. On mesure les conséquences que cette généralisation entraîna dans l'histoire des mentalités de l'Occident chrétien. Par peur de convoiter une réalité interdite, des chrétiens condamnèrent le principe du désir même, licite et salutaire. Il fallut attendre la Réforme et la diffusion du texte de la Bible dans les langues vernaculaires d'Europe pour qu'une autre attitude s'instaure en face du désir : chacun était en droit d'aspirer à la possession de ce qui n'était à personne.

Une religion qui professe un désintéressement total pour les biens de ce monde condamne naturellement le péché de convoitise et d'envie. Ces sentiments profondément ancrés en l'homme ne concernent que les biens matériels. Mais il est licite d'envier l'intelligence ou la vertu d'autrui.

Les aspirations égalitaires de certains mouvements religieux, les Vaudois par exemple, étaient considérées comme une infraction au dixième commandement. La secte de Pierre Valdès[1] fut impitoyablement persécutée. Jusqu'à la naissance d'un catholicisme social tout à la fin du XIXe siècle, l'Église défendait l'ordre établi : elle garantissait la sécurité face aux « partageux ». Cette mésinterprétation du dixième commandement explique pourquoi de nombreux bourgeois se convertirent au catholicisme, une fois la tourmente révolutionnaire passée. La bourgeoisie française du XIXe siècle était agnostique dans l'âme, tout en affichant son respect pour l'Église, seule capable de contenir la révolution qui se préparait.

1. Fondateur de la secte des Vaudois (XIIe siècle).

DANS L'ISLAM

Dans l'islam, la jalousie et l'envie sont condamnées au nom d'Allah. Mais c'est dans la religion et les superstitions populaires que ce thème s'est le mieux développé. Certes, la croyance au mauvais œil se retrouve chez tous les riverains de la Méditerranée. Mais chez les musulmans, elle revêt une gravité toute particulière. La crainte de la jalousie d'autrui est tellement présente que l'on évite de complimenter les gens ou de se féliciter d'un succès. Tout se passe comme si la croyance païenne en une déesse de la justice distributive appelée Némésis avait été réinterprétée en termes démoniaques. Celui qui s'expose à l'envie de ses semblables se trouve sous la menace d'un envieux beaucoup plus redoutable que tout jaloux de chair et de sang : c'est le diable, le mauvais ange, Iblis, avec lequel il faut user de subterfuges divers, signes propitiatoires comme la main de Fatima, formules consacrées et surtout conduite modeste et discrète. Dans la religion populaire, qui est souvent en réaction contre la religion officielle, la croyance en Allah parfois se transforme en superstition manichéenne.

AILLEURS DANS LE MONDE

La plupart des sociétés condamnent la convoitise car elle est un ferment de désordre social. Toutefois, il en est qui légitiment certaines formes de compétition. C'est le cas notamment de la Grèce antique qui accordait une grande importance à l'émulation et à la preuve de l'excellence individuelle. Ce terme recouvre une quantité d'acceptions très diverses qui concernent aussi bien la guerre que le sport, la politique ou même le théâtre. Quoi qu'il en soit, les Grecs vivaient dans l'obsession du concours et du championnat. Lorsqu'il était transposé au niveau des relations entre les cités rivales, ce principe *agonistique* pouvait entraîner de graves désordres. Quand une menace extérieure comme celle des Perses mettait une sourdine à la guerre entre les cités, cette émulation tantôt stimulante, tantôt destructive trouvait d'autres exutoires, notamment dans le cadre des jeux.

Ce rapport que les Grecs entretenaient avec la compétition se retrouve dans la civilisation occidentale. Toute l'économie napoléonienne du mérite s'inspire de cette façon d'utiliser intelligemment les énergies individuelles en les mettant en lice les unes contre les autres. Il ne s'agit pas de la concurrence née avec le développement du capitalisme moderne. En effet, le moteur de cette économie du mérite est avant tout l'honneur et l'ambition. Dans un monde de plus en plus mécanisé et plus soumis à la quantification au moyen de l'argent, cette méritocratie purement honorifique a du mal à subsister. Les individus sont moins animés par le désir de faire mieux que leurs concurrents : ils veulent posséder davantage. On assiste à une régression du qualitatif au profit du quantitatif.

VERS UNE ÉTHIQUE GLOBALE ?

La frontière entre le désir et la convoitise est tracée dans la Bible par l'objet permis ou interdit qu'il poursuit. À vrai dire, le désir, *hèphèts*, le plus légitime de l'homme, le premier Psaume nous l'enseigne, se trouve dans la Tora de adonaï IHVH : ce désir s'accompagne d'une manifestation de volonté. Il ne suffit pas de *désirer* la Tora : il faut *murmurer* et méditer *sa Tora jour et nuit.* Le désir amoureux dont il est ici question permet à l'homme d'échapper à la voie du mal et de progresser dans la connaissance de la Révélation de la Parole de adonaï IHVH. Le verbe *haga*, « murmurer », indique à la fois une lecture cantilée du verset et la réflexion qu'il provoque. Le désir ne doit pas être fugitif, mais constant, si fort qu'il conduise l'homme à *murmurer la Tora jour et nuit.* Cette permanence du désir est réalisée par les contemplatifs, juifs ou chrétiens, qui pratiquent la prière telle que l'enseignent les Psaumes. J'ai également rencontré dans des monastères hindous ou bouddhistes les contemplatifs de religions non bibliques en qui l'amour avait produit le miracle d'une inhabitation de l'homme et de l'objet de son amour dans la voie d'une mystique unitive.

Le dixième et dernier commandement du Décalogue emploie un autre mot que *hèphèts*, « désirer ». *Lo tahmod*, « tu ne convoiteras pas » ; plutôt que la nuance volontariste du *hèphèts*, du désir, il implique l'ambition de jouer de l'objet convoité, de vouloir posséder ce qui ne nous appartient pas. En grec, *epithumia* traduit la même ambivalence. L'homme, la femme ne peuvent vivre et survivre sans avoir de désirs et sans les satisfaire : j'ai soif ou j'ai faim, ces désirs me poussent à boire ou à manger. Le désir a été défini comme un appel à la vie. Il pousse à la garde de la vie, à satisfaire au besoin d'inventer, de construire, d'apprendre et d'enseigner. Ainsi le désir est une fonction de la vie. La convoitise peut devenir une « carie des os » comme le suggèrent les Proverbes[1]. Le désir peut se corrompre en convoitise, et la convoitise dégénérer en rancune, amertume, aigreur, jalousie qui peut aller jusqu'au meurtre, nous l'avons vu.

L'économie de marché repose sur la convoitise. La publicité dans les magasins, dans la presse, à la radio, à la télévision, sur Internet vise à faire naître et à entretenir le désir d'objets dont, sans elle, nul ne se soucierait. Parmi les Maximes des Pères, les *Pirké Aboth*, retenons celle-ci :

Qui est-il riche ?
Celui qui se réjouit de son lot.

La publicité a pour objet d'arracher l'homme à ce bonheur placide pour le pousser à la consommation de ce qu'il n'a pas et que son voisin n'aura probablement pas encore. De même que le désir est une fonction de la vie, la convoitise peut devenir le courtier de la mort.

De nos jours, la convoitise devient l'un des leviers des modes et des révolutions qui soulèvent le monde. Elle est le

1. Pr. 14, 30.

moteur des innovations de la mode ; une chaîne de télévision mondialement connue exploite cette tendance en présentant vingt-quatre heures sur vingt-quatre les défilés de mode organisés par les plus grands couturiers du monde : les mannequins femmes et hommes défilent de jour et de nuit, sans un mot, aux rythmes de musiques qui peuplent de rêves la contemplation des plus belles robes et des plus beaux costumes. Le spectacle est proposé gratuitement : nul doute qu'il ne soit d'un rendement appréciable pour ceux qui l'organisent. Plus graves sont les conséquences quand les nouveaux médias abolissent visuellement toute frontière entre le luxe des riches et la misère des peuples démunis de tout. Jadis, les riches et les pauvres cohabitaient en vases clos, non communicants : la situation était connue mais ne se voyait pas. Aujourd'hui, les reines et leurs belles princesses étalent la marque et le prix de leurs robes, de leurs bijoux et de leurs dessous, comme ces messieurs annoncent au milliard près le montant de leurs comptes en banque.

Les mêmes télévisions et autres moyens détaillent visuellement les horreurs des derniers combats sur les multiples fronts de la planète avec, en images colorées, les armes qui tuent et les hommes, femmes et enfants qui sont massacrés sous nos yeux presque en grandeur nature, dans notre salon. Ne nous étonnons pas des traumatismes que ces spectacles chaque jour répétés, rivalisant dans l'horreur et le réalisme, provoquent dans l'esprit des foules qui les contemplent, en guise de jeux du cirque, en Afrique, en Asie et souvent encore en Amérique et en Europe.

Une prise de conscience de notre spécificité irréductible et de l'altérité fondamentale d'autrui peut éradiquer en nous toute convoitise ou jalousie. Voyons l'autre en termes de complémentarité et non plus de compétitivité. Il convient donc de personnaliser l'humain. Quand chacun se sentira spécifique et irremplaçable, et considérera comme tel son voisin, la convoitise n'aura plus lieu d'être. Pourquoi devrais-je aspirer à posséder la maison, la femme ou la voiture de mon prochain ? Du fait même de mon irréductible différence, j'ai besoin d'une autre femme, d'une autre maison, d'une autre voiture — les miens et non ceux d'un autre. Le seul problème qui subsistera dans cette perspective concerne la convoitise de celui qui n'a pas vis-à-vis de celui qui a. Sur le plan social, la solution à ce problème, né de l'inégalité des conditions, consiste à faire intervenir une autorité qui redistribue le surplus des uns en faveur des plus démunis : l'État au service de la justice distributive. Grâce à cette solidarité accrue entre les individus, les classes et les pays, la convoitise se sublimera et se muera en recherche de mérite. On convoitera les vertus d'autrui au lieu de lui jalouser ses biens matériels.

L'hébreu marque bien la différence fondamentale qui existe entre le désir, *hèphèts*, et la convoitise, *hamad*. Le premier est naturel à l'homme. Celui-ci est un être de désir ; l'humain ne peut vivre sans désirer assouvir ses besoins naturels : le nourrisson réclame le sein de sa mère, le lait qui le nourrira, et, devenu grand, la quête pour assouvir ses besoins naturels et ceux de sa famille le conduira à parcourir son propre cheminement de la vie.

Par surcroît, le désir amoureux de l'Être créateur soustrait l'homme à la voie du mal et l'engage sur la voie de la lumière, celle de sa rencontre avec l'Être à l'image et à la ressemblance duquel il est créé. L'Être qui l'engage à devenir lui-même un créateur.

Le dixième commandement assume le désir, constitutif de l'identité de l'être humain. Le Décalogue engage l'être humain sur la voie d'une mutation où la convoitise, par la magie de l'amour, se transforme en désir créateur.

TROISIÈME PARTIE

Dans l'au-delà des religions

UNE MUTATION UNIVERSELLE

Notre XXe siècle s'achève sur l'invitation faite à l'humanité entière de célébrer le cinquantième anniversaire de la *Déclaration universelle des droits de l'homme*, proclamée par l'assemblée générale des Nations unies le 10 décembre 1948. La mémoire de l'humanité, traumatisée par l'horreur des crimes de notre siècle, s'est soudain réveillée. Les nations s'organisent pour empêcher le renouvellement des massacres de notre temps qui pourraient demain mettre un terme à l'histoire de l'humanité. Les peuples s'éveillent à la démocratie et s'organisent pour éviter le pire à ceux que menacent les violations des droits de l'homme. Le 9 décembre 1948, en même temps que la *Déclaration universelle des droits de l'homme*, l'O.N.U. adoptait une *Convention sur la prévention et la punition du crime de génocide*. Signée par 125 États, elle est entrée en vigueur le 12 janvier 1951. Les 11 et 16 décembre 1966, l'O.N.U. adopta aussi une *Convention internationale sur les droits économiques, sociaux et culturels*, renforcée par une seconde sur les *droits civiques et politiques*. Le 15 juin 1969, une autre encore fut adoptée pour *l'élimination de toutes les formes de discrimination raciale* et ratifiée par 150 nations. Elles furent complétées par deux protocoles d'accord, en mars 1976 et en août 1992. Le 18 décembre 1979, l'O.N.U. adopta, au nom de 161 nations, une convention qui entra en vigueur le 3 septembre 1981, pour *l'élimination de toutes les formes de discrimination contre les femmes*. Une

Convention contre la torture, les traitements cruels, inhumains ou dégradants a été adoptée le 10 décembre 1948 par 105 nations. Le 20 novembre 1989, l'O.N.U. adopta une *Convention sur les droits de l'enfant*, entrée en vigueur le 2 septembre 1990 et actuellement ratifiée par 191 nations. Enfin, en 1993, le Tribunal pénal international pour l'ex-Yougoslavie, basé à La Haye, est instauré, suivi en 1994 par le Tribunal pénal international pour le Rwanda, basé à Arusha, en Tanzanie. En 1998, la décision est prise à Rome de créer une Cour pénale internationale à compétence universelle, qui verra le jour lorsque 60 États auront ratifié le texte de la Conférence de Rome.

La Déclaration d'indépendance américaine (Philadelphie, 4 juillet 1776) avait, pour la première fois, proclamé en Occident les droits de l'homme « que lui a donnés le Créateur ». Vingt ans plus tard, le 26 août 1789, « les représentants du Peuple français constitués en Assemblée nationale, considérant que l'ignorance, l'oubli ou le mépris des droits de l'homme sont les seules causes des malheurs publics et de la corruption des gouvernements, ont résolu d'exposer dans une déclaration solennelle les droits naturels, inaliénables et sacrés de l'homme. En conséquence, l'Assemblée nationale reconnaît et déclare, en présence et sous les auspices de l'Être suprême, les droits suivants de l'homme et du citoyen »...

Moshè s'était isolé au sommet du mont Sinaï pour recevoir de la bouche même de $\overset{\text{adonaï}}{\text{IHVH}}$, et en hébreu, le texte du Décalogue, de $\overset{\text{adonaï}}{\text{IHVH}}$, l'Élohîms « anonyme » des Hébreux. Trois millénaires plus tard, les protestants américains se tournent vers la même source pour formuler la première Déclaration des droits de l'homme. $\overset{\text{adonaï}}{\text{IHVH}}$ apparaît cependant sous le Nom du Créateur qui « les a dotés de certains droits inaliénables parmi lesquels sont la vie, la liberté, la recherche du bonheur ».

Ce Créateur, clairement cité à Philadelphie, change d'identité à Paris : il est cependant mis en avant à la première place sous le nom plus philosophique d'*Être suprême*. Ce n'est plus $\overset{\text{adonaï}}{\text{IHVH}}$, mais sa place n'est pas vide. Au lieu du Dieu judéo-chrétien, nous sommes *en présence et sous les auspices de l'Être suprême.* L'Élohîms des Hébreux est remplacé par le Dieu des philosophes. L'Assemblée nationale proclame d'elle-même les droits de l'homme mais, pour plus de solennité, elle le fait *en présence et sous les auspices* d'un grand témoin, l'*Être suprême*, garant de ces droits qualifiés par le législateur français de « naturels, inaliénables et sacrés ».

La *Déclaration universelle des droits de l'homme*, elle, marque une date dans l'histoire de l'humanité. Il s'agissait de proclamer une Déclaration démocratiquement acceptée par les 58 nations alors membres des Nations unies. La principale difficulté pour les rédacteurs de ce texte fut de surmonter les contradictions qui existaient entre les nations, les unes démocratiques, d'autres communistes, de confessions différentes, chrétiennes, musulmanes de rites contradictoires, hindous, bouddhistes, de toutes les appartenances religieuses ou politiques du monde. Le palais de Chaillot, où l'assemblée générale des Nations unies s'était réunie, ressemblait à l'arche de Noé pour la diversité des hommes et des femmes de toutes races et de toutes origines venus adopter cette déclaration.

Il fallut tout le génie du président René Cassin pour concilier les croyances contradictoires qui s'affrontaient dans les nations pour ou contre le divorce, pour ou contre la polygamie, pour ou contre l'éducation des femmes et sur maints autres problèmes. Moshè avait la couverture de $\overset{\text{adonaï}}{\text{IHVH}}$, encore eut-il le soin de garder l'anonymat du Nom de l'Élohîms de l'Alliance, pour réaliser l'Alliance des alliances. Pour ne pas faire obstacle à la réunion des multiples divinités qui peuplaient les panthéons de toutes les nations, Élohîms devait se faire discret, quoique Tout-Puissant !

Il faut arriver à la *Déclaration universelle* du 10 décembre 1948 pour que perce à nouveau la notion de l'unité de la famille humaine et de sa dignité. Ces idées sont inhérentes à la création d'Adam et d'Ève dont les descendants ont l'incomparable dignité de leur qualité d'enfants d'Élohîms, le Créateur des ciels et de la terre.

En 1948, le monde sortant « des actes de barbarie qui révoltent la conscience de l'humanité » éprouve l'urgence de reconnaître et de proclamer à nouveau les droits qui sont « la plus haute aspiration » de l'homme. Dieu n'est plus mis en cause (il n'a pu empêcher Auschwitz...). Mais sa créature est libre de parler et de croire. Au lendemain des plus terribles massacres de la guerre, les Nations unies proclament leur foi dans les droits fondamentaux de l'homme[1].

Le droit international a notablement progressé ces dernières années avec l'intensification des moyens mis en œuvre pour lutter contre l'impunité des criminels de guerre. À ce jour, les prisons de l'O.N.U. abritent trente-trois accusés à La Haye et trente et un à Arusha[2]. Déjà en route vers une éthique globale, auprès des plus importantes organisations non gouvernementales qui assistent l'O.N.U. dans l'œuvre de défense des droits de l'homme, de multiples organisations se consacrent, aux côtés d'Amnesty International, à éduquer l'humanité entière à la connaissance, à la sauvegarde et au respect des droits de l'homme.

Parmi elles, le Parlement mondial des religions. Dès l'automne 1893, l'exposition internationale de Chicago célébrait le quatre centième anniversaire de la découverte de l'Amérique par Christophe Colomb. Les pays du monde entier avaient envoyé une représentation choisie dans les domaines de la science, des lettres, de la technologie, de l'industrie et

1. Marie Balmary, *Abel ou la traversée de l'Éden*, Grasset.

2. Deux femmes se sont distinguées, par leur rigueur, leur courage et leur opiniâtreté, leurs méthodes d'action contre la criminalité internationale, politique ou mafieuse. La Canadienne Louise Arbour, procureur du T.P.I.Y. et du T.P.I.R., en inculpant pour la première fois de l'Histoire non des exécutants subalternes mais des chefs, instigateurs de génocides au Rwanda, et un chef d'État, le président yougoslave Slobodan Milosevic, pour crimes contre l'humanité. Carla Del Ponte, qui succède à Louise Arbour au poste de procureur du T.P.I.Y. et du T.P.I.R., est notoirement réputée pour l'efficacité de son combat, dans le cadre de ses précédentes fonctions de procureur de la Confédération helvétique, contre le crime organisé, multipliant enquêtes et investigations dans tous les domaines, notamment dans les affaires de corruption au plus haut niveau en Russie et en Ukraine, le trafic de stupéfiants, les mafias de tous bords. Faisant fi des attentats contre sa personne, elle intensifia l'entraide judiciaire internationale, n'hésitant pas à outrepasser ses pouvoirs pour donner force de droit à l'urgence de renforcer la lutte contre la criminalité internationale.

de la politique. Le XIXe siècle s'achevait dans l'euphorie de ses incomparables réalisations.

L'exposition des progrès scientifiques et techniques du siècle devait être couronnée, sous la présidence du pasteur presbytérien, John Henry Barrows, par un congrès mondial des grandes religions de la planète. Quarante-cinq religions différentes se réunirent alors à Chicago, à l'Institut des Arts. Toutes délivraient un même message : la compréhension entre les nations devait être facilitée par le message des religions.

Ce Parlement mondial des religions réunissait pour la première fois des représentants autorisés des religions du monde entier, réunies en un seul lieu, dans l'égalité de leurs droits. Ce Parlement se présentait d'emblée non comme une institution figée, mais comme un mouvement dynamique prônant l'harmonie et la fraternité entre toutes les religions du monde. Il adopta une *Déclaration pour une éthique globale* qui faisait écho à la première *Déclaration des droits de l'homme* de 1776, au temps de la révolution américaine, qui elle-même marquait le début d'une reconnaissance universelle des droits de l'homme. Celle-ci fut aussitôt suivie par la *Déclaration des droits de l'homme et du citoyen* de 1789 en France. C'est dans le même mouvement que la *Déclaration universelle des droits de l'homme* était proclamée par les Nations unies à Paris, le 10 décembre 1948.

Ce même Parlement mondial des religions, réuni un siècle plus tard sous la présidence du professeur Hans Küng[1], condamnait la pauvreté et les abus qui épuisent notre planète et la menacent d'agonie, faute d'une *éthique globale* dont il invitait l'humanité à reconnaître et à appliquer les principes. Ce nouvel ordre planétaire serait fondé sur une exigence fondamentale : toute personne, homme ou femme, devrait être traitée humainement. L'éthique globale ne pourrait se réali-

1. Hans Küng, théologien chrétien contemporain est spécialisé, à Tübingen, dans la théologie de l'histoire générale du salut. Né en 1928, il enseigne depuis 1963 la théologie à l'Institut de recherches œcuméniques qu'il dirige à Tübingen. Parmi ses œuvres, *Judaïsm* (1992) et *Global Responsability* illustrent le mouvement œcuménique de notre siècle.

ser que grâce à l'engagement d'instaurer une culture de non-violence et du respect de la vie dans un ordre économique de solidarité. Les préceptes des Dix Commandements sont tous reconnus, mais le Parlement souhaitait qu'ils soient formulés positivement et non plus négativement pour le bénéfice du progrès de la vie. Le Parlement s'adressait aux représentants des médias, aux artistes, aux écrivains, aux hommes de science, aux chefs d'État, aux membres de partis politiques ainsi qu'aux représentants des religions. Cette déclaration aspirait à faire renaître la conscience de l'humanité qui pourrait transformer le visage de la planète menacée par les dangers mortels connus de tous.

Les idées défendues par Hans Küng et publiées par le Parlement mondial des religions ont été adoptées en 1993 au nom de plus de deux milliards d'êtres humains.

De nombreuses conférences, tenues dans le monde entier, sous l'égide des Nations unies et de l'U.N.E.S.C.O., de nombreux gouvernements, d'organisations non gouvernementales ou d'auteurs célèbres ont évoqué les aspirations nouvelles de l'humanité en d'innombrables livres, articles, émissions télévisées et déclarations. Citons ici, choisie entre mille, la déclaration de clôture de la Conférence mondiale des religions pour la paix tenue au Japon, à Kyoto, en 1970 ·

« Bahaï, bouddhistes, confucianistes, chrétiens, hindous, jaïnistes, juifs, musulmans, shintoïstes, sikhs, adeptes de Zoroastre et représentants d'autres religions nous nous sommes rencontrés ici dans notre intérêt général pour la paix. Réunis pour aborder le thème si primordial de la paix, nous avons découvert ce que nous avions en commun : une conviction de l'unité fondamentale de la famille humaine, de l'égalité et de la dignité de tous les hommes :

- un sentiment de l'inviolabilité de l'individu et de sa conscience ;
- un sentiment de la valeur de la communauté humaine ;

— une prise de conscience que le pouvoir humain ne s'identifie pas, sans plus, au droit, que le pouvoir humain ne peut se suffire à lui-même et qu'il n'est pas absolu ;
— la croyance que l'amour, la compassion, le désintéressement et la force de l'esprit et de la vérité intérieure sont finalement plus forts que la haine, l'inimitié et l'égoïsme ;
— un sentiment de notre devoir de nous tenir aux côtés des pauvres et des opprimés, contre les riches et les oppresseurs ;
— une profonde espérance de la victoire dernière de la bonne volonté [1]. »

L'humble traducteur que je suis s'enhardira-t-il à dire que Moshè, Bouddha, Jésus, Muhammad et maints autres prophètes de toutes les religions du monde sont eux aussi les cosignataires de ce texte, puisqu'ils en furent les inspirateurs avec tant d'autres, dont René Cassin, en l'occurrence présent ?

Paradoxalement, les atrocités de la guerre devaient aussi se faire le germe de solidarités porteuses de réconciliation. En ces temps de combat, juifs et chrétiens vivaient au coude à coude dans l'espoir d'une libération. Celle-ci acquise, les amitiés entre juifs et chrétiens se transformèrent naturellement en Amitiés judéo-chrétiennes, sous l'impulsion des pères Riquet et Daniélou et du poète Edmond Fleg. À l'une des premières réunions, je déclarai : « Il est certain que sur le plan dogmatique, il n'y a pas de confusion possible. La coïncidence à laquelle nous aspirons se situe sur le plan humain, sur la certitude d'une reconnaissance et d'une amitié, fort justement.... Mais nous nous situons résolument en dehors de tout plan dogmatique afin d'établir un pont entre chrétiens et juifs.... Il s'agit avant tout d'abattre les barrières

1. *Religions, paix, droits de l'homme, documents de la première Conférence mondiale des religions pour la paix*, Kyoto, 1970.

qui nous séparent : nous voulons sortir de nos ghettos, ouvrir nos fenêtres et contribuer à préparer le temps où les hommes se connaîtront et s'aimeront les uns les autres. Ce n'est pas un temps à venir, c'est maintenant ou jamais que nous réaliserons l'amitié humaine. »

Or mon expérience devait me révéler combien les barrières à abattre avaient un ancrage profond dans les mentalités. Dans les années 50, avant mon installation à Jérusalem, le gouvernement d'Israël m'avait invité à étudier la possibilité d'étendre à Israël le mouvement des Amitiés judéo-chrétiennes dont j'étais l'un des animateurs en France. J'entrepris alors la tournée des rabbins les plus importants du pays pour leur exposer le programme de notre mouvement interconfessionnel que nous élargîmes plus tard à l'islam. Pas un seul rabbin n'accepta alors de donner son adhésion à notre projet. Plus que partout ailleurs les religions et les confessions étaient figées dans les rivalités et les stagnations du passé. Si bien que ce mouvement, aujourd'hui florissant sous le nom de I.C.C.I. — Conseil interconfessionnel de chrétiens et de juifs —, fut fondé avec des universitaires laïques.

Mais l'appel de nos modestes comités, soutenu par René Cassin, Jules Isaac et André Néher, initia un mouvement de pensée qui finit par emporter l'adhésion des forces vives du christianisme et du judaïsme. Nous avions adopté, sans le savoir, une stratégie œcuménique.

Des papes ouvrent la voie

En 1958, Jules Isaac devait rencontrer Jean XXIII, nouvellement élu pape, pour lui remettre le dossier des relations de l'Église avec Israël. Cette rencontre devait se révéler décisive pour la suppression dans la liturgie du vendredi saint de la mention de *juifs perfides* et pour la modification d'autres textes. « Puis-je avoir quelque espérance ? » demanda Jules Isaac à l'issue de leur entretien. Le pape répondit : « Vous avez droit à plus que de l'espérance ! » Et il confia au cardinal

Agostino Bea le soin de créer le Secrétariat pour l'unité des chrétiens, le chargeant aussi de renouer le dialogue avec les juifs, ce qui contribua grandement à l'essor des Amitiés judéo-chrétiennes. Je fus reçu par Jean XXIII à la fin de son pontificat et lui remis alors la traduction en hébreu de son encyclique *Pacem in terris*, la première encyclique à voir le jour dans la langue des prophètes.

Au cours de ce dernier demi-siècle, l'Église catholique, avec le pape Jean XXIII, a pris la voie courageuse d'opérer son *Aggiornamento* que poursuivirent Paul VI et Jean-Paul II. Le Conseil œcuménique des Églises chrétiennes qui, au lendemain de la guerre 1939-1945, avait été pionnier sur la voie de la réconciliation, allait suivre aisément.

Le 30 septembre 1965, jour où l'Église célébrait la Saint-Jérôme, j'étais l'invité de Rome pour assister dans la basilique Saint-Pierre à une des réunions de la session au cours de laquelle le concile œcuménique allait adopter la déclaration *Nostra Aetate*, le 16 octobre de la même année. Nos aspirations recevaient la consécration officielle des 2 860 pères conciliaires venus de 141 pays. Après des siècles de fermeture et de ségrégation, l'Église s'ouvrait enfin au dialogue avec les religions non chrétiennes, à commencer par le judaïsme, l'islam et le bouddhisme. Cette déclaration était confirmée en décembre 1965 par le document sur la liberté religieuse.

Ce même jour, je déjeunais avec le cardinal Jean Daniélou. Dans l'élan donné par le concile, nous décidions d'élargir nos Amitiés judéo-chrétiennes à l'islam. Ainsi naquit la Fraternité d'Abraham dirigée par le père Riquet, Jacques Nantet et le recteur de la Mosquée de Paris, notre ami Hamza Boubakeur.

La voie de l'amitié était frayée et ouverte aux musulmans et à l'humanité entière. Cependant, cette voie était encore semée d'embûches. L'Amitié judéo-chrétienne et la Fraternité d'Abraham débloquaient la situation sans cependant atteindre le fond des problèmes car juifs, chrétiens et musulmans restaient le plus souvent campés sur leurs positions ancestrales. Trop de sang avait coulé entre eux, trop d'affrontements et de combats avaient eu lieu sur tous les fronts d'Occident et d'Orient, pour que la rencontre soit simple. L'autre n'était plus un ennemi haï. Il n'était plus un étranger mais pas encore un frère ; nous ne nous sentions pas encore libres de nous ouvrir devant lui. Chacun gardait encore l'espoir secret de voir l'autre se convertir.

Mais l'impulsion était donnée : des comités animés par le même esprit naquirent un peu partout dans le monde, notamment en Italie, en Israël et dans plusieurs autres pays d'Europe et d'Amérique. Le 7 janvier 1967, une religieuse, sœur Marie Magdeleine de Jésus, terminant la lecture de mon dialogue avec le père Daniélou[1], m'écrivait : « Une belle aurore se lève : aujourd'hui, juifs, chrétiens et musulmans dialoguent avec quelle profondeur, quelle franchise ! C'est si beau ! Pourtant l'unité ne viendra probablement pas de cet échange d'idées comme vous le dites si bien. Oui, il y a un mystère d'unité qui se situe bien au-delà de nos pauvres pensées. L'essentiel n'est-il pas de rejoindre *ensemble* et par le cœur, plus que par la tête, le Dieu unique à qui il importe peu qu'on soit ceci ou cela, pouvu qu'on l'adore *en esprit et en vérité.* »

Il ne s'agit pas d'inventer une nouvelle religion mais de s'ouvrir aux grands souffles de l'Esprit également présent dans la Bible hébraïque, le Nouveau Testament, le Coran. Il s'agit d'une conversion profonde des esprits à la Transcendance. Nos regards, à nous autres croyants, doivent d'abord se diriger vers l'Autre dont nous sommes les étincelles. Nous devons accueillir cet Être essentiel dans sa nudité, sa pureté et son mystère transparent.

Le concile de Vatican II a ouvert une voie nouvelle, passant de l'ignorance, du mépris et de la condamnation à la reconnaissance des autres religions. Mais cette voie nouvelle et salvatrice a-t-elle suffisamment pénétré la pensée de tous les chrétiens ? Les protestants réunis dans le Conseil mondial des Églises protestantes, pas plus que les Églises orthodoxes

1. André Chouraqui, *Les Juifs*, dialogue avec le cardinal Daniélou, Beauchesne, 1966.

ou que les Synagogues et les Mosquées, n'ont encore pu se dégager d'un passé humiliant pour proclamer la véritable réconciliation de l'humanité au-delà des différences de foi et de dogmes. Pour opérer cette difficile révolution, Hans Küng conseille la condition préalable d'une véritable stratégie œcuménique : l'*autocritique*.

Il serait inadmissible que, sur ce chemin d'une éthique globale qui s'amorce, les religions et leurs théologies demeurent bloquées dans le huis clos de leurs dogmatismes figés. Dans une réflexion autocritique, gardons en mémoire l'histoire des conflits qui ont opposé les peuples. Les religions, loin de les avoir empêchés, les ont souvent entretenus, voire aggravés. Le fanatisme insensé de la recherche du monopole de la vérité a divisé d'autant plus profondément les peuples que chaque religion l'introduisait dans l'esprit de chacun, dès sa naissance, au nom de Dieu, avec la complicité des parents et des États. Les prêtres, les pasteurs, les imams organisaient leurs ouailles en ghettos : leur but n'était-il pas de conquérir le monde à la seule vérité capable de le sauver, celle que chacun prêche dans son église, dans son temple, dans sa mosquée, dans sa synagogue ? À part quelques savants pionniers qui s'aventurèrent hors des limites de leurs confessions, les religieux se barricadaient dans la sécurité de leurs dogmes. Alors que les religions avaient été mises en place pour réaliser l'alliance de tout le genre humain, elles étaient devenues une fabrique de ghettos, petits pour les juifs, plus grands pour les protestants, géants pour les catholiques, les orthodoxes, et les musulmans. Et ce faisant, elles minaient le divin projet de l'*alliance universelle*.

EN QUÊTE DE L'ALLIANCE DES ALLIANCES

Le Dieu des juifs, des chrétiens et des musulmans a été laissé en exil, un exil qui résulte de nos divisions. En notre quête de l'Alliance des alliances, souhaitons une *pleine* reconnaissance et une *vraie* réconciliation entre les trois religions qui confessent l'Élohîms de la Bible, dans le respect des Dix Commandements.

L'Église s'est considérée pendant des siècles comme le Nouvel Israël. Maintenant, Israël étant ressuscité, comment distinguer l'État d'Israël de l'Israël qui habite la pensée de la Bible, du Nouveau Testament et de l'islam, sinon en proclamant qu'est d'Israël tout homme qui écoute et réalise la parole du Dieu de la Bible. Le Nouvel Israël comprend aujourd'hui non seulement tout juif, tout chrétien, tout musulman, mais toute personne qui écoute et réalise la volonté de paix et d'amour. La Bible appelle à la reconnaissance du peuple de l'Alliance. Les Israéliens, en quête de leur nouvelle identité, parce qu'ils habitent au carrefour des continents et des cultures, n'auront d'autre choix que de contribuer à réconcilier les hommes dans l'idéal de l'unité d'amour. Juifs, chrétiens, musulmans doivent cesser de croire à la suprématie de quelque religion que ce soit, la seule prééminence est de se mettre au service universel des plus pauvres, des plus démunis, pour bâtir ensemble un monde nouveau qui soit enfin digne du Créateur du ciel, de la terre et de l'homme.

Rappelés à nos devoirs, envers nous-mêmes et envers ce Dieu de la Bible que nous entendons servir, il nous faut revenir à nos sources. Comme nous l'avons vu, l'Alliance, *Berit*, est ontologiquement liée à la Création. Celle-ci, *Beria*, ne peut subsister que grâce aux pouvoirs de celle-là. L'Alliance est par essence ouverture à l'Autre. Si chaque être humain s'ouvrait à l'Autre, sa vie, celle de sa famille, de sa communauté, seraient métamorphosées. D'où l'exigence du pluralisme de la pensée qui accepte la diversité des faits qui commandent le processus du salut universel.

Notre premier devoir est de ne pas ériger en idoles nos ambitions, nos croyances ou nos dogmes, et de ne pas nous asservir aux ghettos dans lesquels elles nous enferment. N'oublions pas que la première des Dix Paroles s'adresse à des hommes libres, délivrés de tout esclavage, y compris celui de l'ignorance, du mépris, parfois de la haine que sécrète toute ségrégation.

L'école a sa part de responsabilité dans l'enfermement des esprits. Cet ordre se fait donc plus pressant pour tous ceux qui se soucient de l'avenir du monde, et plus spécialement pour les éducateurs, qu'ils soient religieux ou laïques. L'ère est close, où un homme pouvait, sans risques, s'enfermer dans son ghetto natal. Les religions comparées doivent être systématiquement enseignées dans les écoles laïques. D'autre part, les écoles religieuses devront veiller à ce que l'enseignement de la spiritualité dont elles relèvent ne soit pas dispensé comme si c'était la seule religion au monde. Les Dix Commandements appartiennent à l'humanité entière. Les élèves ont le droit de le savoir et les maîtres ont le devoir d'enseigner la manière dont ces commandements ont été compris et vécus dans toutes les cultures au cours des siècles, par les religions, les confessions, les différentes communautés.

Il ne s'agit pas d'imposer une éducation religieuse dans une école laïque, encore moins de transformer celle-ci en école religieuse, mais d'introduire à tous les niveaux des programmes scolaires l'enseignement des grandes religions du monde entier, de manière à donner aux élèves les clés d'une meilleure compréhension du prochain.... et d'eux-mêmes. Les enseignants se devront d'abattre les frontières que les siècles ont élevées entre l'Orient et l'Occident, entre les univers culturels. La mise en synergie des religions et des cultures favorisera l'accomplissement des Dix Commandements trop souvent oubliés. L'épanouissement des religions qui les enseignent se fera au bénéfice de l'humanité entière. L'Alliance des alliances et des théologies de religions sœurs, mais trop longtemps ennemies, permettra de nous ouvrir enfin sur les réalités du monde, sur les découvertes scientifiques et techniques qui modifient chaque jour notre regard sur les réalités de l'univers.

Pour transformer l'utopie de la paix universelle en réalité triomphante, il est nécessaire d'éduquer les hommes et de les préparer à faire retour dans le paradis dont ils se sont eux-mêmes chassés. Tout homme demain devra jeter, d'où qu'il soit, un regard neuf sur la réalité ; pour cela il devra vaincre ses peurs, ses instincts, ses désirs et ses habitudes millénaires. Les Dix Paroles lui indiquent la voie.

Mais la Parole est céleste et l'homme est de chair et de sang. Le Psalmiste nous l'enseigne : la frontière entre liberté et asservissement passe par nous-mêmes. Nous sommes nous-mêmes le théâtre d'une lutte perpétuelle entre les forces de vie et les forces de mort. Le choix que nous faisons chaque jour, en chaque instant, entre le bien et le mal, la liberté et l'esclavage, la vie et la mort participe, lui aussi, de l'économie globale du salut. Car la vie et la mort, la liberté et l'esclavage, le bien et le mal sont étroitement imbriqués : « L'enfer n'est séparé du paradis que par l'épaisseur d'un cheveu », enseignaient les Anciens.

Les Dix Commandements contredisent tout ce que nous savons de nous-mêmes et de l'humanité pour laquelle ces lois ont été édictées. À s'en tenir aux faits, elles sont promulguées pour un homme à venir.

Vous êtes des Élohîms
des fils du Très-Haut, vous tous[1].

Ce verset longtemps lu interrogativement pourrait célébrer la naissance de l'homme nouveau. Tous les prophètes, dans les horizons culturels les plus divers, ont prédit et attendu la naissance de cet homme qui répondrait aux exigences du Décalogue et de sa loi d'amour : elle consacre l'inviolabilité de l'homme et de la femme, de la famille, de leur parole, de leur bien, ainsi que l'inviolabilité de l'autre, quelle que soit sa race ou sa religion.

Certes, il n'y aura pas de paix mondiale sans paix religieuse. Mais il n'y aura pas de paix religieuse sans un réveil de la conscience de chacun d'entre nous. « Il n'y aura pas de survie sans un éthos planétaire », proclame Hans Küng qui

1. Ps. 82, 6 ; *cf.* Gabriel Ringlet, *L'Évangile d'un libre penseur. Dieu serait-il laïque ?*

distingue l'éthos, qui est l'attitude morale fondamentale de l'homme, de l'éthique qui détermine le choix de nos actes[1]. Que les jeunes du monde entier exigent de leurs maîtres de grandir, libérés de tout enfermement national, idéologique, politique ou religieux. Qu'ils manifestent leur impatience du maintien de toute limite et de toute frontière.

Les Dix Paroles sont aujourd'hui plus actuelles qu'elles ne le furent jamais au cours des trente-trois siècles dont elles ont pu inspirer les progrès. Mais aujourd'hui, Moshè n'est plus seul. Les hommes qui le suivent sont de tous les pays et de tous les univers culturels.

Les 13 et 14 septembre 1999, l'année internationale de la culture de la paix a été proclamée pour l'an 2000 par les Nations unies à l'initiative de l'U.N.E.S.CO. À Paris, à New York et dans d'autres capitales, des manifestations ont marqué le lancement de cet événement, célébré en France autour de la tour Eiffel, symbole pacifique de la paix espérée, comme Federico Mayor l'a souligné.

À New York, à l'ouverture de la 54e session de l'assemblée générale de l'O.N.U., M. Kofi Annan, secrétaire général de l'O.N.U., a fait retentir la Cloche de la paix, offerte par une association japonaise. Cette cloche a été fondue dans le métal de pièces données par des particuliers de 66 pays représentés par 125 enfants présents dans la salle de l'assemblée générale, remplie par le son de cette cloche et par l'espérance universelle de la paix.

Le logo officiel de l'année internationale de la culture de la paix dessine deux mains ou deux personnes qui s'entrelacent, symboles des cinq continents unis autour d'un mot d'ordre : « Cultivons la paix », qui sera repris de pays en pays, dans toutes les langues et en toutes circonstances, tout au long de l'an 2000.

Par surcroît, l'O.N.U. et l'U.N.E.S.C.O. lancent un manifeste invitant le monde entier à rejoindre le mouvement international pour la culture de la paix et de la non-violence. L'an

1. Hans Küng, *Projet d'éthique planétaire, la paix mondiale par la paix entre les religions*, Le Seuil, 1992.

2000 doit inspirer un nouveau départ pour transformer ensemble la culture de la guerre et de la violence en une culture de la paix et de la non-violence. Il s'adresse plus particulièrement aux jeunes et aux générations futures, afin de les aider en cette transformation à façonner un monde plus juste, plus solidaire, plus libre, digne et harmonieux, plus prospère pour tous.

Lorsque la culture de la paix rend possible le développement durable des valeurs de vie et de progrès, face à l'avenir de l'humanité et en particulier des enfants d'aujourd'hui et de demain, nous sommes invités à prendre l'engagement, dans notre vie quotidienne, notre famille, notre travail, notre communauté, notre pays, notre région, de :

1. respecter les vies : notamment celle de chaque être humain sans discrimination ni préjugé ;
2. rejeter la violence : physique, sexuelle, psychologique, économique et sociale, en particulier envers les plus démunis, les plus vulnérables, tels les enfants et les adolescents ;
3. libérer ma générosité : partager mon temps et mes ressources matérielles en cultivant la générosité, afin de mettre fin à l'exclusion, à l'injustice, et à l'oppression politique et économique ;
4. écouter pour se comprendre : défendre la liberté d'expression et la diversité culturelle, en privilégiant toujours l'écoute et le dialogue, sans céder au fanatisme, à la médisance et au rejet d'autrui ;
5. préserver la planète : promouvoir une consommation responsable et un mode de développement qui tienne compte de l'importance de toutes les formes de vie en préservant l'équilibre des ressources naturelles de la planète ;
6. réinventer la solidarité : contribuer au développement de ma communauté avec la pleine participation des femmes et dans le respect des principes démocratiques afin de créer ensemble de nouvelles formes de solidarité.

À ces six principes du Manifeste 2000 qu'il me soit permis d'ajouter un septième point pour inviter tous ceux et toutes celles qui ont partie liée avec la Tora, avec les Évangiles et avec le Coran à supprimer entre eux toutes les barrières de méconnaissance ou de haines et à se considérer, chrétiens, musulmans ou juifs, plus particulièrement responsables de cet appel tout entier contenu dans le Décalogue. Leur réunion, au-delà de leurs conflits théologiques, culturels ou nationaux donnera sens et vie à ce Manifeste créé par un groupe de prix Nobel à l'occasion de la célébration du 50e anniversaire de la *Déclaration universelle des droits de l'homme*. René Cassin, prix Nobel de la paix, à qui ce livre est dédié, fut, rappelons-le, son principal rédacteur et l'infatigable promoteur des conventions internationales subséquentes.

Notre engagement personnel à l'appel du Manifeste 2000 aidera à l'ouverture de l'âge nouveau déjà annoncé dans les Dix Paroles.

Si le monde le voulait

Sauver le monde — ce rêve des prophètes d'Israël, des apôtres de Jésus-Christ, de Muhammad et de ses compagnons — cesse de nos jours d'être un vœu pieux qui se situe dans les nuages de la promesse. Il devient une exigence qui conditionne la survie non seulement de l'humanité mais de la planète elle-même.

Mon rêve est de voir les religions, qui ont été des freins puissants, devenir les accélérateurs de la marche de l'humanité vers les accomplissements de son unité originelle. Les astronautes qui sillonnent les voies du ciel et observent les rondeurs de notre globe terrestre n'y ont jamais découvert de frontières. Libérons-nous donc des frontières, de toutes les frontières où nous nous sommes enfermés, et d'abord de celles que notre égoïsme a érigées autour de nous. C'est en cela que nous sortirons de l'esclavage. La clé de nos libérations se trouve, certes, dans les Dix Paroles. Relisons-les et qu'elles deviennent dans leurs audaces, notre règle de vie, dans l'élan, le détachement, la lumière et l'union de l'amour.

Imaginez

un monde où les Dix Paroles sortiraient du roc inerte où elles ont été gravées par Moshè, où la Transcendance de l'Être, créateur des cieux et de la terre s'incarnerait et vivrait dans le cœur de tous les humains,

un monde libéré universellement de tout esclavage, où toutes les idoles s'effaceraient d'elles-mêmes devant la réalité de l'Être, où l'homme moderne ne serait plus asservi à l'imaginaire, ni captif du virtuel, en dehors de toute transcendance, faute de reconnaître et de contempler dans l'émerveillement la beauté et la lumière réelle de ce qui est *en haut dans les ciels, sur la terre en bas ou dans les eaux sous terre*,

un monde de justice où les crimes des pères et des fils seront sanctionnés avec équité tandis que les justes, gardiens de l'harmonie créatrice, refleuriront,

un monde où nul n'invoquera la transcendance pour masquer les horreurs dans nos immanences, où le merveilleux mystère de l'Être sera contemplé dans la vraie splendeur de sa réalité,

un monde où le repos des hommes ne s'épuisera pas dans les plaisirs d'illusoires distractions qui l'aliènent au lieu de le construire, en asservissant ses enfants, ses serviteurs, ses bêtes et les étrangers qui l'entourent, et la Terre elle-même par ses travaux destructeurs,

un monde où les générations se suivront dans le respect des anciens et le développement, non le gaspillage, du patrimoine universel,

un monde sans meurtres, sans guerres,

un monde sans adultères,

un monde sans vols, ni escroqueries, ni corruption

un monde sans mensonges,

un monde sans jalousies ni convoitises, où chacun serait satisfait de sa part de vie et de bonheur.

Le génie des Dix Paroles est de contenir le code général d'une éthique universelle. Elles sont inclusives de toutes les réalités du ciel et de la terre, ainsi que de l'humanité entière en tous ses états, dans ses travaux et dans son repos, dans ses passions, dans ses tueries, ses adultères, ses vols, ses mensonges et ses convoitises insatiables.

Les Dix Commandements nous ouvrent les portes de l'utopie, aujourd'hui condition suprême de notre survie. Ils portent en eux une Déclaration universelle des *devoirs* de l'homme pour édifier l'univers et réconcilier enfin l'homme avec l'humain.

Puisse-t-il aider l'utopie antique à prendre lieu sous le soleil.

Annexes

LES NOMS DIVINS DANS LA BIBLE[1]

Le Nom $\overset{\text{adonaï}}{\text{IHVH}}$ Élohîms donne la clé qui ouvre toute compréhension des Dix Commandements et de la Bible entière.

Les LXX ont désigné le Dieu d'Israël par les mots *Théos* ou *Kurios*. Mais *Élohîms* n'est pas *Théos*, le *Deus* latin, d'autant moins qu'à l'époque *Théos* désignait exclusivement les dieux de l'Olympe : les linguistes voient justement en *Théos* un lointain parent de *Zeus*. Mais traduisant ainsi, les LXX étaient fidèles à leur propos d'introduire la Bible dans le monde hellénistique et, pour cela, d'adapter les noms et les concepts de la Bible aux exigences de la culture grecque. L'élan était donné et, depuis deux mille trois cents ans, les lecteurs de la Bible dans les langues occidentales appellent l'Élohîms d'Israël des noms dont les Grecs dénommaient leurs idoles. Il est clair que depuis, les noms de Dieu ou de Seigneur se sont remplis en chrétienté de significations bibliques. Il n'en reste pas moins qu'il est préférable d'appeler l'Élohîms d'Israël par ses noms exactement transcrits, et de dire ce qu'ils signifient.

Él : Ce nom appartient au trésor du vocabulaire commun des peuples sémitiques. Ses significations sont encore controversées. Les linguistes le font dériver d'une racine qui signifie : « fort, puissant comme un chêne », *élôn*. Les philologues discutent le point de savoir si le nom *Él*

1. André Chouraqui, *L'Univers de la Bible*, Brepols-Lidis.

était à l'origine un terme générique pour désigner l'ensemble des divinités du panthéon sémitique, ou bien s'il dénommait un dieu particulier. Quoi qu'il en soit, les Cananéens, déjà, appelaient *Él* le père de leurs dieux, le chef de leur panthéon. Ce nom se trouve dans plusieurs inscriptions cananéennes et araméennes, et jusque dans le sud de l'Arabie. À Ougarit, *Él* et *Ba'al* représentent les deux aspects de la divinité : *Él*, l'ancien des jours, symbolise la sagesse et l'expérience ; *Ba'al* incarne la jeunesse du héros qui triomphe de tous les périls. Les Babyloniens et les Assyriens utilisent la forme *Ilu*, avec la même signification générale. Il convient à toute divinité céleste, et dans la Bible plus particulièrement, à l'Élohîms d'Israël[1].

Éloha : Certains voient en ce nom le singulier d'Élohîms tandis que d'autres le prennent pour le nom propre de l'Élohîms d'Israël. On le fait dériver d'une racine évoquant « celui qui fait frémir les créatures », ou encore « celui qui protège contre toute peur ». Ce nom est aussi un terme générique pour désigner les divinités des peuples voisins d'Israël[2] ou la statue d'une idole[3]. En arabe, c'est Allah.

Élohîms : Nom au pluriel — d'où le *s* ajouté à sa transcription —, il désigne plus spécifiquement dans la Bible le dieu des Hébreux, le Créateur des ciels et de la terre, connu sous le nom propre de $\overset{\text{adonaï}}{\text{IHVH}}$ (*cf.* Gn. 2, 4). Dans les langues sémitiques, c'est le terme générique pour désigner l'ensemble des divinités. Certains linguistes y voient le nom pluriel d'*Él* ou d'*Éloha* et perçoivent dans ces trois noms des synonymes.

Il désigne non seulement l'Élohîms unique d'Israël, mais encore la multiplicité des divinités païennes, et même un homme influent[4] ou un juge[5]. Soulignons le paradoxe en vertu duquel le Dieu unique des Hébreux est désigné dans la Bible par un nom au pluriel, avec ou sans article, Élohîms,

1. Ex. 15, 2 ; Dt. 3, 24 ; Os. 11, 9.
2. Ha. 1, 11 ; Dn. 11, 38-39.
3. Jb 12, 6.
4. Ex. 4, 16 ; 7, 1.
5. Gn. 6, 12.

les Élohîms. La tradition juive lie ce nom à la notion de justice stricte et de rigueur, celle des lois fondamentales de la nature. La tradition l'oppose en cela à $\overset{\text{adonaï}}{\text{IHVH}}$, expression de l'unité et de l'amour. Ainsi comprend-elle l'alternance des noms divins dans les deux relations successives de la création : Élohîms dans le premier récit, $\overset{\text{adonaï}}{\text{IHVH}}$ dans le second. La création ne s'opère que sous les auspices de la rigueur ordonnatrice et de l'amour fécondant. On sait que cette alternance a constitué l'une des bases sur lesquelles la critique biblique a édifié la théorie des sources du Pentateuque.

Adôn, Adonaï : « Maître », « Maîtres ». C'est ainsi que l'homme de la Bible invoque le plus souvent son Élohîms[1]. *Adonaï* est un pluriel grammatical comme Élohîms, avec lequel il se combine souvent en Adonaï-Élohîms.

Deux ou trois siècles avant l'ère chrétienne, les LXX l'ont correctement traduit en grec par le mot *Kurios*. Ils ont été suivis dans les autres langues européennes avec des mots tels que « Dominus », « Seigneur », « Lord », « Herr », etc.

$\overset{\text{adonaï}}{\text{IHVH}}$: Tel est le nom personnel de l'Élohîms d'Israël. Il revient dans la Bible 6 823 fois. Dans ce sens aussi, on peut bien dire que la Bible est le livre de $\overset{\text{adonaï}}{\text{IHVH}}$.

Il est possible que ce nom, ou une partie de ce nom, ait servi de composante à des noms de personnes, en ougaritique ou en akkadien. Dans une inscription égyptienne du temps de Ramsès II, découverte naguère, le nom $\overset{\text{adonaï}}{\text{IHVH}}$ figure dans une liste de noms sémites, ceux de bédouins du sud du pays de Canaan. Il est pratiquement impossible de savoir comment les Hébreux prononçaient le nom $\overset{\text{adonaï}}{\text{IHVH}}$ à l'époque biblique. La transmission de cette prononciation est interrompue depuis des siècles et, même au temps où celle-ci était permise au grand prêtre lorsqu'il célébrait les offices du jour de Kippour au Temple de Jérusalem, elle demeurait secrète, les Hébreux obéissant à l'ordre en vertu duquel ils ne devaient pas prononcer en vain le nom de $\overset{\text{adonaï}}{\text{IHVH}}$.

Quand les textes bibliques ou liturgiques portaient le tétragramme $\overset{\text{adonaï}}{\text{IHVH}}$, on le prononçait *Adonaï.* Les LXX

1. Gn. 15, 2 ; 20, 4 ; etc.

ont transcrit $\overset{\text{adonaï}}{\text{IHVH}}$ Élohîms par *Kurios ho Théos*, ou *Kurios Kurios*, ou encore *Despotès Kurios*.

La tradition hébraïque de prononcer les consonnes $\overset{\text{adonaï}}{\text{IHVH}}$ avec les voyelles *Adonaï* a donné naissance en chrétienté, du XIVe siècle à nos jours, à la durable méprise de la lecture erronée « Jéhovah ». S'apercevant de leur erreur, quelques savants protestants ont avancé la lecture « Yahvé », entraînant à leur suite de nombreux catholiques et des juifs. Cette lecture hypothétique s'est très rapidement répandue puisqu'elle se donnait pour critiquement certaine. Mais les témoignages sur lesquels elle reposait sont aujourd'hui repoussés et la seule attitude scientifique est de transcrire uniquement les consonnes $\overset{\text{adonaï}}{\text{IHVH}}$, en respectant le mystère de ce nom, par essence imprononçable puisqu'il entend désigner l'ineffable mystère de l'être. Imprononçable, le nom $\overset{\text{adonaï}}{\text{IHVH}}$ garde le secret de ses significations propres. Ce nom peut signifier : « Celui qui a toujours été » ou « qui sera toujours », « Celui qui fait être et se révèle », « Celui qui est avec les hommes pour les protéger et les sauver du malheur »[1]. Cependant, si $\overset{\text{adonaï}}{\text{IHVH}}$ est une forme causative de la même racine, il peut aussi signifier : « Celui qui fait être et crée le monde », « le Créateur », « Celui qui fera être ce qu'il fera être », ou encore « Celui qui fait être et se révèle », « Celui qui fait être et réalise ses promesses ».

D'autres linguistes refusent de voir dans $\overset{\text{adonaï}}{\text{IHVH}}$ un dérivé de la racine *hava*. En s'appuyant sur la racine arabe *hawa* qui désigne « l'air qui souffle », ils expliquent $\overset{\text{adonaï}}{\text{IHVH}}$ comme celui qui plane et vole dans l'air, comme celui qui fait pleuvoir et lance des éclairs, l'Élohîms des tempêtes, ou encore comme une météorite tombée des cieux ; comme celui qui abat à terre ses ennemis par la force de ses éclairs, qui écrase et détruit, qui tire à la fronde. Plus récemment encore, en s'appuyant sur une signification supposée de la racine *haya*, on a proposé de traduire $\overset{\text{adonaï}}{\text{IHVH}}$ par « tribun, proclamateur, tonitruant, généreux ». D'autres linguistes ont vu en $\overset{\text{adonaï}}{\text{IHVH}}$ une forme dérivée des noms antiques *yah* ou encore *yahou* : Mar-

1. Ex. 3, 12-14.

tin Buber y décèle aussi un cri d'émerveillement devant *Yah hou*, « Yah Lui ! »

Dans cet esprit, nous avons transcrit ce tétragramme imprononçable en le couronnant du nom Adonaï, qui en permet la lecture, conformément à la tradition hébraïque : $\overset{\text{adonaï}}{\text{IHVH}}$.

TABLE DES ILLUSTRATIONS

BIBLIOGRAPHIE

ABÉLARD Pierre, *Historia calamitatum.*
ABITBOL Michel, *Le Passé d'une discorde, Juifs et Arabes du VIIe siècle à nos jours*, Éd. Perrin.
ACCATOLI Luigi, *Quand le Pape demande pardon*, Éd. Albin Michel.
AGI Marc, *L'Idée d'universalité d'après la vie et l'œuvre de René Cassin*, Éd. Alp'Azur.
AGI Marc, *René Cassin.*
ALEM Jean-Pierre, *Juifs et Arabes, 3 000 ans d'histoire*, Éd. Grasset.
ARNALDEZ Roger, *Trois Messagers pour un seul Dieu*, Éd. Albin Michel.
ASKENAZI Léon, *La Parole et l'Écrit*, Éd. Albin Michel.
ASLANOV Cyril, *Pour comprendre la Bible, la leçon d'André Chouraqui.*
ATLAN Henri, *Les Étincelles du hasard, connaissance spermatique.*
ATTALI Jacques, *Économie de l'Apocalypse*, Éd. Fayard.
AURENCHE Guy, *L'Aujourd'hui des droits de l'homme*, Éd. Nouvelle Cité.
AZIZ Philippe, *Mahomet.*
BALMARY Marie, *Abel ou la Traversée de l'Éden.*
BALTA Paul (sous la direction de), *La Méditerranée réinventée*, Éd. La Découverte.
BARNAVI Élie, *Lettre d'un ami israélien à l'ami palestinien*, Éd. Flammarion.
BASSET Jean-Claude, *Le Dialogue interreligieux*, Éd. du Cerf.
BENAÏSSA Slimane, *L'Avenir oublié*, Éd. Lansman.
BENAÏSSA Slimane, *Les Fils de l'amertume*, Éd. Plon.
BEN AMOZEGH Élie, *Morale juive et Morale chrétienne.*
BENSOUSSAN David, *La Bible prise au berceau*, Éd. du Lys.
BERGSON Henri, *Les Deux Sources de la morale et de la religion.*
BERSANI Giovanni, *La Perspective euro-méditerranéenne*, Éd. C.E.F.A., Bologne. *Bible (La)*, traduction d'André CHOURAQUI.

BONIFACE Pascal (sous la direction de), *L'Année stratégique 1998*, Éd. Complexe.
BONNIER Henry, *La Cathédrale de cristal*, Éd. du Rocher.
BOUBAKEUR Hamza, *Commentaire du Coran.*
BRINCOURT André, *Vive les mouches !* Éd. Grasset.
Catéchisme de l'Église catholique.
CHARVIT Yossef, *Une terre à redécouvrir*, Éd. Brit Chalom.
CHLOMO Iosef ben, *Introduction à la pensée du Rav Kook*, Éd. du Cerf.
CHOURAQUI André, *Les Juifs*, dialogue avec le cardinal Daniélou.
CHOURAQUI André, *L'Amour fort comme la mort.*
CHOURAQUI André, *Moïse ; Christianisme et Droits de l'homme*, Éd Librairie des Libertés.
CLAUDEL Paul, *Le Poète et la Bible*, Éd. Gallimard.
Club de Marseille, *Parier l'homme*, Éd. l'Aube.
COCAGNAC A. M., *Ces pierres qui attendent*, Éd. Desclée.
Colloque de Tokyo, *La Mutation du futur*, Éd. Albin Michel.
Colloque du CRJM, *Monothéismes et Tolérance*, Éd. Albin Michel.
COMTE-SPONVILLE André, *L'Être-temps*, Éd. PUF.
COMTE-SPONVILLE André, *Petit traité des grandes vertus*, Éd. PUF.
COMTE-SPONVILLE André, FERRY Luc, *La Sagesse des Modernes*, Éd. Robert Laffont.
Congrès du centenaire de l'Alliance israélite universelle, *Les Droits de l'homme et l'Éducation*, Éd. PUF.
Congrès de Louvain-la-Neuve, mai 1998, *Et si la beauté pouvait sauver le monde ?*
Coran (Le), traduction d'André CHOURAQUI.
CORBIN Henry, *Le Paradoxe du monothéisme*, Éd. L'Herne.
CUPERLY Pierre, *Prières des fils d'Abraham*, Éd. du Cerf.
DAHAN Gilbert, *Les Intellectuels chrétiens et les Juifs du Moyen Âge*, Éd. du Cerf.
D'ASSISE François, *Écrits*, Sources chrétiennes.
DE CALLATAY-VAN DER MEERSCH Colette, *Le Déchiffrement de Dante*, Éd. Peeters Leuven.
Débat sur l'identité religieuse des peuples européens, *Quelle religion pour l'Europe ?* Éd. Georg.
DELUMEAU Jean, *Des religions et des Hommes*, Éd. Desclée de Brouwer.
DERRIDA Jacques, *L'Écriture et la Différence*, Éd. Points.
DOYEN André, *Approches de trois monothéismes*, Éd. Memo et Codec.
DREWERMANN Eugen, *La Spirale de la peur*, Éd. Stock.
DREWERMANN Eugen, *L'Amour et la Réconciliation*, Éd. du Cerf.
DRUMONT Édouard, *La France juive.*
DUMÉZIL Georges, *Mythe et Épopée*, Éd. Quarto Gallimard.
ELLUL Jacques, *L'Espérance oubliée*, Éd. Gallimard.
FERRY Luc, *L'Homme-dieu ou le Sens de la vie*, Éd. Grasset.
FLAVIUS Josèphe, *La Guerre des Juifs*, Les Éditions de Minuit.

FURSAY-FUSSWERK Joseph, *La Chute des idoles*, Éd. Privat.
GAMBARO Fabio, *Scandale au Vatican.*
GEFFRE Claude, *Profession théologien.*
GIMARET Daniel, *Les Noms divins en Islam*, Éd. du Cerf.
GINIEWSKI Paul, *La Croix des juifs*, Éd. MJR, Genève.
GLOTTON M., *Le Traité des noms d'Allah.*
GOITEIN S. D., *Jews and Arabs*, Éd. Schocken Books inc., New York.
GRAD A.-D., *Le Livre des principes kabbalistiques*, Éd. du Rocher.
HACQUARD Georges, *Guide mythologique de la Grèce et de Rome.*
HILLEL Yaakov (Rabbi), *La Foi, la Kabbale et la Folie*, Éd. Kodesh.
HOBBES Thomas, *Cixe.*
HOBBES Thomas, *Le Léviathan.*
HOROWITZ Shabbetai Sheftel, *Shefa Tal.*
Islam et droits de l'homme, Éd. Librairie des Libertés.
ISRAEL Gérard, *René Cassin.*
Judaïsme et Droits de l'homme, Éd. Librairie des Libertés.
KÜNG Hans, *Global Responsability.*
KÜNG Hans, *Le Judaïsme.*
KÜNG Hans, *Projet d'éthique planétaire, la paix mondiale par la paix entre les religions.*
LAO-TSEU, *Tao-tö-king*, Éd. Desclée de Brouwer.
Le Livre de Mormon, *Les Doctrines et Alliances.*
LEIBOWITZ Yeshayahou, *Israël et Judaïsme*, Éd. Desclée de Brouwer.
Les Religions du Proche-Orient, Éd. Fayard-Denoël.
LOVSKY F., *Un passé de division, une promesse d'unité*, Éd. Saint-Paul Œcuménisme.
LUSTIGER Jean-Marie, *Pour l'Europe, un nouvel art de vivre*, Éd. PUF.
MAGNIN Thierry, *Entre science et religion*, Éd. du Rocher.
MANN Thomas, *Joseph et ses frères.*
MARITAIN Jacques, *L'Humanisme intégral.*
MARITAIN Jacques, *Distinguer pour unir.*
MASSIGNON Louis, *Les Trois Prières d'Abraham*, Éd. du Cerf.
MATHIEU Jean-Marie, *Le Nom de gloire*, Éd. des Iris.
MAYOR Federico, *La Nouvelle Page*, Éd. du Rocher/Éd. UNESCO.
MOLTMANN Jürgen, *Jésus, le messie de Dieu*, Éd. du Cerf.
MONOD Jacques, *Le Hasard et la Nécessité.*
MORIN Edgar, *L'homme imaginaire.*
MOUTTAPA Jean, *Dieu et la Révolution du dialogue*, Éd. Albin Michel.
MOWAT R. C., *Decline and Renewal : Europe ancient & modern*, New Cherwell Press, Oxford.
NICOLESCU Basarab, *L'Homme et le Sens de l'Univers*, Éd. Philippe Lebaud.
NICOLESCU Basarab, *Nous, la Particule et le Monde*, Éd. Le Mail.
OUAKNIN Marc-Alain, *Les Dix Commandements*, Éd. du Seuil.
PAQÛDA Bahya ibn, *Les Devoirs du cœur*, Éd. Desclée de Brouwer.

Philosophes taoïstes, Lao-tseu, Tchouang-tseu, Lie-tseu, Éd. Gallimard, La Pléiade.
PROUDHON Pierre Joseph, *Philosophie de la misère, système des contradictions économiques.*
RAHNEESH Bhagwan Shree, *The Art of dying*, Éd. Ma Prema Veena.
Revue de politique de la culture *Comprendre, 47-48 Violence et dialogue*, Éd. Société européenne de culture.
RINGLET Gabriel, *L'Évangile d'un libre-penseur. Dieu serait-il laïque ?*
RONSAC Charles, *Trois Noms pour une vie. On ne se lasse pas d'aimer.*
ROUACH David, *Les Talismans, magie et tradition juives*, Éd. Albin Michel.
RÛMÎ Djalal od-Dîn, *Mathnawi, la quête de l'Absolu*, Éd. du Rocher.
SALLANTIN Xavier, *La Science à la découverte du sens*, Éd. Aubin.
SCHLESSINGER Laura, *The Ten Commandments*, Éd. Cliff Street Books.
SCHOLEM Gershom, *Fidélité et Utopie*, Éd. Calmann-Lévy.
SERRES Michel, *Les Cinq Sens*, Éd. Pluriel.
SHAPIRA Anita, *Le Glaive de la colombe.*
SHMUELI Efraim, *Seven Jewish Cultures*, Éd. Cambridge.
SIBONY Daniel, *Les Trois Monothéismes*, Éd. du Seuil.
SIGFRIED André, *Dieu est-il français ?*
STEINSALTZ Adin, *La Rose aux treize pétales*, Éd. Albin Michel.
TAILLÉ Michel, *Dieu et dieux, noms et Nom.*
TEILHARD DE CHARDIN Pierre, *Le Phénomène humain*, Éd. du Seuil.
THUCYDIDE, *Histoire de la guerre du Péloponnèse.*
TIMMERMAN John H., *Do we still need the Ten Commandments ?* Éd. Augsburg.
L'Univers de la Bible, traduction illustrée de la Bible par André CHOURAQUI.
VIDAL Jacques, *Symboles et Religions*, Éd. Centre d'histoire des religions, Louvain-la-Neuve.
VIGÉE Claude, MALKA Victor, *Le Puits d'eaux vives*, Éd. Albin Michel.
WALZAR Michael, *Guerres justes et injustes.*
WEIGEL Georges, *Jean-Paul II, témoin de l'espérance.*
YAFA Éliash, *Hassidic Tales of the Holocaust.*
YEHOSHUA A. B., *Voyage au bout de l'an mil.*
YE'OR Bat, *Juifs et Chrétiens sous l'islam, les dhimmis face au défi intégriste*, Éd. Berg International.
YE'OR Bat, *Les Chrétientés d'Orient entre jihad et dhimmitude*, Éd. du Cerf.
ZAFRANI Haïm, *Kabbale, vie mystique et magie*, Éd. Maisonneuve & Larose.

INDEX

F

G

N

U

V

W

Y

Z

TABLE

Première partie
DES DEVOIRS DE L'HOMME AUX DROITS DE L'HOMME

Deuxième partie
LES DIX COMMANDEMENTS

Cet ouvrage a été imprimé par la
SOCIÉTÉ NOUVELLE FIRMIN-DIDOT
Mesnil-sur-l'Estrée
pour le compte des Éditions Robert Laffont
24, avenue Marceau, 75008 Paris
en mars 2000

Photocomposition et photogravure : Nord Compo
59650 Villeneuve-d'Ascq

Imprimé en France
Dépôt légal : février 2000
N° d'édition : 40825/04 - N° d'impression : 50648